中国社会公共安全协同供给

钱洁 著

公安院校
青年学者学术文库
总主编：樊京玉　闫继忠

中国人民公安大学出版社
群　众　出　版　社

公安院校知名教授学术文库
公安院校青年学者学术文库
编辑委员会

中国社会公共安全协同供给

钱洁 著

前言

在风险社会背景下，社会矛盾的凸显和公共治理难度的不断增大，使社会公共安全面临前所未有的挑战。中国社会公共安全事件频发，极易产生社会公共安全失序，迫切需要打破政府对社会公共安全管理的独控局面，将安全诉求置于公共管理的视野之下进行探讨。目前对社会公共安全管理的研究主要分散于警务理论、风险与危机管理、安全技术研发、安全系统工程等领域，具体涉及社区警务、犯罪预防、反恐战略、群体性事件应对、公共安全评价体系等，总体分析较为零散。本研究首次提出了社会公共安全供给问题，开拓了社会公共安全研究的新视野。协同学作为源于自然科学的理论，虽然在经济学、传播学、企业管理等领域有所运用，但是国内只有几篇论文运用协同学研究区域公共服务、公共危机管理等问题。本研究将协同学应用于社会公共安全管理领域，系统探讨社会公共安全协同供给问题，这方面的研究在国内尚属首次。社会公共安全协同供给的意义在于，从系统论的新视角分析影响社会公共安全供给的序参量，通过对自组织式协同机制的分析，探索实现社会公共安全系统相变和有效安全供给的新路径。

本研究主要探讨以下问题：一是社会公共安全供给的必要性与核心路径；二是社会公共安全协同供给的概念、一般原理与模型框架；三是在社会公共安全供给中的协同序参量涉及公共服务质量与公民社会融入状况这两个领域，而可能影响协同序参量的控制参量，包括协同主体及其权责关系、信息化基础、组织架构及政策体系等；四是社会公共安全协同供给的子系统、自组织动力机制与运行机制；五是中国社会公共安全供给的现状与存在的问题，在此基础上进一步提出实现社会公共安全协同供给的路径与对策。本研究的方法主要有三种：一是理论文献的规范性研究，二是以对策探讨为主要内容的规定性研究，三是案例与比较研究。

本研究证明：将协同学基本原理运用于社会公共安全供给，具有必要性与可行性。在风险社会背景下，社会公共安全协同供给是社会公共安全有效供给的重要模式。

本书的论述内容主要有以下五点：

一是用协同学工具分析社会公共安全供给具有重要理论价值和现实意义。社会公共安全协同供给有利于深化对当前社会公共安全领域复杂现象本质的认识，深入分析社会公共安全领域的不安全要素产生的社会机理，立足于科学的安全观与维稳观，更新风险管理理念与方法，构建社会公共安全供给共同体。二是社会公共安全协同供给的前提是政府观念与制度变革。政府要转变对自身的角色认知，从组织革新、政策变迁、信息系统建设等方面入手，通过完善社会公共安全协同供给子系统，实现协同机会识别、启动与要素整合。三是社会公共安全协同供给的核心是三种协同机制的作用。其核心是努力构建和完善政策导向机制、利益驱动机制与志愿精神驱动机制的三类协同供给运行机制，形成社会公共安全协同供给的自组织体系。四是在协同学视角下，以公共服务质量与公民的社会融入度为序参量考察。中国当前社会公共安全供给中存在五方面的问题，包括对制度的路径依赖，管辖权的利益争夺与局域保护主义，安全领域信息和文化壁垒，社会组织发育不完善，社会协同政策供给相对不足。五是在中国特色社会主义社会治理体系语境下及“民主化”社会公共安全供给目标下，分析中国社会公共安全协同效应的实现路径。主要是基于公众安全感提升，通过协商、互助与激励机制建设实现常态化项目式协同。具体为政府在社会公共安全协同供给战略规划下，一方面通过社会公共安全信息平台建设实现跨界协同的数字化革命，全面提升公共服务质量；另一方面通过公共信任关系的改善实现安全领域的高效集体行动，完善公民的社会融入度。要立足于社会公共安全感的全面提升，从小范围开始，启动由点及面、自下而上的项目式社会公共安全协同供给模式。

本研究的创新体现在三个方面：第一，从研究视角上，提出社会公共安全协同供给这种综合式社会公共安全供给模式。强调不同于紧急状态下的政府应急管理或危机管理，社会公共安全协同供给深究安全问题的社会机理，深掘安全供给的社会力量，是一种常态化的社会公共安全管理模式。第二，从研究方式上，将源于自然科学领域的协同学理论引入公共管理研究，形成协同学视阈下社会公共安全领域协同的序参量与自组织体系理论框架，并建立相关理论模型。第三，从研究方法上，通过访谈方法对社会公共安全协同供给现状进行深入分析，细解实践中的社会公共安全序参量及自组织协同供给，积极探索适应中国社会状况的本土化协同路径与对策。

由于社会公共安全领域议题的宏观性和协同学的复杂性，本研究主要从宏观上建构社会公共安全协同供给体系及其运行规律，并从微观上选取社区公共安全供给、区域安全协同等社会公共安全供给问题进行片断式协同学分析和思考，进而提出社会公共安全供给的宏观路径与对策。不足之处在于未能细解更为广泛全面的地域和领域的社会公共安全供给具体协同措施，这也是今后要进一步深入研究的方向。在社会公共安全供给相对缺乏的今天，本研究向以政府为核心的公共部门吁求，转变长期以来根深蒂固的“用自上而下监管模式寻求社会公共安全与稳定”的观念，遵循科学的协同学规律，以更开放的姿态深掘社会之不竭智慧、潜能与动力，努力培育以社会信任为第一要素的社会资本，广泛动员全社会力量形成自组织式的社会公共安全协同供给网络，构建社会公共安全协同供给的良性机制。唯有如此，才能突破目前社会公共安全供给的“瓶颈”问题，通过协同机制实现政府与社会关系的重塑，从根本意义上实现社会的长治久安与人民的安居乐业，达成社会的稳定和谐发展。

【编者注】《中国社会公共安全协同供给》于2016年在我社首次出版后，受到了相关领域的广泛关注，产生了较大影响。此次收入《公安院校青年学者学术文库》再次出版，为展示当时的研究原貌，准确反映学术研究的发展轨迹，在保留原书基本框架的基础上，作者对个别内容进行了适当补充和调整，全书未作大的改动，特此说明。

目录

第一章 导论

安全自古以来就是人类不断追求的基本权利与核心价值之一。保障社会公共安全供给不仅是公民个人正常生活、工作的基本前提，更是政府义不容辞的责任，是需要全社会共同担当的使命。在当前风险社会背景下，人类进入了压力倍增、风险重重、危机不断的时代，生产安全、交通安全、食品安全、环境安全、信息安全等领域的危机事件时有发生，安全成为极为敏感而又紧迫的公共需求。在当前这一安全感不足的时代，如何通过建立社会公共安全的良性供给机制来防范和化解社会不安全状态，成为全世界面临的共同难题。

第一节

研究缘起与理论假设

作为人类最重要的社会需求之一，公共安全给人们的生产和生活带来正常秩序。由于人类无时无刻不存在面临大大小小灾难的可能性，这些灾难可能来自自然界，也可能源于人类活动本身。如何有效预防、从容应对并及时化解那些打破了现有秩序的各类突发事件导致的不安全状态，实现社会公共安全供给，成为事关全社会生存和发展的重大命题。公共安全涉及社会生活的方方面面，表现形式多样，其内涵复杂，外延也较难厘清，只能选取其中一个方面进行分析。社会公共安全作为公共安全的一种重要类型，直接涉及社会公众的生命、人身、财产等诸多方面的安全状况，对整个社会的秩序与稳定产生至关重要的影响。

一、公共安全及其类型

由于安全问题涉及面广，跨越多个学科领域，对于公共安全的界定在理论界一直存有很大争议。公共安全的类别也千差万别，一直很难形成统一的、获得普遍认可的分类标准。

（一）安全与公共安全

学术界对安全概念的研究较多见于国际关系研究领域，此外还散见于生产安全和公安（警察）学领域，但迄今为止对安全的界说仍具争议性。

在国际关系研究领域，泰瑞·特里夫（Terry Terriff）把学术界对安全概念的解释分为三种类型：第一类强调安全不可定义，安全概念在根本上属于争议性的概念而难以统一，或者说安全是一种给出性的条件，甚至是没有任何精确意义的“模糊的符号”；第二类认为安全问题太复杂，层次太多且不同层次的安全实质完全不同，因而不可统一而论，只能根据不同层次或范围给安全做出不同的定义；第三类则认为安全可以明确定义，并且可以在最基本的层面做一简约的理解与描述。① 对安全的界定较有代表性的观点有：安·贝朗尼（Ian Bellany）认为安全是“摆脱战争的自由”②，沃尔弗斯（Wolfers）认为安全是“获得价值时威胁的不存在”③ 等。从企业安全的视角出发，对安全的研究主要是生产安全，其焦点在对于可能发生的灾难或事故如何预防和应对等；从公安（警察）学视角出发对安全的研究，其重心是大众从事生产、经营、文化娱乐及其他社会活动的所有安全，如人身及财务的安全与社会生活秩序不会遭受违法者的侵害和治安事件的损害。④ 综上所述，安全可被理解为某主体没有危险，不受威胁，拥有和保持某种现有的稳定状态和稳定秩序。

---

① Terriff，Terry（1999），Security Studies Today，Cambridge：Polity Press，pp.1-3. 转引自余潇枫，潘一禾，王江丽. 非传统安全概论. 浙江人民出版社，2006：9.

② Bellany，Ian（1991），Towards a Theory Of International Security，in Barry Buzan（1991），Peopel，States and Fear，An Agenda for International Security Studies in the Post — Cold War Era，2nd Edition，Hertford-shire：HarvesterWheatsheaf，p.16.

③ Terriff，Terry（1999），Security Studies Today，Cambridge：Polity Press，p.2.

④ 战俊红，张晓辉. 中国公共安全管理概论. 当代中国出版社，2007：14.

本研究认为，对安全问题的研究涉及多个学科，对安全的概念较难得到统一的解释，对安全的分析应建立在不同学科领域和具体分析情境中。总体而言，出现使个人、群体、社区、民族、数个国家和国际社会拥有的某些基本价值受到威胁的问题就是安全问题。对安全的理解应包括两个层面：一是客观存在的物质状态和处境，二是主体内在感受的心理状态。

按照西方国家对公共安全的理解，安全的概念被应用到各种各样的市民生活或警察职能中。美国学者约翰·贝利（John Bailey）等认为："公共安全与国家安全的不同在于，公共安全强调对人身、财产、民主政治制度等的保护，以免遭国内外威胁，而国家安全则是强调保护主权、领土完整以免遭来自其他国家的不安全因素的影响。"①

中国学者对公共安全的界定，较有代表性的观点是：

1. 公共安全在国际上通常有广义和狭义之分，广义上的公共安全是指不特定多数人的生命、健康、重大公私财产以及社会生产、工作、生活的安全。它包括整个国家、整个社会和每个公民一切生活方面的安全（从国防安全、环境安全到社会福利保障等），自然也包括免受犯罪侵害的安全。狭义的公共安全主要包括来自自然灾害、治安事故（如交通事故、技术性事故等）和犯罪侵害三部分。②

2. 公共安全是指社会公众享有安全和谐的生活和工作环境以及良好的社会秩序，公众的生命财产、身心健康、民主权利和自我发展有安全的保障，最大限度地避免各种灾难的伤害。③

3. 公共安全通常是指政府对社会日常运转所提供的安全保护，如防火、维护交通秩序、预防犯罪等。例如，在美国的地方政府机构中，警察局、消防队和"911"呼救中心构成公共安全的核心。④

---

① Bailey，John and Damment，Lucia（eds.）（2006），Public Security and Police Reform in the Americas，Pittsburgh：University of Pittsburgh Press，pp.1–2.

② 郭济.政府应急管理实务.中共中央党校出版社，2003：7.

③ 吴爱民.公共安全：公共管理不可忽视的社会问题.行政论坛，2004（11）.

④ 吴量福.美国地方政府管理中的应急系统及其运作.政治学研究，2004（1）.

总体而言，以上对公共安全的定义都较为笼统，主要从安全环境、安全防护与社会秩序等方面展开分析，对概念的界定以及关注的焦点主要集中在外延上。

西方学者德博拉·斯通是从政治学视角将“安全”与“短缺”联系起来分析的，是将安全还原为客观的、可计算的、短缺的理念，认为“所有的共同体都通过集体努力来为其成员的经认可的短缺提供满足，也为它们作为共同体的自身存在的短缺提供服务”，并指出“安全，或者说保护未来的短缺就成了公共政策的一项重要工作”①。从这一视角出发，本研究认为，公共安全一方面是指社会公众享有的一种良好社会秩序得以维持或完善的状态；另一方面是指在公共部门主导下全社会共同提供的，通过满足社会公众风险情境下物质或精神方面的短缺来提升其安全感的公共物品。

（二）公共安全分类的一般维度

从不同维度分析公共安全，可以对其进行完全不同的类型界分。

1. 从国际关系角度对公共安全进行分类。国际关系学者认为，随着全球化的发展，现实安全也面临巨大转变，安全问题经历着从传统安全向非传统安全的发展。传统安全是以军事安全与政治安全为代表的国家安全体系，与之相对应的是国家间在军事、主权、意识形态等方面的威胁与摩擦，甚至引发主权争端或战争。而非传统安全则是在经济、政治与文化全球化发展进程中形成的经济、环境、信息、资源、文化等领域内的危机，与之相对应的是全球范围内的金融危机、生态环境恶化、跨国走私与犯罪、移民与难民潮、网络黑客、人口与资源危机、大规模传染性疾病、恐怖主义等对国家与地区安全造成严重威胁的问题，其基本特点是大多以国家为中心，形成多维扩散的局面，故比传统安全更难应对。

2. 从安全科学角度对公共安全进行分类。依据对安全威胁应对技术的差异，可以较为宽泛地将公共安全分为基于事故防范的生产安全、遏制违法行

① ［美］德博拉·斯通．政策悖论：政治决策中的艺术．顾建光译．中国人民大学出版社，2006：104-105.

为的社会治安、自然灾害应对的防灾抗灾等。从纵向上看，这一角度的公共安全研究的发展经历了从单纯技术层面的单一技术防范与应对到以管理与服务为主导的整体性减灾与建设的“大安全”观念的变迁过程。

3. 从刑法学角度对公共安全进行分类。主要以危害公共安全罪的类型研究为核心，按照造成危害公共安全后果的途径大致可分为危险方法（放火、爆炸、投毒等）；破坏、损坏公共设备、设施；实施恐怖、危险犯罪活动；违反特定物品管理规定；违反安全生产、作业规定等。由于危害公共安全罪涉及的是公共安全范围内造成后果较为严重的部分，故这种分类并不能穷尽公共安全的全部外延。

4. 从应急与危机管理的视角对公共安全进行分类。这种分类主要是从所面对的突发事件或危机的产生因素或发展过程入手，对与公共安全相对应的危机进行分类，分类的角度也较多，如按危机的性质和对人群的影响，可分为冲突性危机和一致性危机；按危机发生的领域可分为经济危机、社会危机和政治危机等；按危机发生的原因可分为内生型危机和外生型危机等；按危机发生、发展和演变的规律可分为突发性危机和演变型危机等。由于安全问题的覆盖面广，对危机的分类只是所有公共安全问题中较为严重紧迫的部分，也不能穷尽公共安全的所有类型。

（三）本研究对公共安全类型的划分

本研究首先按照威胁安全的因素，将公共安全分为由客观（自然界）因素引起公众不安全感的灾难（即天灾），和由主观（个人或群体）因素引起公众不安全感的事件或情境（即人祸）。后者是广义的社会公共安全的范畴。从广义上说，社会公共安全是指使由主观因素引起公众不安全感的事件或情境出现的概率降到最低，从而维持社会秩序和社会稳定，实现整个社会系统良性运行的状态。其类型涉及社会生活的方方面面，如经济安全、食品安全、药品安全、生产安全、信息安全、环境安全及社会治安等。本研究只对社会公共安全做狭义的理解。狭义上对社会公共安全的理解，主要是围绕对违法犯罪的预防和治理及对群体性事件的处置等与警务工作相关的领域，是维护社会治安基本秩序，实现社会稳定和良性运行的状态。本研究将社会公共安全置于风险社会情境下，从公共管理的视角探讨其内涵与外延。

二、风险社会情境下对社会公共安全的概念界定

（一）社会公共安全：基于多学科的概念解析

在西方语系中，社会公共安全的概念相对模糊，其对应的概念主要为“Social Security”或“Public Security”。对于社会安全的理解主要包括以下两种：一是将社会安全等同于社会保障。它作为一个法律概念，是在美国 1935 年颁布的《社会安全法》（Social Security Act）中最早被使用的，该法案的内容主要涉及的是为那些值得援助和亟待援助的民众提供救助。在美国，“社会安全”概念由“经济安全”一词演变而来，目前包括社会保险、社会扶助、妇女与儿童保健三大体系。英国学者赫尔认为，“社会安全”一词在第二次世界大战前没有清晰的明文界定，而在第二次世界大战后这一词汇不但代表人们对心理上安全感受的追求，也包括人们对经济上安全保障的渴望，即免于匮乏的自由。[①] 马歇尔认为，“社会安全”一词在早期曾与“社会保险”相区分，是以全民为对象的，是个人在社会生存自然享有的保护权利之一；后期意义上有所转变，涵盖的范围已扩大到公共救助与社会保险两类。[②] 而国际劳工局及欧盟认为，社会安全方案包括医疗救助、工伤救助、退休保障、社会保险、失业救助、儿童福利等。我国港台地区学者也沿袭了西方的理解，多将社会安全等同于社会保障，如认为社会安全是指一种社会制度，此制度旨在保障人们平时及遭遇紧急事故时维持基本生活水平所需的安全，不过各国的实施方式及项目，则依不同时间与空间而可能有相当大幅度的更迭与调

① 詹火生，杨莹，张菁芬．中国大陆社会安全制度．五南图书出版有限公司，1993：15.

② 詹火生，杨莹，张菁芬．中国大陆社会安全制度．五南图书出版有限公司，1993：18 — 19.

整。[1]二是认为“社会安全”是社会领域的安全，与权利和社会公正内容关系密切，其最基本的概念是“认同”。英国学者奥利·维夫认为：“社会安全是一个社会在不断变幻的环境中和潜在或现实威胁下保持自身基本特征的能力。也就是说，它是将演变控制在可接受的限度内，语言、文化、联系、宗教、民族身份以及习俗传统模式的可持续性。”[2]

西方国家对社会安全的界定都是在法学与社会学层面上基于对社会安全制度的理解。中国政府将公共安全事件分为四大类，即自然灾害、事故灾难、公众卫生和社会安全。我国《突发事件应对法》中将社会安全事件与“自然灾害、事故灾难、公共卫生事件”相对应，同属于突发事件的一类。有学者认为，社会安全事件是指“在社会安全领域发生的，因人为因素造成严重社会危害，需要采取应急处置措施的事件”[3]。这一界定是对社会安全事件的狭义理解，用这一逻辑分析社会安全不够准确和全面。在中国大陆学者的研究中，除了将社会安全定义与社会治安相对应的概念外，还有一种从广义界定社会安全的概念，如有学者认为，社会安全是指整个社会系统能够保持良性运行和协调发展，而把妨碍社会良性运行与协调发展的因素及其作用控制在最小范围内。[4]此外，从系统论视角看，社会安全是综合的立体式的安全体系，也有人称为“社会安全网”（Social Safety Net）。从广义上说，社会公共安全是广义社会安全的一个重要组成部分。有学者指出，社会公共安全是指不特定多数人的生命、健康和公私财物的安全。[5]有学者指出，社会公共安全限定于维护治安稳定的狭义范围，是指严密防控违法犯罪，有效应对并解决各种社会治安问题。[6]这些界定将社会公共安全限定在与社会治安

---

① 詹火生，杨莹，张菁芬．中国大陆社会安全制度．五南图书出版有限公司，1993：12.

② ［英］巴瑞·布赞，等．新安全论．朱宁译．浙江人民出版社，2003：12.

③ 周定平．社会安全事件应对研究．中国人民公安大学出版社，2008：4.

④ 贾江华．社会安全：意义与结构．求实，2004（11）.

⑤ 廖志恒．论治安秩序本质．武汉公安干部学院学报，2005（1）.

⑥ 刘文成，赵毅，章杰．社会治安防控体系与社会公共安全．理论与现代化，2008（1）.

相对应的领域，从学术分析的角度上说，存在局限性。

（二）本研究对“社会公共安全”的概念界定

本研究按照对社会安全事件的分析，结合我国对公共安全四个方面的分类，围绕社会治安与犯罪预防等相关事务，对社会公共安全做相对狭义范畴的理解。需要说明的是，从广义而言，社会公共安全的概念应包括“社会稳定”，而维护社会的稳定和长治久安是政府社会公共安全供给的重要内容。由于本研究主要从管理学视角探讨社会公共安全供给问题，故不从政治学意义上专门探讨“维稳”问题，但研究中会涉及与社会稳定相关的问题，主要是从公共管理的角度将其作为社会公共安全供给中的一个方面进行探讨。本研究认为，社会公共安全是与国家安全、政治安全、经济安全、信息安全、食品安全、生态安全等相并列的公共安全的一种。本研究将社会公共安全定义为：社会公共安全是指在一定社会共同体内，基于对犯罪活动的有效预防控制及实现良好的社会治安秩序，使社会公众免于遭受生命、健康、人格尊严或财产方面的侵害，并能获得较高程度的安全感和可靠的安全保障。社会公共安全涉及在一定社会共同体内，公众的生命、健康、人格尊严、财产等与社会治安秩序相关的安全，其实质是对法定的以生命和公私财产为核心的安全利益的维护和保障。

（三）对社会公共安全的构成与要素的分析

基于对社会公共安全的上述界定，本研究对社会公共安全的构成与要素做以下分析：

1. 社会公共安全是一种以公众的社会公共安全感为基础的持续的状态。首先，社会公共安全是需要不间断供给的公共物品和服务，以及由此形成的一种持续性状态。其次，衡量社会公共安全状况的标准应由客观的社会安全保障措施与社会公众的主观感受相结合，两者缺一不可。而在风险社会背景下，具有持续性特征的公众社会公共安全感更能体现社会公共安全。最后，社会公共安全的核心，是在对犯罪活动的有效预防和控制的基础上实现社会治安的良好秩序，这种秩序是以公众的生命、健康、人格尊严、财产等法定基本利益得到维护和保障为基础的整体社会的有序状态。

2. 社会公共安全失序状态纵向层次划分的依据是公众安全所受威胁的程度。社会公共安全状态可分为有序状态与失序状态两种。社会公共安全失序状态是指由于违法犯罪行为的出现，社会公共安全领域偏离原来的秩序状态，对公众的生命、健康、人格尊严或财产等方面造成损害，致使公众的社会公共安全感降低。依据公众所受安全威胁的程度，社会公共安全失序状态可分为四个层级：一是社会公共安全局部失序。即因偶发的轻微犯罪对个别公众的生命、健康、人格尊严或财产造成损害或损失，社会公共安全的平衡状态被打破，并使相关公众产生社会治安领域的不安全感。二是社会公共安全出现缺失。在一定范围内出现暴力犯罪，造成少数公众的生命、健康、人格尊严或财产等的严重损失，引起一定范围的公众产生对整体社会公共安全的不安全感。三是社会公共安全失衡或失范。因全社会对某一或某些类型的犯罪未进行预防或未实现对其有效预防，出现有组织暴力犯罪，产生了较为严重的后果，并对社会秩序造成一定程度的影响，引起一定范围的社会恐慌。四是社会公共安全危机。即由于全社会犯罪预防工作整体缺失或不力，引起大规模有组织犯罪，社会公共安全问题已经涉及很广泛的区域或领域，造成该区域内公众的生命、健康、人格尊严或财产等利益受到严重侵犯，影响了正常的社会生活秩序，所有公众的不安全感激增，社会恐慌大面积扩散或蔓延。

3. 社会公共安全涉及的领域类型。本研究所述的社会公共安全，是与警务工作直接相关的对人的生命、健康、人格尊严、财产等利益的维护与保障。主要涉及以下领域：道路交通安全，即对道路交通管理法规体系内的公共利益的保障；财产安全，即受法律、法规保护的公私财产的权益不受侵犯；生命与健康安全，即受法律、法规保护的公民生命与健康权益不受侵犯；人格尊严安全，即公众的肖像、名誉、隐私等方面的权益不受侵犯；社会公共秩序安全，即公共场所、公共设施、公共设备、公共交通工具等的安全及与之相关的社会生活基本秩序的维护等。

三、公共管理视角下社会公共安全协同供给的内涵及基本假设

现代化给社会带来的福利与风险并存。近年来，中国的公共安全事件频发，在环境、食品、医疗、住房、公共设施、社会治安等诸多领域的公共安全问题层出不穷。公共安全问题对于当前中国来说，不仅是个技术性命题，更是一个宏大的政治命题。安全是一个系统工程，公共安全供给既是政府义不容辞的责任，更是全社会的共同事业。从公共管理的学科视角对公共安全的相关问题进行研究显得十分迫切。本研究选取“社会公共安全”作为研究我国公共安全供给问题的切入点,其他领域的安全管理可从中获得重要启示，以实现公共安全的有效供给。

本研究主要从管理学视角对“协同”进行分析。这里的“协同”，是指在社会管理中某一系统处于变革或临界状态下，为了提升社会管理效能，综合运用管理方法和手段，促使系统内部各子系统或要素通过一定方式进行整合，相互作用、相互合作和协调，实现一致性和互补性，进而产生支配整个系统发展的序参量，使系统实现自组织，从一种序状态走向另一种新的序状态，从而实现系统的整体作用大于各要素作用力之和的目标。与众多社会科学其他领域的协同现象不同,社会公共安全协同供给既不是偶发的社会现象，也不是现有的组织自身的功能性反应，其内涵界定需要在深入理解社会公共安全问题的复杂性和协同学的理论基础上展开。

社会公共安全协同供给是运用协同论的基本思想和方法，将社会公共安全视为一种公共物品,通过对社会公共安全供给中的序参量影响因素的分析,寻找对某一区域或某一领域社会公共安全状况的发展变化起支配作用或主导作用的有效序参量，并由此启动项目式协同；明确使社会公共安全系统由有序向无序或由无序向有序发展的涨落规律，通过协同供给实现更高层次的安全与有序；通过协同主体的要素整合、子系统耦合及自组织互动实现社会公共安全系统整体功能倍增，从而实现社会公共安全持久、稳定和良性供给。

与社会公共安全管理模式相比，社会公共安全协同供给在研究视角、重心与方法等方面都有较大差异，具体表现在以下三方面：

一是传统社会公共安全管理模式是建立在专业化分工与科层制组织构

架基础之上的，强调各司其职基础上的协调配合；社会公共安全协同供给则是在要素分析基础上，专注于要素间协同效应的实现。

二是传统社会公共安全管理模式注重对社会公共安全失序状态的处置与应对，强调对社会公共安全局面的掌控；社会公共安全协同供给则注重对社会公共安全失序状态形成机理分析基础上的风险评估、管理与预测，通过系统化机制设计实现社会公共安全管理系统运作方式的优化及其与外环境的和谐。

三是传统社会公共安全管理模式是一种“无自组织”或“被组织”的状态，更强调通过公共权力的运用和“命令—服从”关系实现社会秩序；社会公共安全协同供给则希望通过公共部门的政策引导和制度设计，在对相关资源进行合理配置和持续能量输入的基础上，依照科学规律和系统化组织实现社会公共安全的自组织协同合作，实现社会公共安全的持久供给。

从协同学视角分析社会公共安全协同供给问题，本研究提出以下基本假设：

假设一：社会公共安全协同供给模式是风险社会背景下各国社会公共安全供给的发展方向。

现代社会的专业化发展，特别是随着全球化发展和风险社会的到来，各种危险日益超越个人能力的控制范围，然而更为可怕的是，这些危险也在逐步超越团体或国家的控制范围。传统的、单一化的国家管制方式的危机治理与安全供给理念已经无法驾驭当代社会公共安全危机。社会公共安全协同供给的实质，是在政府与警务力量的引导与激励下，对可能影响社会公共安全序参量的因素进行控制与变革，形成自组织式的社会公共安全供给体系，通过全社会力量实现社会公共安全的有效供给。

假设二：社会公共安全供给中的序参量与自组织系统的形成，对社会公共安全的协同供给起基础性作用。

在社会公共安全供给中，序参量使社会公共安全系统中的一种运动方式越来越占主导地位而同时压制了所有其他方式。同时，序参量以自然而然的方式指挥着社会公共安全系统中各子系统的运动，即各子系统为序参量所支配。社会公共安全供给体系中的序参量，受社会公共安全领域的信息化程度、社会公共安全组织架构及政策体系的影响，与包括民主观、社会凝聚力及社会文化等因素在内的外环境密切相关。在此基础上，社会公共安全各子系统的运动呈现自组织的状态，即全社会通过指向安全的一类主体的存在和协同作用使更多指向安全的主体产生成为可能。这种自组织的实现需要基于网络、规范和信任的社会资本和志愿服务的支持，由此逐渐形成趋于安全的自发的社会行动，最终形成社会公共安全的有效供给和社会安全局面的良性循环。

假设三：社会公共安全协同供给机制的建立和完善，是提升公众安全感和社会公共安全供给效度的基础和重要保障。

社会治安状况是公众在一定时间与空间下的安全领域的重要感受对象之一。而从安全感受的角度看，社会治安状况除了通过整个社会的犯罪率、破案率等指标体系体现外，更与每个社会成员的自身经历和周围安全环境相关。从这个意义上说，公众安全感与社会公共安全供给效度的度量应自下而上、从小范围开始逐渐展开。社会公共安全协同供给，即是从全体社会成员的自身和周围开始，通过项目式的战略规划与设计，努力促进安全领域的社会动员和激励，实现社会成员自主维护社会公共安全，才能从根本意义上切实提升社会公众的安全感和社会公共安全供给的效度。

四、研究的理论价值与现实意义

整体性治理作为对新公共管理理论的一种修正，是西方国家政府改革的新理论。而“整体政府”则是整体性治理理论在实践中的政府治理模式，这一模式不断倾向于联合若干政府机构，有时甚至是多级政府一起提供整体化服务。近年来，这一理论在多国政府实践中得到应用，我国学者近年来也对这一理论领域进行了深入研究。目前，这方面的研究主要仍是从政府各部门间及政府与社会间协作层面展开的，但是“协同”是不同于“协作”的一种管理模式，从“协同学”视角出发对整体性治理的研究目前非常少。

协同学，由德国著名物理学家赫尔曼·哈肯于20世纪70年代创立，是研究系统从无序到有序的理论，其主要观点是：协同是指系统中各个子系统的相互协调的、合作的、同步的联合作用或集体行动。系统内部的相互竞争与协同两种作用成为自组织系统的演化动力。哈肯将这种协同作用从自然科学的物理、化学、生物学，到社会科学的经济学、心理学、社会学等领域进行了分析和阐释，反映了协同机制的普适性。这一理论在现代传播学、工商管理学等领域有广泛研究与应用，但这一理论应用于公共管理领域的研究很少且不够系统。本课题尝试以社会公共安全为例，在协同学语境下研究公共安全协同供给问题，将这一理论在社会科学领域的应用扩展研究。同时通过政府协同治理模型的建立，可以进一步完善整体性治理理论在我国的本土化研究，找到其在中国现实社会的应用路径。

公共安全作为人类正常的生活和生产秩序状态，需要政府和社会提供基本保障。公共安全服务的有效供给是政府加强和创新社会管理的重要内容。从社会公共安全这一维度探讨政府公共安全供给问题，有很强的现实意义。随着风险社会的来临和中国社会的急剧转型，经济和科技的飞速发展在推动社会发展的同时，也导致新型犯罪层出不穷、各类公共安全事件频发，既有的政府管制型社会治安供给模式已明显不适应社会发展的要求。本研究既是对中国社会治安供给领域的跨界协作现状的梳理和总结，也是运用协同学理论对中国社会治安协同供给模式与机制的现实路径和完善措施的有益探索。

第二节

研究综述

总体来说，对于社会公共安全这样一个跨越多个学科的研究领域，相关研究较缺乏系统性。“协同”问题的研究在社会科学领域也涉及多个领域，处于较为零散的状态，多集中于对社会问题运用“协同学”知识的“火花”式思考。因此，将两者联系起来进行研究的文献非常少，文献综述主要从上述两条线索出发，由分到合进行阐述。

一、中西方社会公共安全研究述评

西方对于社会公共安全研究涉及面较宽，理论性较强，且与哲学、社会学、犯罪学等联系较为紧密，而我国对社会公共安全的研究则更倾向于以安全秩序维护为核心的实践层面的探讨。

（一）西方社会公共安全研究

国外对于“社会公共安全”的研究总体分布于多个学科领域，且多自成体系，主要包括以下几方面：

1. 基于宏观社会冲突与社会秩序的“安全”研究。社会秩序理论一直是社会学研究的核心问题。西方社会秩序理论中的基本线索之一是：构成社会秩序的各个结构之间的关系如何，是冲突为主还是一致为主？冲突范式是西方社会秩序理论的研究范式之一，主要注重社会结构内部的冲突性，强调社会异质性对于社会秩序的自我调节、整合或者社会秩序的变迁所起的作用。例如，刘易斯·科塞（Lewis Coser）将社会冲突分为现实性冲突和非现实性冲突、亲密关系的冲突、内群体冲突与外群体冲突、意识形态的冲突等。他指出：“许多通常被看作对社会有破坏作用的过程，如暴力、抗争、越轨和冲突等在特定条件下，同样也可以看作在加强着社会体系的整合基础，同时也在加强着社会体系对环境的适应能力。”[①] 弗朗西斯·福山（Francis Fukuyama）在其著作《大分裂：人类本性与社会秩序的重建》中认为，西方社会在工业化社会向后工业化社会转型的“第三次浪潮”中经历了“大分裂”，这期间西方世界的犯罪率在升高，作为社会合作最基本单位的家庭出现了破裂，而人们对他人、公共机构、政府的信任在下降，这打破了原有的社会秩序和社会规范。[②] 社会冲突与社会秩序的研究不直接涉及“安全”问题，

① ［美］乔纳森·H. 特纳．现代西方社会学理论．范伟达译．天津人民出版社，1988：230.

② ［美］弗朗西斯·福山．大分裂：人类本性与社会秩序的重建．刘榜离，等译．中国社会科学出版社，2002：100-115.

但却为“安全”问题的研究提供了宏观背景和思维基础，是安全研究的思想基础。

2. 国际关系领域的“安全”研究。西方学者对“安全”概念的理解，主要包括六个方面：第一，我们关注的安全聚焦于国家、民族、团体或个体中的哪个层次？第二，哪些价值受到了威胁？第三，威胁这些价值的是谁或什么？第四，可用于对付威胁的手段或方式是什么？第五，面对威胁由谁来提供保护？第六，谁将为安全的保护支付成本？

国际关系领域对安全的研究主要集中在对“安全观”的研究上，“安全观”研究分为以下几种视角：一是以伍德罗·威尔逊（Woodrow Wilson）为代表的理想主义安全观，主张以集体安全模式取代以往的均势模式来寻求国际社会的安全与稳定，强调规范主义和律法主义；二是以汉斯·摩根索（Hans Morgenthau）为代表的现实主义安全观，认为保持“权力均衡”是国际安全与稳定的基本因素；三是新自由主义安全观，特别是近年来以基欧汉（Keohane，R. O.）和奈（Nye，J. S.）为代表的新自由制度主义安全观提出的“复合相互依赖”的安全理论，主张影响国际安全的因素不再仅是政治因素，还有经济、社会、生态等多方面因素，国家间的共同利益尤其是国际安全只有通过制度下的安全合作才能够得以实现；四是建构主义安全观，把认同作为安全的一个重要变量进行考察，如“哥本哈根学派”的“语言—行为”（speech act）安全分析认为，如果人们知道谁能够在涉及什么问题和条件下“制造”安全，就可能调整行为主体间的互动，并因此抑制“安全困境”，同样，一个行为主体适应其他行为主体对一种“真正”威胁内容构成的认知，也塑造着国际体系内的安全互动。新自由主义安全观和建构主义安全观都强调了安全领域的互动与合作的重要性，是安全协同研究的思想源泉之一。

3. 犯罪学或警学视角下的“安全”研究。国外学者对于社会公共安全理论与实践研究主要集中于社区警务、犯罪预防和反恐研究三个方面。

首先，社区警务的研究。1989 年世界卫生组织（WHO）在第一届事故与伤害预防大会上通过了《安全社区宣言》，最先提出了安全社区的概念，认为“一个安全社区首先是一个地方社区，这个地方社区至少应该具备两个条件：一是制定针对所有居民、环境和条件的积极的安全预防方案；二是拥有包括政府、卫生服务机构、志愿者组织、企业和个人共同参与的工作网络，网络中各个组织之间应紧密联系，充分运用各自的资源为社区安全服务”[①]。这主要是从“大安全”的视角分析社区安全问题。而从社会公共安全供给角度来看，社区范围内的社会公共安全研究主要集中于社区警务的研究。国外的“社区警务”更多地被视为以减少犯罪为目的，由警察与公众共同承担控制犯罪的责任的做法。例如，英国学者罗伯特·雷纳（Robert Reiner）认为，社区警务的基本前提是有效的警察工作是以公众的满意和合作为基础的。[②]社区警务的实质是控制犯罪的微观条件，由政府、社区团体、非政府组织、企业、公民个人共同承担社会公共安全供给的任务，形成更为全面、广泛、主动的社会公共安全供给力量。

其次，基于犯罪预防的社会公共安全研究。这方面研究在近年来引起学者们的普遍关注，代表性的研究路径有“零容忍”警务政策、安全节点治理模式、多中心治理与第三方警务等。

第一种路径：纽约警察通过处理轻违法行为来应对和控制犯罪的“零容忍”警务政策。这一政策以破窗理论（Broken Window Theory）为基础。这一理论由美国政治学家威尔逊（James Q. Wilson）和犯罪学家凯林（George L. Kelling）于1982年提出，它主要表达这样一种思想：一栋建筑物的一扇窗户玻璃破烂后，没有及时维修，就会暗示，这栋建筑物没人关心，与这栋建筑物一起的街道也无人管理，从而纵容更多的人去砸烂这栋建筑物的更多的窗户玻璃。破窗理论生动地揭示了社会失序与犯罪行为之间的一种潜在相连关系。这一理论引用到犯罪学上，得出这样一个结论：某一社会失序的蔓延必然会导致犯罪的滋生和猖獗。根据这一推理，人们又得出这样一个理论：维护社会秩序与解决犯罪问题同样重要，严肃处理小偷小摸等轻微犯罪行为能够预防更多的严重犯罪。从这一理论出发，针对纽约市严重的社会失序与

① 金磊．社区建设与安全减灾——北京社区安康建设的研究与建议．红旗文稿，2003（19）．

② ［英］罗伯特·雷纳．警察与政治．易继苍，朱俊瑞译．知识产权出版社，2008：129.

犯罪活动猖獗的现象，美国纽约警察局提出了“零容忍”警务政策。它的基本含义为：通过对各种轻微犯罪（特别是公共秩序犯罪）和违法犯罪活动绝不容忍，坚决打击，即通过在警务工作中加强对日常侵犯行为的控制和管理，以有效防范更为严重的犯罪类型的产生。在策略层面上，对轻微犯罪和社会失序行为方面，要有更加灵活的执法手段。英国学者诺曼·丹尼斯（Norman Dennis）认为，实现实践“零容忍”政策的三个指导性原则是：“防患于未然”；确保这种控制不要有任何程度的侵犯性；通过上述两种方式减少轻微犯罪，将有助于预防更严重的犯罪。①

第二种路径：英国学者约翰斯通（Johnston，L.）和希林（Shearing，C.）提出了安全节点治理理论。他们认为“社会”的一般性概念，从“理性治理”（即作为政府干预的对象和机制）的角度来看，逐渐被“社区”这一概念所取代。作为这种发展模型的一部分，他们认为政府提供安全的权力减少了，在很多情况下，政府现在只是诸多提供安全角色中的一个。“节点治理”的核心思想认为，国家在安全治理上所扮演的角色正在发生根本性的改变，公共警察机构的功能正逐渐变成收集和分析从其他机构得来的信息并把这种信息发布到警务网络系统的其他节点上。② 这一路径重新审视了国家与社会在安全供给领域的角色和关系，提出了新的安全治理模式。

第三种路径：多中心治理与第三方警务研究。较有代表性的主要研究包括：基于都市警察服务的多中心治理研究。奥斯特罗姆（Ostrom）等将警察服务当作公共经济的产业，从多中心治理的框架对警察绩效进行评估，认为制度安排会对警察服务绩效产生影响，与较大规模的生产者相比，小规模、

---

① Dennis，N.（1997），Editor's introduction，in Dennis，N.（ed.），（1997），Zero Tolerance：Policing a Free Society. Londen：IEA. 转引自［美］马丁·因尼斯 . 解读社会控制：越轨行为、犯罪与社会秩序 . 陈天本译，中国人民公安大学出版社，2009：87-88.

②［美］马丁·因尼斯 . 解读社会控制：越轨行为、犯罪与社会秩序 . 陈天本译 . 中国人民公安大学出版社，2009：95-96.

直接服务的警察服务生产者效率往往更高。[①] 洛林·梅热罗尔（Lorraine Mazerolle）与珍妮特·兰斯莉（Janet Ransley）提出通过改变第三方日常行为的活动方式实现犯罪控制的第三方警务，并认为，“在第三方警务中，许多合作伙伴是人为锻造出来的且主要是用于控制犯罪的目的，这种合作伙伴关系在本质特征上是松散的、偶然的，紧紧围绕遵守规则和解决当前面临的犯罪问题这个中心展开活动”。[②] 上述主张为社会公共安全协同供给提供了基础性理论设想。

以上三种路径都主张，伴随风险社会的出现，基于犯罪控制与预防社会公共安全供给的责任不仅归国家一方，而且要由社会多方共同承担，而在社会公共安全供给中的发起者、多方协作的方式、进程、焦点等方面有所差异。

最后，反恐怖战略研究。近年来，特别是美国“9·11”恐怖袭击事件发生后，国外对于反恐怖战略的研究十分突出。反恐研究主要集中于：反恐立法研究，主要包括联合国及其他国际组织的反恐立法、国家间双边及多边反恐怖主义立法合作、英美俄德等国的反恐立法与完善等；反恐技术研究，主要包括防暴技术与装备、反恐机器人研发、反恐信息技术等；反恐国际合作研究，主要包括国际恐怖主义的根源、新特征和发展趋势，国际恐怖主义对国际关系和世界经济的影响，国际反恐合作方式探讨等。这方面较有代表性的观点，如美国学者詹姆士·史蒂夫（James A. Stever）认为，20 世纪的革新所产生的政府间合作模式并不适用于当今恐怖主义时代，其缺陷在海湾战争中有所浮现，而现在则更显露无遗。对政府间合作模式的修正有以下四种设想：一是在任政府间与军事力量间的关系；二是掌握抢先行动的方法，而不是等待渐变的漫长进程；三是接受新的价值（适时、弹性和对恐怖主义致命结果的围堵政策）用以约束 21 世纪的政府间关系；四是重建已碎片化

① ［美］埃莉诺·奥斯特罗姆，帕克斯，惠特克．公共服务的制度建构——都市警察服务的制度结构．毛寿龙译．三联书店，2000：20-21.

② ［澳］洛林·梅热罗尔，珍妮特·兰斯莉．第三方警务．但彦铮，等译，中国人民公安大学出版社，2013：49.

的政府间联系。[①]

(二)中国学者对公共安全及社会公共安全研究的不同视角

国外犯罪学或警学视角下的“安全”研究对于我国的研究具有十分重要的借鉴意义，但由于政治制度、行政体制和警察职能的差异，我国的安全研究还要结合自身的体制和环境特点加以分析，相关理论的运用要注意本土化的适应性问题。

中国社会安全问题的讨论随着国际社会新安全问题、大规模社会传染病、生产安全、食品卫生安全等社会风险中的种种问题的凸显逐渐引起国家和社会的普遍关注。

我国学者对公共安全及社会公共安全的研究主要有以下六种视角：

1. 对社会公共安全的意义及宏观制度与结构研究。这类研究总体较少且较为零散。有学者认为，人类进入21世纪以来，公共安全成为世界各国越来越关注的突出社会问题，也是对当代公共管理的一个严峻考验。[②]有学者认为，安全主要有以下特点：全球化的时代背景、安全主体的多样性和多层次性、安全问题内容的不确定性和变化性、由解决安全问题的多方面合作需求而产生的复杂性、安全观念的新价值体系建立。社会公共安全需要的制度建构，至少需要以下层次：（1）国际协同，可以是成文的公约或法律，也可以是为某一事项合作的临时事务联盟，如反恐怖主义联盟；（2）国家的公共政策，为公民社会建立和正常运转所做的一切依法措施和制度；（3）社会政策，基于公平、公正价值的，专门为平衡和稳定民众社会生活的基本制度，包括社会保障、社会福利等；（4）各种社会安全教育与运动，主要是提倡那些提升普遍社会生活的各种社会工作的地位、影响以及促进其发展壮大的各项政策。[③]

---

① Stever，JamesA.（2005），Adapting Intergovernmental Management to the New Age of Terrorism，Administration & Society，Vol.37，No.4，p.379.

② 吴爱明．公共安全：公共管理不可忽视的社会问题．行政论坛，2004（11）.

③ 贾江华．社会安全：意义与结构．求实，2004（11）.

2. 对维护社会稳定的研究。维护社会稳定是社会公共安全供给的重要方面。我国学者对维护社会稳定的研究主要从以下两方面展开：一是从政治学视角对社会稳定的类型及地方政府维稳困境的研究。例如，学者于建嵘指出："刚性稳定以垄断政治权力为制度特征，以绝对管治秩序为表象，以国家暴力为基础，以控制社会意识和社会组织为手段。"[①] 他认为这种稳定有巨大风险，当前中国由"刚性稳定"逐渐转变为"韧性稳定"具有现实紧迫性。学者普遍认为，当前中国压力维稳的模式存在成本扩大化、价值预设与行为结果的背离等困境，需要改革当前的维稳方式，"国家的政策取向应当从压力维稳型向改革维稳型解决模式转变，维稳成本向改革成本转移，变被动改革为主动改革"[②]。二是从管理学视角对社会稳定风险评估体系的研究。学者认为，当前中国需要加强对于重大事件的社会稳定风险评估的制度建设。虽然全国范围内已经建立起相关制度，但主要是围绕事件或决策的合法性、可行性、合理性、安全性等内容实施评估，这种做法不够科学和严谨。应以风险为核心设置评估指标，将风险与政府风险控制能力分别评估，在此基础上，确定实际风险值。[③] 姚成林等学者从法学角度基于贫富差距现实状态、社会成员满意程度、群体意识现实状态和社会成员生活水平四种动因的分析，尝试构建中国社会稳定评估体系，如图 1-1 所示。

---

① 于建嵘．从刚性稳定到韧性稳定——关于中国社会秩序的一个分析框架．学习与探索，2009（5）．

② 李昌庚．维稳与改革的博弈与平衡——我国转型时期群体性事件定性之困惑及解决路径．江苏社会科学，2012（2）．

③ 常健，许尧，张春颜．社会稳定风险评估机制中的问题及完善建议．中国行政管理，2013（4）．

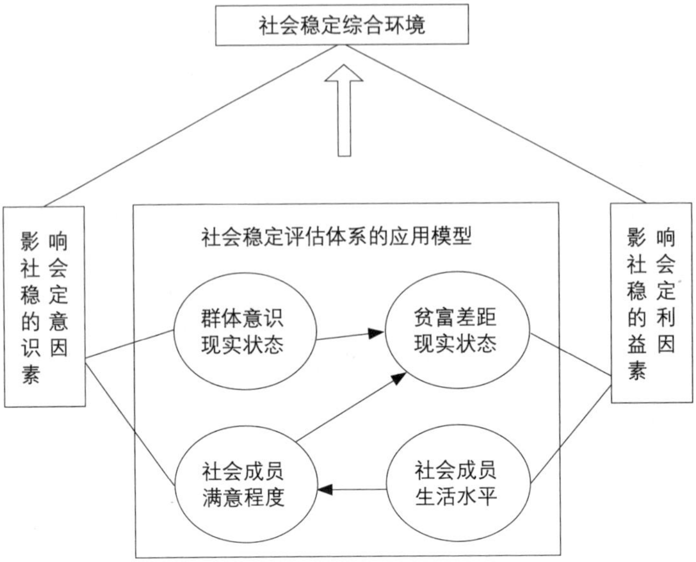

图 1－1 中国社会稳定评估体系模型[1]

3. 风险社会背景下社会公共安全事件或群体性事件应对研究。风险社会背景下社会公共安全事件或群体性事件的应对研究呈现明显的上升趋势。近年来，对社会公共安全事件或群体性事件的研究总体上经历了高涨后的回落趋势，而对公共安全的关注则持续上升。图 1–2 显示了近十二年来由 CNKI 所收录的篇名中精确包含"公共安全"和"群体性事件（或社会公共安全事件）"的论文数量。

对于社会公共安全事件或群体性事件的研究，近年来国内学术界主要从内涵、特点、原因、对策等几方面进行分析探讨。例如，将群体性事件定义为："群体性事件是因人民内部矛盾而引发，由部分公众参与并形成有一定组织和目的的集体上访、集会、阻塞交通、围堵党政机关、静坐请愿、聚众闹事等群体行为，并对政府管理和社会造成影响。"[2] 有学者认为其原因主要有：

① 姚成林，刘尚华．中国社会稳定评估体系的构建论纲．法学论坛，2011（4）.

② 中国行政管理学会课题组．我国转型期群体性突发事件主要特点、原因及政府对策研究．中国行政管理，2002（5）.

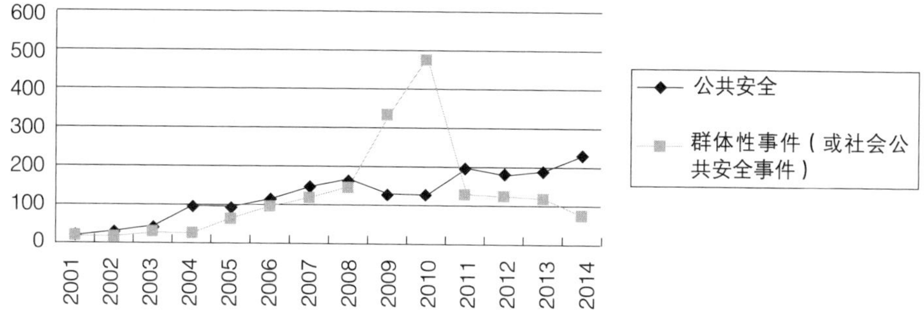

图 1-2 近十二年来由 CNKI 所收录的篇名中精确包含“公共安全”和“群体性事件（或社会公共安全事件）”的论文数量

社会结构断裂，是群体性事件发生的宏观社会背景；转型期社会不公平，是引发群体性事件的根本动因；贫困、落后以及社会贫富悬殊的不断扩大，是引发群体性事件的心理因素；弱势群体的权利意识、民主意识不断增强与民主诉求渠道缺失的矛盾，是群体性事件产生的又一重要因素；社会控制机制弱化，社会整合机制滞后，是群体性事件产生的社会运行机制原因。[①] 对策措施的研究中包括许多对农村、城市或某一具体类型的对策研究，宏观对策分析中较有代表性的有：有学者认为，首先要以积极推进党内民主和基层民主为主要手段，加强地方政府的责任性和回应性；其次要积极推进政府职能转换，调整政府与市场、社会及政府与企业、公民的关系；最后要建立利益表达和协商机制。[②] 有学者提出，首先要坚持社会公正原则，协调利益关系，其次要建立社会安全阀系统，再次要建立社会预警机制，最后要依法妥善处置群体性事件。[③] 此外，还有学者从当代群体性事件的后果出发，对群体性事件后果性质评估的“肯定论”与“否定论”分别进行综述，认为我国目前群体性事件后果研究相对稀薄，国内研究迫切需要注重界定抗议行动的后果、

① 杨瑞清，辜静波．关于弱势群体引发群体性事件的原因透析．求实，2005（12）．
② 薛澜，张杨．构建和谐社会机制治理群体性事件．江苏社会科学，2006（4）．
③ 刘晓梅．建设和谐社会进程中群体性事件的法社会学思考．中国人民公安大学学报，2005（3）．

拓展抗议行动结果的研究方法、探寻抗议后果的因果机制等问题。[①]

近几年对社会公共安全事件或群体性事件的研究呈现以下特征：一是网络群体性事件的研究呈现上升趋势，学者分别从公共管理、公安工作、传媒、信息技术、传播学等不同视角进行研究。二是研究的视角呈现多学科趋势，学者从风险社会下政策冲突、社会资本、群体行为模式、协商民主等众多领域研究社会公共安全事件或群体性事件问题。三是对社会公共安全事件或群体性事件的性质评价研究发生争论，出现了“肯定”与“否定”两种不同立场，特别是对民众抗争或抗议事件的分析及其影响进行分析，将群体性事件与社会抗争、民主转型、政府政策、社会变迁等问题联系起来，这无疑扩展了对群体性事件分析的视野。四是出现对社会公共安全事件的量化模型研究。以往群体性事件或社会公共安全事件主要以定性研究为主，近两年有学者尝试进行了实证研究或模型研究。例如，有学者提出在对社会公共安全事件进行概念界定和突变分析的基础上，构建了社会公共安全事件的尖点突变模型，并基于尖点突变模型研究了社会公共安全事件的发生机理。研究发现：社会公共安全事件发生过程是连续性和突发性的统一，突跳值大小决定了社会公共安全事件的危害程度，政府应针对控制变量进行政策研究。[②] 有学者从社会学视角，以实证调查和个案访谈作为收集资料的主要手段，提出对群体性事件基于行为模式的解释框架。

4. 城市公共安全与危机管理研究。近年来，对于公共危机管理综合性研究呈现上升趋势，学者纷纷对危机与危机管理等相关概念进行了界定，对公共危机类型划分、公共危机的诱因、研究领域与范围以及公共危机管理体系（机制）的构建等进行了分析，并形成了“制度论”“公共关系论”“经验论”和“全面整合论”等不同分析视角。但从公共安全角度出发的危机管理研究主要集中于城市范畴，主要从社会管理与公共服务的视角，对我国社会

---

① 肖唐镖，孔卫拿．当代中国群体性事件的后果——国内研究的考察与评论．经济社会体制比较，2011（2）．

② 朱正威，胡永涛，郭雪松．基于尖点突变模型的社会安全事件发生机理分析．西安交通大学学报，2011（3）．

转型期的城市安全管理现状加以评价，并提出城市公共安全资源的整合及公共安全管理机制的完善路径，并尝试构建城市公共安全相关模型。例如，有学者针对城市公共安全的复杂性与动态性，创造性地将可持续发展理论应用到城市公共安全研究中，概述城市公共安全可持续发展系统的基本组成，结合实际进行系统的结构特征分析；运用可靠的理论，探讨系统可持续发展指标的量化及其模型建立；以 Logistic 修正模型为例，提出了系统评价预测研究的方法论，共同构建城市公共安全可持续发展理论的基本框架；同时在此基础上，以地理信息系统（GIS）为平台，集成决策支持系统（DSS），研究开发了“基于 GIS 的城市公共安全应急决策支持系统”。①

5. 社区安全问题研究。社区安全问题的研究主要涉及社区安全的治理机制、评估体系和安全建设等领域。中国于 20 世纪 80 年代开始社区警务改革，并于 2004 年在全国大中城市全面实施社区警务。我国学者借鉴西方社区警务的理论与实践，就社区警务的合作、预防、服务的内涵进行了界定，并就社区治理与社区警务、社区警务的模式与工作机制、社区警务与犯罪控制等问题进行深入探讨。有学者认为，我国社区安全建设中存在政府唱独角戏的弊端，需要调整政府与公民的关系，具体来说，要秉承利益共分、风险共担、责任共负、经验共享的理念，坚持公民资格、公共资源、公共领导、公共参与的精神，促使政府从社区安全建设主导者逐步变成引导者，最后成为监督者和评估者；同时整合各类社区安全建设方案，从而减少基层管理者承担的“运动式”的工作任务。②有学者采用实证研究的方法，探索城市社区安全评估模型的建立。通过采用在指标权重赋值基础上的多指标综合评价方法，遵循科学性、标准化、实践性、发展性、可行性原则构建城市社区安全评估模型，对制约社区安全状态负面指标决定的静态安全状况与促进社区安全正面指标决定的动态安全状况进行综合评估。评估模型指标（因子）权重采用专家调查法确定，指标（因子）水平采用标准化方法确定，并可在定量评估

① 徐志胜，冯凯，徐亮，冯春莹．基于 GIS 的城市公共安全应急决策支持系统的研究．安全与环境学报，2004（12）．

② 李瑞昌．社区安全建设中府民合作与角色定位．北京行政学院学报，2009（5）．

的基础上进行定性等级评估。[①] 有学者以治理机制为分析视角，对台北市内湖社区安全促（协）进组织的发展历程进行了描述，着重对其在社区安全治理机制建设上的表现及作为进行了实证分析，提出以内湖社区为代表的台湾社区安全治理机制重视横向维度的建设，这值得大陆在开展的安全社区建设活动中参考与借鉴。[②] 此外，社区警务的研究也有较多成果。

6. 我国公共安全供给与管理模式研究。这类研究从总体上来说相对较少。有学者认为，中国的公共安全管理体制包括在中央一级成立国务院应急管理办公室，以及针对上述几类公共安全问题相应组建的以管理自然灾害为主的国家减灾委员会，以管理事故灾难为主的国家安全生产委员会，以管理公共卫生为主的中国爱卫会和以管理社会治安为主的中央综合治理委员会，并提出了进一步改进中国各级政府综合公共安全管理的对策：一是加大公共安全信息的及时公开力度，建立国家和地方公共安全信息共享体系；二是建立公共安全管理的纵向、横向与综合协调机制，全面提高各级政府的综合公共安全管理能力；三是从源头上降低公共安全事件的发生频率，建立发展规划的“风险”评价制度；四是鼓励非政府组织在综合公共安全管理中发挥作用，建立社区综合公共安全管理体系；五是大力提高减灾资源的利用效率与效益，建设区域综合风险防范关键技术示范基地。[③] 近期在社会治安供给领域较有代表性的研究是唐皇凤博士在其专著中收录在社会转型过程中保持社会稳定的社会治安综合治理，着重研究其组织网络，认为在充分吸纳社会主义市场经济条件下新兴社会和市场组织资源的基础上，建构起比较有效的组织化调控体系，是中国社会实现平衡转型的关键所在。这些研究对于我国公共安全服务供给模式、社会治安的供给现状、社会治安综合治理的政策发展等进行

---

① 伍先江. 城市社区安全评估模型的构建——以北京市为例. 中国人民公安大学学报，2009（6）.

② 李程伟. 社区安全治理机制的建设——台北市内湖社区安全促（协）进组织案例研究. 北京航空航天大学学报，2011（5）.

③ 史培军，刘婧，徐亚骏. 区域综合公共管理模式及中国综合公共安全管理对策. 自然灾害学报，2006（6）.

了较好的梳理，而社会公共安全供给的协同机制，则是值得进一步深入研究的领域。有学者借鉴西方的相关评价体系，从“脆弱性—能力”的视角构建公共安全评价框架，提出区域公共安全综合评价核心指标体系包括：脆弱性指标（包含暴露性和敏感性指标、易损性指标）和应对能力指标（包含基础设施、管制能力、社会防御和经济能力四个方面的二级指标）。[①]

（三）公共安全与社会公共安全研究的主要进展

社会公共安全研究涉及面广，目前这一领域的研究取得了以下三方面的进展：

一是公共安全及社会公共安全领域受到多学科的普遍关注。近年来，以政治学、法学、社会学、管理学、公安学为代表等，许多学科为与社会公共安全问题相关的基本理论问题，如风险社会理论、协商民主理论、危机管理理论、社会冲突理论、治理理论等提供了较为完整的分析框架和理论体系，这些为社会公共安全研究向纵深发展提供了前提和基础。

二是基于犯罪控制与预防的社会公共安全研究呈现多元化视角。基于犯罪控制与预防，社会公共安全理论研究出现了“零容忍”警务、安全节点治理模式、情报主导警务、多中心治理与第三方警务、问题导向警务、社区警务等多元化研究视角或实践战略，为社会公共安全领域研究向纵深扩展奠定了基础。

三是出现对社会公共安全问题的量化研究。在社会公共安全评价体系的研究中，一些学者开始运用数学分析模型，尝试设计社会公共安全的评价指标体系，或进行定量评估基础上的城市社会公共安全系统研究。这些量化研究成果对于寻找中国社会公共安全供给之路提供了有益借鉴。

（四）社会公共安全研究的主要不足

综合上述文献，近年来随着公共安全事件频发，社会公共安全问题也得

① 朱正威，蔡李．段栋栋基于“脆弱性—能力”综合视角的公共安全评价框架：形成与范式．中国行政管理，2011（8）．

到学者的高度关注，对于社会公共安全问题的研究近年来呈现上升趋势，但总的来说，目前国内外对社会公共安全供给问题尚未形成系统化研究，研究主要呈现以下不足：

一是对社会公共安全的研究较为零散，主要是重应对、轻系统性的研究。对社会公共安全的研究涉及政治学、法学、社会学、管理学、公安学、管理科学与工程、国际关系、安全技术等多个学科和研究领域，目前的研究在很大程度上仍然是以如何应对安全事故、安全矛盾关系、安全事件等这一思路为主，从安全问题的源头出发进行涉及多学科系统性的研究总体较少。

二是对社会公共安全的研究缺乏定性与定量结合的本土化理论与实证研究。中国的社会公共安全研究目前主要还是以定性研究为主。从政治学、社会学、公安学进行研究居多，从管理学视角的研究主要集中在危机管理和安全合作两方面。定量研究总体较少，且社会公共安全领域研究运用国外的理论较多，尚未形成有中国特色的本土化系统理论体系。

三是研究的深度与广度不够。公共安全问题涉及多领域、多学科，公共安全中对于国家安全、信息安全、食品安全等领域的研究相对较为成熟。但就社会公共安全而言，以往的研究主要集中于行政法学、犯罪学、警务与治安管理实务研究的视角。系统性研究主要以社会公共安全事件或群体性事件研究、公共危机管理研究为主。研究的局限性在于：对社会公共安全事件或群体性事件的研究多是政府本位的分析，对公共危机管理的研究主要是宏观意义上的风险治理与危机管理研究，缺乏从社会公共安全这类安全问题出发的专业化、类型化研究，这些都限制了对相关问题的研究深度与广度。

二、不同学科视角下的协同管理研究综述

协同学的创始人哈肯在 1971 年发表的《协同学：一门协作的科学》一文中提出了“协同”的概念。他认为自然界存在各种各样不同时间、空间跨度的系统，结构千差万别，尽管它们的属性不同，但在整个环境中，各个系统间存在相互影响而又相互合作的关系，同时也存在一系列不稳定与稳定的相互转换。“协同学”（synergetics）一词源于希腊文，本意为“协调合作之学”，

哈肯将协同学定义为：在普遍规律支配下的、有序的、自组织的集体行为的科学。[①] 协同学是研究由完全不同性质的大量子系统所构成的各种系统从无序到有序的理论。尤其集中研究以自组织形式出现的结构，从而寻找与子系统性质无关的支配着自组织过程的一般原理。哈肯认为，协同学是研究由完全不同性质的大量子系统（如电子、原子、分子、细胞、神经元、力学元、光子、器官、动物乃至人类）所构成的各种系统。研究这些子系统是通过怎样的合作才在宏观尺度上产生空间、时间或功能结构的。尤其要集中研究以自组织形式出现的结构，从而寻找与子系统性质无关的支配着自组织过程的一般原理。[②]

国外学者将协同学理论应用于众多学科领域，从自然科学的物理、化学、生物学到社会科学的经济学、心理学、社会学等，反映了协同机制的普适性。例如，经济学中认为协同学可以解释经济形势能在两个平衡状态之间起伏，充分就业与就业不足周期性交替的现象；政治学中认为舆论是政治生活的序参量，人的可影响性是形成舆论的所有集体效应的根源，大众传媒的介入使之更为复杂；心理学认为通过涨落出现有一个新的序参量（即新思想），能够制服、联系和支配各个方面，形成整块思维等。[③]

我国不少学者尝试将协同学及相关理论应用于社会科学领域进行研究。例如，有学者致力于协同与自组织理论的研究；有学者将自组织理论与社会发展联系起来，研究自组织理论与社会进化及其可持续性问题；有学者运用自组织理论提出“亚稳态的人类社会系统模型”，期望用其反映人类社会所特有的最低限度的复杂性；[④] 有学者对自组织系统进化及其对人类社会产生和发展进行深入研究，提出自组织的社会进化理论方法和模型，认为协同学

---

① ［德］赫尔曼·哈肯．协同学：大自然构成的奥秘．凌复华译．上海世纪出版集团，2005：8.

② ［德］赫尔曼·哈肯．高等协同学．郭治安译．科学出版社，1989：1.

③ 钱洁．我国社会公共安全协同供给：基于协同学的一种框架分析．湖北社会科学，2012（9）.

④ 胡皓，楼慧心．自组织理论与社会发展研究．上海科技教育出版社，2002：4.

和超循环理论是研究系统进化的重要理论，协同学阐明了系统进化过程中内部变化的产生、有序性的建立及其扩张；[①] 有学者将协同学运用于传播学研究，认为网络舆情的非线性传播问题及其社会影响可以用协同学中的一系列理论进行分析，“协同与助长的效果体现了群众行为的一般规律，他们的这些表现都是有规律可循的，它与大自然其他过程和现象的协同行为规律也是具有相似性的”[②]。

管理协同是运用协同论的基本思想和方法，研究管理对象的协同规律并实施管理的一种理论体系。著名管理学家法约尔、梅奥、安索夫等都对协调或协同的概念进行了探讨。1965 年，美国著名的战略管理学者安索夫（H. Igor Ansoff）从企业管理的角度提出了协同的思想。他将协同作为公司战略四要素之一，认为组织通过寻求合理的销售、运营、投资与管理的战略安排，能够对投入要素、业务单元与环境进行有效配置，从而实现类似报酬递增的协同效应。协同效应的实现包括销售协同、经营协同、投资协同和管理协同四种类型。[③] 近年来，越来越多的战略专家关注协同问题，如日本战略专家伊丹广之认为，协同概念可分解为“互补效应”和“协同效应”两部分。“互补效应”是通过提高实体资产使用效率来节约成本或是增加销售的方式，而“协同效应”是通过对隐形资产的使用来实现。[④]

近年来，我国学者将协同理论应用于管理学的区域经济协作、现代物流管理、企业战略管理、信息系统管理等领域。潘开灵、白烈湖在其著作《管理协同理论及其应用》中系统梳理了管理协同的理论基础、基本概念及协同的原理和机制，并尝试建立了适合企业环境的管理协同机制模型框架，其论述的管理协同形成、实现、约束三大机制之间的关系如图 1–3 所示。

---

① 孙志海 . 自组织的社会进化理论方法和模型 . 中国社会科学出版社，2004：80.

② 高红玲 . 网络舆情与社会稳定 . 新华出版社，2011：101.

③ ［美］H.Igor Ansoff. 新公司战略 . 曹德骏，范映红，袁松阳译，西南财经大学出版社，2009：53–54.

④ ［英］安德鲁・坎贝尔 . 战略协同 . 任通海，等译，机械工业出版社，2003：64–70.

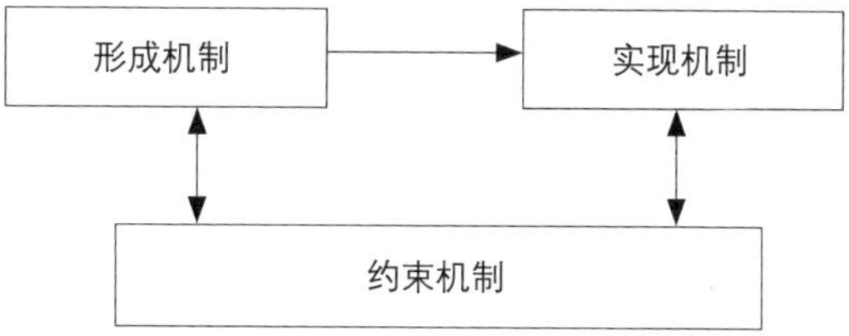

图 1－3　管理协同各机制之间的关系①

协同学把系统的有序称为“自组织”，不同聚集状态之间的转变过程称为“相变”，子系统间的随机波动而导致系统宏观量的瞬时值偏离平均值的现象称为“涨落”；把影响系统有序的关键因素称为序参量，非关键因素称为控制参量，如有学者研究供应链协同管理问题，将系统的有序过程及其关联性用图 1–4 表示。

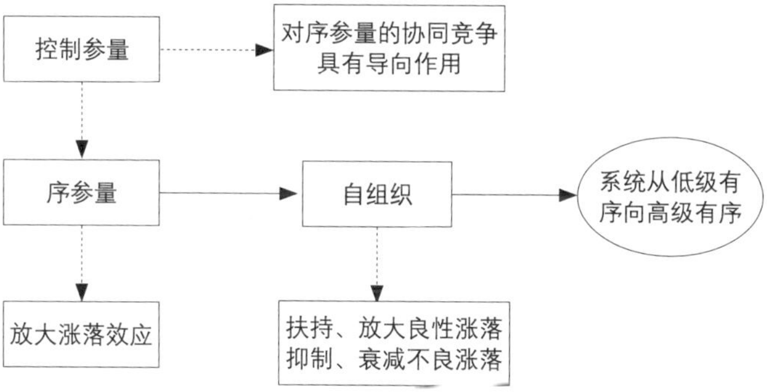

图 1－4　系统的有序过程及其关联性②

三、整体性治理视角下的社会公共安全供给研究综述

“整体政府”（Joined-up Government）是当代政府管理的一个新理念。目前学术界所常用的“整体政府”的概念，主要还是从整体性政府的视角下的研究路径，而非出自“协同学”的视角，但以下方面的相关研究对从“协

① 潘开灵，白烈湖．管理协同理论及其应用．经济管理出版社，2006：127.

② 邹辉霞．供应链协同管理——理论与方法．北京大学出版社，2007：33.

同学”视角分析社会公共安全供给具有启发意义。

总体而言，国外学者对“协作”与“协同”在公共管理领域的概念使用、分类等方面尚未达成共识，如美国学者斯蒂芬·戈德史密斯和威廉·D. 埃格斯关注公共部门和私人部门之间的合作关系，由此阐述“协同政府”的概念。他们从“公私合作程度”和“网络管理能力”的高低两个维度，将政府管理形态分为“层级制政府”（Hierarchical）、“协同政府”（Joined-up）、“第三方政府”（Outsourced）和“网络化政府”（Networked）四种形态。他们认为网络化治理是将第三方政府高水平的公私合作特性与协同政府充沛的网络管理能力相结合，然后利用技术将网络连接，并在服务运行方案中给予公民更多的选择权。[①] 这种划分方法较为清晰地阐明了公私合作的主要类型，为分析公共部门与私人部门的合作提升了重要维度。然而，在现实政府治理中，由于社会问题的复杂性和公共管理环境的多样性，很难将四种形态割裂开来，通常情况下，多种管理形态并存的状态不可避免。

英国学者希克斯（Perri Six）等人则提出一个由“目的”和“手段”两个维度构成，每个维度分为三个层次的五种政府管理形态，如图 1-5 所示。按照他们的分析，协同政府意味着不同公共部门在目标和手段上不存在冲突，整体政府则是更高的层次，要求目标和手段之间相互增强。这里的“协同政府”与“整体政府”相区分，从本质意义上表明是组织间协作，而并非真正意义上的“协同”状态。

① ［美］斯蒂芬·戈德史密斯，威廉·D. 埃格斯 . 网络化治理：公共部门的新形态 . 孙迎春译 . 北京大学出版社，2008：17-18.

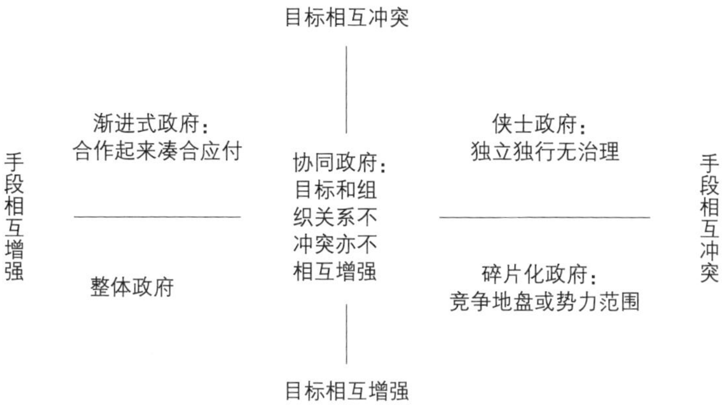

图 1－5　政府协作分析框架[2]

此外，还有一些学者对整体政府背景下的政策协同进行了探讨和分析，如梅吉尔斯等人根据不同部门间的互动水平或程度、组织相互依存度、协同正规化程度、协同的资源需求、自主权损失程度、系统与全面性、兼容程度等，把政策制定中的协同分为三个层次：最低层次是政策合作（policy cooperation），中间层次是政策协调（policy coordination），最高层次是政策整合（policy integration）。[2] 美国学者尤金·巴达赫（Eugene Bardach）通过对美国州及地方政府创新实践的考察，分析现实政府跨部门合作的模式，他认为，“用合作方式来增加价值的潜在机会，发掘和利用这些机会涉及许多具体工作，至少包括：为合作调配人力和财力资源；设计良好的运作系统并实施有效管理；在追求的主要目标和多种次级目标间的平衡上达成共识并保持共识；创造有效的合作文化或良好的人际关系准则；获取

① ［美］斯蒂芬·戈德史密斯，威廉·D. 埃格斯. 网络化治理：公共部门的新形态. 孙迎春译. 北京大学出版社，2008：2.

② Meijers，Evert and Dominic Stead（2004），Policy integration：what does it mean and how can it be achieved？ Amulti-disciplinary review，paper presented at the 2004 Berlin Conference on the Human Dimensions of Global Environmental Change：Greening of Policies－Interlinkages and Policy Integration，Berlin，3-4 December，2004.

政治家的认可和支持等”[①]。

从总体上说，这些研究虽然也涉及公私关系、政府与社会组织、公众之间的关系问题，但基本上局限于以政府为中心的管理框架，聚焦于内部的各组成部分之间的合作，多从技术层面提出完善的对策，其涉及的领域在两个方面有所缺失：一是对不同国家和地区历史传统与社会背景的比较研究，即对整体性政府在不同社会基础与背景下的适用性的探讨，二是多研究探讨政府自身的主动性变革，从自下而上的角度实现整体性治理的研究较少涉及。

我国学者对整体政府理论及其应用的研究主要集中于以下四方面：

1. 对西方相关理论的宏观性介绍、评论与比较研究。有学者认为：“整体政府”是许多致力于政府改革的欧美国家从 20 世纪 90 年代中后期以来的新的改革趋势。作为当代西方行政改革的先驱，英国在这一新的改革趋势中仍占据十分重要的位置。1997 年，英国新一届工党政府上台，它一方面延续了保守党的一些改革措施，另一方面也推出了一些新的改革举措，其中最重要的一项内容就是提出了“整体政府”。“协同政府”（整体政府）的核心目的是整合相互独立的各种组织以实现政府所追求的共同目标。[②]周志忍认为，在政府协同领域我国与西方国家具有相似的“结构性机制”，而我国协同效果上的差距可能需要从两个层面找原因：一是政治、行政体制及其相应的行政文化，二是程序性机制和运作中的技术细节。[③]这些研究为研究中国政府协同问题提供了可借鉴的思路，但在“协同”政府理念下，如何去寻找适合我国社会发展背景和社会基础的全社会合作之路，以及在具体领域进行系统性的运作机制探讨，是当前“整体政府”研究应该进一步扩展的方向。

2. 从都市圈发展或流域发展的视角研究政府整体性治理问题，如有学者认为，流域府际治理协调机制实现形式有：建构流域“公共能量场”、型

---

① ［美］尤金·巴达赫．跨部门合作：管理“巧匠”的理论与实践．周志忍，张弦译．北京大学出版社，2011：13.

② 解亚红．“协同政府”：新公共管理改革的新阶段．中国行政管理，2004（5）.

③ 周志忍，蒋敏娟．整体政府下的政策协同：理论与发达国家的当代实践．国家行政学院学报，2010（6）.

塑流域政府间电子治理、缔结流域政府间联盟以及实施流域规划等。流域政府地方保护行为同样形成一种区域经济活动外部性。其产生的根由是由于流域政府权力产权界定不清导致了相互间正交易成本的出现。根据新制度经济学的启示，因此就需建构流域政府间横向协调机制，从而规范流域政府权力产权，减少因相互间权力产权摩擦引发的交易成本，由此即可以消解区域经济活动外部性，进而解决当下日趋严峻的流域水资源配置使用之负外部性问题。[①] 这些从都市圈发展或流域发展的视角对政府协同治理的研究属于区域治理的范畴，更多的是偏重从经济学视角进行阐释，研究多围绕负外部性的问题进行，对社会公共安全供给研究具有借鉴意义，但社会公共安全领域的研究涉及要素更广，更为复杂，这一研究视角不够全面。

3. 食品安全协同治理研究。随着近年来食品安全危机事件的频繁发生，食品安全作为公共安全的一个重要领域，被越来越多的学者所关注。王敦清博士以政府、企业和第三部门三元互动的视角对中国食品安全协同治理进行研究，提出了完善我国食品安全协同治理的对策：一是政府规制层面，通过渐进式改革，塑造适合中国国情的食品安全监管模式，完善以食品安全法为核心的相关法律法规，建立一系列旨在保障食品安全的制度；二是企业治理层面，围绕企业社会责任的理念与制度建设，促进企业食品安全的治理；三是第三部门监督，通过鼓励农户加入合作组织，扩大公众参与途径，加强消费者组织建设等措施完善第三部门的监督。[②] 此外，还有学者从协同学视角探讨食品安全监管问题。其从协同学视角分析在食品安全监管中政府与社会各监管主体存在的问题，认为要完善协同监管制度法规、健全协同监管组织体系、加大协同监管组资源投入及培育协同监管社会力量。[③] 总的来说，食

① 王勇．流域政府间横向协调机制研究——以流域水资源配置使用之负外部性治理为例．南京大学博士学位论文，2008.

② 王敦清．中国食品安全协同治理研究——以政府、企业和第三部门三元互动为视角．武汉理工大学博士学位论文，2010.

③ 叶俊，王俊华．协同理论视角下我国食品安全监管机制研究．中国卫生事业管理，2012（7）.

品安全协同治理的研究主要仍停留在整体性治理的范畴，未能从协同学理论深层次对相关问题进行解析，其中的围绕对食品安全的规制、监督的对策研究的思路可在社会公共安全问题的研究中予以借鉴。

4. 区域社会公共安全协同治理研究。区域社会公共安全供给问题，主要以区域警务合作研究为主，但目前我国区域警务合作研究尚没有从协同学理论出发进行的研究，而公共安全的“大安全”领域，有少数学者通过实证研究分析区域社会公共安全协同治理，如杨安华等以武陵山为例，分析连片特困地区公共安全协同治理问题，指出要建立省际社会治安防控、生态安全治理和非常规公共安全治理三大子系统，共同构建公共安全大系统的框架体系。① 这一研究所提出的协同治理系统与子系统，是较为典型的区域社会公共安全治理体系研究，但该研究对协同学理论的应用总体较浅，只是对主要概念有所提及，未能对协同学理论在社会公共安全治理中的应用性问题进行全面分析并应用于区域社会公共安全治理中。

四、协同学视角下社会公共安全供给可进一步研究的空间

从协同学视角对社会公共安全供给进行研究，是对上述几方面研究领域的深化和扩展，本研究希望在以下几方面寻求突破：

（一）社会公共安全供给领域的深化研究

“供给”（supply）一词源于西方经济学，通常是指在某一特定时期内，经营者在一定价格条件下愿意并可能出售的产品量。新制度经济学和公共选择理论将“供给”这一概念引入公共领域，分析公共产品的供给。按照排他性和消费方式两个维度将产品和服务分为私人产品和服务、收费产品和服务、公用产品和服务及集体（或公共）产品和服务。而安全被学者归属于公共产品和服务类型，即为纯粹的共同消费的产品和服务，不具有排他性。对于供

① 杨安华，李民，张伟．连片特困地区公共安全协同治理研究——以武陵山片区为例．甘肃社会科学，2012（6）．

给，一般包括“提供”和“生产”两个环节。在不同的供给模式下，某一供给主体可能只提供而不生产，或只生产而不提供，或既生产又提供公共产品。目前，国内外学者在研究多元主体供给问题时，多采用“合作供给”一词，尚未对“协同供给”进行专门界定。本研究根据协同学理论将多元主体看作一个系统，本研究中的安全协同供给是指将公共安全视为一种公共产品和服务，由某个或某些社会组织以系统化方式合作生产和（或）提供，并依靠全社会力量实现可持续的稳定供应和良性增长态势。

一是从“积极安全”的视角全面审视社会公共安全问题。学术界对“安全的态度”分为积极安全和消极安全，前者强调主动免于危险和消除威胁，以求生存；后者强调事发后被动应付威胁和谋求稳定。总的来说，就当前社会公共安全而言，我国研究者多以消极安全的视角从如何应对社会公共安全事件出发，分析其原因、对策、应对模式与模型等，缺乏以积极安全的视角对社会公共安全问题的产生机理、安全供给机制及风险预防模型的分析。在风险社会背景下，积极安全研究倡导在安全危机发生前，通过全社会的动员以预防和消除潜在风险。这种研究的实质是：将安全作为重要的公共产品和服务，以期实现持续稳定的供给。因此在消极安全研究已经较为成熟的情况下，积极安全的研究更为系统有效，也更为紧迫。本研究将社会公共安全作为一种公共物品探讨其供给问题，即是从积极安全的视角展开。

二是探索社会公共安全的研究的定性与定量相结合的本土化理论。我国社会公共安全的研究尚未形成本土化的理论框架，其理论研究多是从国外理论借鉴应用，而由于国外的政治制度、行政模式、社会文化等方面的差异，一些理论不一定适用于我国的安全管理，如国外社会公共安全领域的邻里守望模式需要以地方的充分自治、社区居民充分的社会信任与对社区安全的高度责任感为前提，目前我国尚不具备直接实施这一模式的社会条件，照搬照抄这样的安全供给模式是不恰当的。此外，本土化的安全供给领域的实证研究又十分缺乏，仅有少数社会学和管理工程领域的学者进行了区域性实证研究，这些研究也主要集中于社会环境和安全技术层面，未能从管理学视角进行分析研究，且尚未形成系统性研究成果，从公共管理学科出发进行研究的非常少，本研究将在这方面进一步扩展研究空间。

三是从公共管理视角扩展对社会公共安全问题的深度研究。社会公共安全供给的实质是公共管理问题，目前如何突破传统行政学以政府为中心的研究视角，从公共管理学科的视阈，基于多学科理论，对社会公共安全协同供给形成综合性分析框架，并在理论模型框架下进行实证研究是进一步研究的重点。

（二）将协同学理论应用于公共管理领域专门问题的研究

我国学者将协同学应用于公共管理领域的研究较少，主要散见于学术论文中，包括以下几方面：

一是将协同学应用于公共行政执行研究。有学者认为，系统科学中的协同学研究与公共执行研究在本质上的相似性，协同学的理念、理论成果和思维方式对公共行政执行研究具有诸多启发：第一，整体效应的涌现对于公共行政执行研究具有启发和指导意义；第二，协同学研究复杂、动态的趋于目的的现象，公共行政执行也具有这样的特征，可以使用协同学的思想来认识公共行政执行问题，抓住关键变量，引导执行过程不偏离目标，确保执行围绕特定目标形成合作和协同；第三，协同学研究结构的形成和转化，可以借鉴协同学的思想研究公共行政执行过程中权力结构、利益结构、目标结构和激励结构的转化；第四，协同学认为自组织和人工装置是统一的，公共行政执行协同机制兼有人为设计的人工装置和自发形成的自组织的双重特征，借鉴协同学的思想可以为公共行政执行协同机制的设计提供思想指导。[①] 这一论述较清晰地明确了协同学与公共行政的联系，是用协同学思想分析行政问题的有效尝试。

二是用协同学研究乡村治理问题。有学者尝试将构建与新的发展情境相适应的农村治理体系，探讨乡村治理中政府与农民组织的定位、功能与协同

① 曹堂哲．公共行政执行协同机制研究的协同学途径——理论合理性和多学科基础．中共浙江省委党校学报，2009（1）．

方式等。[①] 这一研究虽然在标题中说明是用协同学视阈，但未能真正运用协同学理论，并非真正意义上的协同学研究，基本上仍属整体性治理的研究范畴。

三是用协同学研究城市治理问题。对城市公共管理系统的协同发展研究，有学者尝试建立协同度模型，通过实证分析，计算出上海市经济系统、市场监管系统和社会管理与公共服务的综合发展水平三大子系统中两两子系统间协同值、系统综合静态协同度和动态协同度。[②] 这一研究是协同学运用于城市治理，并用量化方法进行研究的较好范例，是对协同学在公共管理领域的研究的有益探索。

上述研究都试图或已经提出了一些与协同学相关的研究途径和观点，但总的来说，用协同学分析公共管理问题的创新观点是零散的，未能形成公共管理领域内某一研究方向的系统性观点。社会公共安全即是其中较为典型的专门领域。由于社会公共安全问题十分复杂，涉及政府多部门和社会多元主体，其相互之间的合作效能在社会公共安全供给中至关重要。从协同学视角出发，分析社会公共安全协同供给问题，有助于形成将协同学运用于公共管理领域的框架性分析路径，对研究公共管理领域其他问题有重要借鉴意义。

（三）将协同学理论应用于社会公共安全领域的系统研究

对社会公共安全领域协同治理的研究，主要集中于社会公共安全协同治理的理论研究。目前我国学者对社会公共安全协同治理主要是框架性的，只散见于几篇学术论文之中，其中有代表性的是下述两位学者的成果。

张立荣认为，目前我国公共危机管理体系已具雏形，但处于“粗放”状态，形式主义比较严重，应急反应结构单一，“条条”与“块块”分割，难以形成整体的协同效应。要打破各地为阵、自成体系的格局，既强化危

① 吴妤，梅伟伟．协同学视阈下的乡村治理模式研究——基于乡镇政府与农民组织关系的探析．天府新论，2010（2）．

② 李响，严广乐．城市公共管理系统协同发展研究——基于上海市2000—2009年的数据分析．经济体制改革，2012（1）．

机时中央政府的统一决断权，又保证平时组织机构正常的分权运作，同时调动多元社会力量协同应对，就必须创新公共危机管理模式。协同学与我国公共危机管理具有强烈的契合性，公共危机协同治理系统要重视子系统的协同性、系统演化的动态性、系统中各微观元素相互作用的非线性和秩序形成的自组织性等特征。就我国公共危机管理的现实状况和未来需求而言，要形成协同治理的机制，应当从完善协同治理的法规制度、优化协同治理的权责体系、加强协同治理的资源保障、搭建协同治理的信息平台、培育协同治理的社会资本五个方面着力。① 这一成果对社会公共安全领域的协同学研究具有开创性意义，且提供了较好的研究思路和范式，但总体而言这只是这一领域的创新性探索，对相关问题的研究主要是宏观的框架性分析，其所论述的协同学的主要理论在社会公共安全领域的运用涉及面广，但尚有进一步扩展的空间。

范维澄指出，应急管理体系的复杂性科学问题是应急管理体系五大板块核心科学问题之一，而多主体、多层级、多环节协同应对机制是应急管理体系复杂性科学问题的首要问题，具体包括：适用于应急管理的多主体（Multi-agent）理论；单主体的功能和自主性的优化配置机制；基于多主体理论的多部门配合与冲突解决机制。② 这些研究涉及复杂性科学问题，是在协同学之上的哲学层面的理论思考，对社会公共安全协同供给的对策研究有价值引领作用，使用协同学视角审视社会公共安全治理问题的方向性更强、思路更为明确。但总体而言，这一研究是宏观层面的路径分析，缺少在操作层面的对策建议。

总的来说，从协同学视角对社会公共安全领域的研究总体很少，且研究较为零散，缺乏系统性的梳理与分析。部分研究虽然使用“协同”一词，却主要从跨界治理及整体政府的角度进行分析。少数研究阐述了相关协同学理

① 张立荣，冷向明．协同学语境下的公共危机管理模式创新探讨．中国行政管理，2007（10）．

② 范维澄．国家突发公共事件应急管理中科学问题的思考和建议．中国科学基金，2007（2）．

论，但由于篇幅所限，没有对将协同学理论运用到安全领域的适用性及具体的运用方法进行深入探讨，因此影响了研究的深度。社会公共安全协同供给研究希望在以下几方面进一步扩展研究空间：一是在深入解析协同学理论及其在社会科学领域的应用性基础上，提出社会公共安全供给的概念，并尝试构建框架性模型；二是在对协同学各种原理进行剖析的基础上，对社会公共安全协同供给的影响因素、协同形成、动力与运行机制、序参量与自组织体系等进行创新性探讨；三是对中国社会公共安全供给现状进行组织、制度、政策、环境等方面的全面解析，尝试构建适应中国国情的本土化社会公共安全协同供给理论，并寻找安全领域的协同路径与对策。

第三节 研究框架与思路

本研究以两条主线展开：一是对社会公共安全协同供给的理论探讨。主要从作为一种公共物品的社会公共安全的理论考察入手，分析其价值与特性，由此引发对社会公共安全失序状态的思考，探讨社会公共安全供给模式的转变问题。再以协同学为理论基础，探讨协同学理论在社会公共安全供给领域的适用性，从而构建社会公共安全供给理论基础和模型。二是对我国社会公共安全协同实践的研究。在对中国社会公共安全协同供给现状进行描述的基础上，主要选取社区安全管理、区域社会治安管理等领域对社会公共安全协同供给实践进行深入分析。两条主线时而分述，时而交织，以阐明社会公共安全协同供给的理论及其对中国相关实践的指导意义。

一、研究内容及框架设计

本研究主要包括以下五方面的内容：

（一）社会公共安全作为一种公共物品的供给模式探究

研究从对公共安全的理论分析入手，指出由于对公共安全诉求的内在价值冲突。社会公共安全这一公共物品具有抽象性、预见性和动态性等特点，决定了单一化的供给模式不能适应现代风险社会背景下社会信任与社会安全感缺失的环境。以社区安全为例，研究指出，中国社会公共安全供给应由政府管制型向社会管理型社会公共安全供给模式转变。

（二）协同学视角下社会公共安全供给理论构建

首先，分析协同学的核心概念及其主要理论。系统协同的核心思想包括序参量及支配原理、竞争与涨落原理及自组织与协同效应。其次，在厘清管理学视角下的协作与协同的异同基础上，将协同学引入社会公共安全管理领域，探讨其现实意义与契合性。最后，分析社会公共安全协同供给的一般原理，进行社会公共安全协同供给理论研究的框架设计。

（三）对社会公共安全协同供给中的序参量及自组织体系的分析

在社会公共安全协同供给研究的框架设计基础上，对社会公共安全协同供给中的序参量和自组织体系进行详解。一是从社会公共安全协同供给的主体及其权责体系、信息化基础、组织设计、政策体系、社会文化层面的外环境等方面对社会公共安全协同的序参量影响因素进行了细致探讨，提出社会公共安全协同供给的序参量。二是对协同形成的动态机制（包括协同机会识别和协同启动与要素整合机制）进行了深入分析。三是以区域社会治安为例，借助系统动力学理论，对社会公共安全协同供给中的自组织及其动力进行考察。四是提出协同的运行模型，提出社会公共安全协同供给中三种不同类型的运行机制。

（四）中国社会公共安全供给现状考察

对中国社会公共安全供给复杂现实背景进行分析，从实然状态考察中国中央与地方社会公共安全协同供给的组织架构基础和政策支撑体系，并从纵向历史沿革和动态视角分析组织和政策变迁趋势。结合社会公共安全协同供给的目标，分析存在的差距，指出中国社会公共安全协同中存在的主要障碍及其成因。

（五）社会公共安全供给实现路径探讨

从寻找社会公共安全协同供给的实现路径，指出公共部门要从信息化基础、组织架构、政策体系、协同文化等方面入手，创造自组织形成并发挥作用的良好环境，推动协同效应的实现。研究最后指出，要以政府转变、信息平台建设、公共关系改善为支撑条件，通过社会公共安全供给由点到面、自下而上的项目式协同规划与设计，实现中国社会公共安全供给的协同效应。

本研究的思路框架如图 1–6 所示。

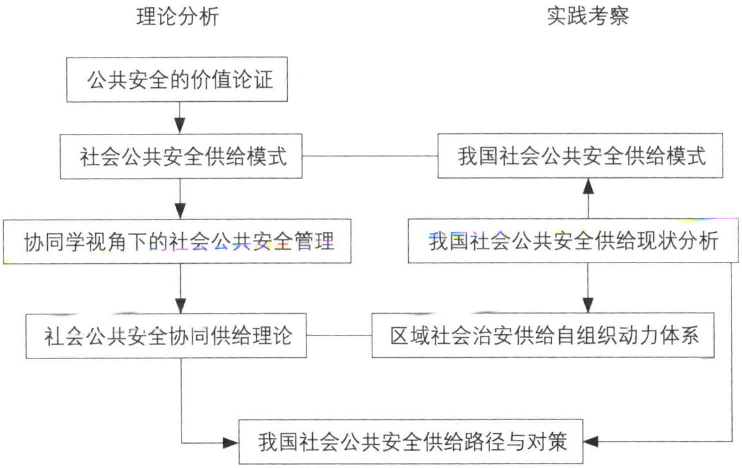

图 1 – 6　本研究的思路框架

二、研究的技术路线

如图 1–7 所示，本研究总分为三大板块：社会公共安全供给—社会公

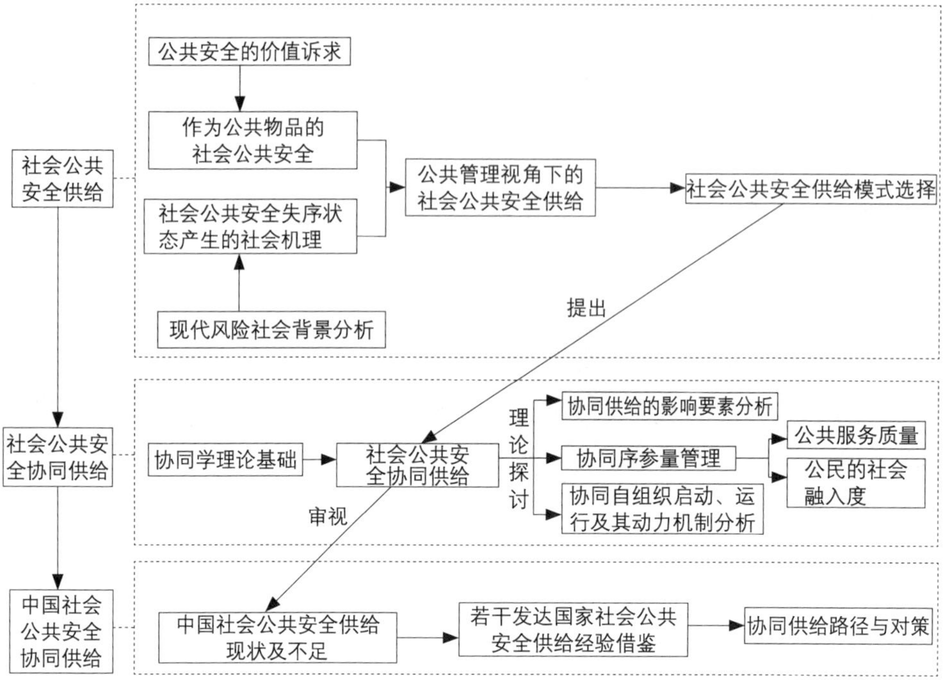

图1－7　本研究的技术路线

共安全协同供给—中国社会公共安全协同供给。

板块一围绕社会公共安全供给进行研究。从社会公共安全的价值诉求与现代风险社会背景分析视角，分别研究作为公共物品的社会公共安全，以及社会公共安全失序状态产生的社会机理。由此作为从公共管理视角下分析社会公共安全供给的理论基础，再进一步探讨社会公共安全供给的不同模式及其选择问题。

板块二进行社会公共安全协同供给的模型分析。从协同学已有的理论基础出发，提出社会公共安全协同供给这一供给模式，尝试建构社会公共安全协同供给模型，其中从协同供给的影响要素、序参量管理和自组织协同的启动、运行及其动力机制进行分析。在分析中提出，公共服务质量与市民社会融入度是社会公共安全协同序参量的两个重要领域。

板块三探讨中国社会公共安全协同供给问题。从社会公共安全协同供给模型出发，审视中国社会公共安全供给的现状，分析其存在的问题与不足。

由此，借鉴国外社会公共安全供给实践的经验，提出如何进一步扩大地域范围与领域范畴展开安全协同，即实现中国社会公共安全协同供给的主要路径与对策。

三、研究方法

本研究主要采用了以下五种研究方法。

（一）文献研究

对国内外公共安全、协同学、管理协作与协同的相关理论进行系统研究，将理论研究与实际相结合，分析社会公共安全协同的各要素、各环节及层次结构，并在此基础上尝试建构系统性的理论分析模型。收集的相关文献主要包括：国内 CNKI、万方数据库，国外 JSTOR 西文过刊全文数据库、Wiley 电子书、Web of Science 数据库等电子文献资源；国内外相关政府网站资源及 Google 等搜索引擎资源；国内相关政府机构工作报告、年报、统计资料、数据库等。

（二）规范性研究

规范性研究包括两个方面：一是价值取向上的研究。对公共安全的价值论争、社会公共安全失序状态的形成机理、社会信任与社会公共安全供给、社会公共安全供给模式、社会公共安全协同供给等理论问题，从哲学、政治学、社会学、管理学等学科视角进行了深入剖析和探讨。运用规范研究法对如公共安全诉求的价值冲突、基于社会信任与安全感对社会公共安全失序状态的产生、社会公共安全供给模式的类型等进行了重点分析。二是从标准特别是技术标准方面进行研究，主要从协同学理论视角研究社会公共安全供给领域应用的契合性，进而分析社会公共安全协同供给启动机制、运行机制、动力机制等，尝试构建社会公共安全协同供给的序参量与自组织体系。

（三）规定性研究

本研究在对社会公共安全协同中供给的概念、理论基础、模型框架进行规范性研究的基础上，对社会公共安全协同供给的具体做法和对策措施等进行了探讨。这种规定性研究是从社会公共安全供给现状出发的对策性研究，有助于解决现实社会公共安全供给中的难题，找到社会公共安全协同供给的现实路径。

（四）案例研究与比较研究

本研究主要涉及社区公共安全供给、区域警务协同等的典型案例，努力寻找相关案例对社会公共安全领域协同供给的启示。此外，本研究在对发达国家社会公共安全供给的主要方法与路径进行归纳的基础上，采用比较研究的方法对中西方社会公共安全供给的背景异同进行了分析。

（五）访谈法

访谈法主要采用深度访谈、焦点群体访谈等方法，深度访谈的对象主要涉及公安机关领导者、公安民警。焦点群体访谈的对象为社区民警、辅警等群体。访谈采用半结构式方法，内容主要涉及被调查对象对当前中国和所在地区社会公共安全状况的评价，对社会公共安全协同供给的看法、主要做法和实际效果等。

四、研究可能的创新

研究努力在以下三方面实现创新：

一是研究视角的创新。基于风险社会背景下安全事件频发的现状，研究从安全理念出发，选取公共安全作为研究协同的一个现实领域，将公共安全作为一种公共物品研究其供给模式，不仅探讨紧急状态下的协同，更着重探讨常态管理中的协同；不仅探讨对安全事件的应对，更着眼于公共安全问题本身的机理研究。鉴于公共安全的概念和安全价值的抽象性，故选择社会公共安全这一较为具体的切入点，并借鉴新制度主义分析视角，将社会公共安全作为一种公共物品进行分析，研究社会公共安全供给问题。

二是研究理论的创新。本研究努力在以下两方面寻求理论突破。一方面，运用新制度主义的相关理论，将社会公共安全作为一种公共产品进行分析，综合政治学、经济学、社会学、管理学等多学科知识，努力探寻其本质特征、价值根源、运行机制等基础理论问题。另一方面，将源于自然科学领域的协同学理论引入公共管理研究，在协同学语境下研究既不同于官僚体制管理范式，又不同于市场自发协作模式的社会管理协同模式的理论基础，以及其产生、运行机制、动力等基础问题。同时，有选择地借鉴协同学在企业管理、经济学等领域的研究成果，从突破官僚制组织管理模式的视角对中国社会公共安全协同进行较为全面和深入的剖析，形成协同学视阈下关于中国社会公共安全领域协同的影响要素、序参量、自组织运行体系等的理论框架，并建立相关理论模型。

三是研究方法创新。在分析国外协同学理论与安全协作实践的基础上，运用协同学分析模型，基于中国国情、文化背景、社会结构和行政体制，探索适应中国背景的本土化协作路径。通过一定范围内的访谈法对社会公共安全协同供给进行深入分析，细解实践中的社会公共安全序参量及自组织协同供给，以期运用建立中国社会公共安全协同模式的初步分析框架，审视当前中国的社会公共安全供给与警务管理问题，探索完善的思路和对策措施。

第二章

社会公共安全供给综合考察

第一节　社会公共安全供给：作为一种公共物品的考察

第二节　公共管理视角下的社会公共安全供给

第三节　社会公共安全供给的模式选择：以社区公共安全供给为例

对于社会公共安全的价值论争是一个古老的命题。从全社会范围内考察，公共安全除了与效率、自由等价值间存在需要平衡的张力外，这一价值诉求自身也存在多方面矛盾，涉及不同社会群体、不同类型的安全诉求，甚至存在诸多悖论。社会公共安全供给不当有可能引发社会冲突，甚至造成严重的社会灾难。因此，对社会公共安全供给的理论思考更需要秉承理性与审慎的态度。西方对社会公共安全的管理学考量源于20世纪七八十年代，最初主要聚焦于应对突发公共事件的应急管理机构、立法及处置联系机制的形成。2001年"9·11"恐怖袭击事件，强化了美国乃至全世界对于国土安全的关注。"国土安全需要执法机构文化的转变，包含创造外部合作、市民参与、问题解决和组织转型。"[①] 这一理念体现出社会公共安全供给是涉及全社会的系统工程，需要全社会的参与和高效合作。通过全社会力量实现社会公共安全的有效供给，更成为世界各国关注的焦点和紧迫使命。

第一节

社会公共安全供给：作为一种公共物品的考察

安全是人的基本需求之一。新制度主义视角下，社会公共安全被视为一种公共物品，而这种公共物品的复杂性明显超过其他公共物品，主要原因是具丰富的价值诉求。因此，将社会公共安全作为一种公共物品进行考察，首先要对公共安全诉求进行价值探讨。

---

① [美] Kenneth J.Peak，Ronald W.Glensor. 社区警务战略与实践. 刘宏斌，等译. 中国人民公安大学出版社，2011：28.

一、公共安全诉求的价值冲突

平等、效率、民主、自由和安全等这些与个体权利相联系的价值准则，是社会一直以来追求的价值目标。从人类社会运行的宏观层面来看，在社会现实公共生活中，这些长期以来社会不懈追求的价值理想本身不得不面临相互间的挤压与冲突。当我们从政治理性的层面孜孜不倦地追求人类社会共同体多元价值时，又不得不回到现实政策的价值冲突与平衡中来。以安全这一价值为例，就个体而言，食品的短缺带来生存危机，合格食品的短缺带来食品安全问题；生命和财产缺少相应保障就是人身和财产的不安全，军事力量的缺失对国家安全产生的威胁等。无论从经济、身体、军事还是心理而言，对安全的诉求的实质是对短缺最低限度的满足与超越。当这种个体的短缺相累积，安全这一价值转变为公共安全，其复杂性也随之倍增。将不同社会个体的短缺维持在最低限度的主张即转变成政府将相关政策主张作为典型代表的公共物品和服务产出，以实现将社会生活各个层面的短缺维持在社会公众可接受的最低限度内这一目标。公共安全价值诉求的复杂性源于以下四方面的冲突与悖论。

（一）公共安全价值与效率、自由价值的冲突与平衡

安全价值在对短缺最低限度满足的同时，可能是以效率的降低为代价的。安全价值要求的基本保障得以满足，可能会减少社会竞争状态，挫伤对个体的激励竞争，从而对效率价值产生影响。从这个意义上说，生产力会随着安全性的提高而下降。从政府角度来说，随着公共安全涉及领域的扩展，公共安全服务的提供必然会增加相应的部门、人员、预算与经费支出等，这些都会对行政效率产生影响。然而从另一个角度看，整体社会安全水平的提升会带来更稳定和有秩序的社会背景，即可为生产力发展和经济效益的提升提供可依托的良好环境基础，而政府与社会在公共安全的投入的增多带来的收益往往是非生产性的，虽然不能用经济效益的度量手段加以测量，却对作为社会主体和具有最高价值的人的生命、健康、财产、尊严等产生不可估量的影响，并对整体社会秩序的维护提供基础性力量。

马歇尔在《公民资格与社会阶级》一书中在论述公民资格[1]的三方面要素时从消极公民意义上阐释了公民自由权，“公民的要素由个人自由所必需的权利组成：包括人身自由、言论自由、思想和信仰自由，拥有财产和订立有效契约的权利以及司法权利……政治的要素指……公民作为政治实体的成员或这个实体的选举者，参与行使政治权力的权利……社会的要素指从享有某种程度的经济福利与安全到充分享有社会遗产并依据社会通行标准享受文明生活的权利等一系列权利”[2]。与官僚制所倡导的专业化、职业化、层级控制、命令服从和规则化相对应的“管理型”公共管理权威下，公民作为公共安全服务的被动消费者与接受者，公共部门为实现安全价值的限制性安排可能给公民带来与自身自由诉求相冲突的明显感受。这种冲突在“服务型”公共管理模式下能得以明显改善。在“服务型”公共管理模式下，公民追求更具主体地位的“积极自由”，即公民成为公共安全服务的参与主体，其形成的社会资本——民间参与网络、非制度性规范与相互信任体系成为公共安全供给的重要组成部分。公众的参与所引发的互动效应可以进一步明确公众的公共安全需求，并做出更适当的策略选择，在一定程度上减缓了安全与自由价值之间的冲突状态。

（二）不同社会群体间安全诉求冲突

安全既可被理解为客观的、可计算的短缺，更可被视为直接的与他人状况的主观比照。“安全的问题就从根本上与特权、权力、成员身份以及流动性结合起来了，这就是为什么说短缺的定义是一个政治问题而不是生物学问题的理由。”[3]不同社会群体间对安全的诉求有主观差异，这种差异本身会

① “Citizenship”目前在汉语学界大致有以下几种译法：公民权（利）、公民资格、公民身份、公民权责、公民制度、公民性、公民。

② Marshall Thomas H.（1963），Sociology at the Cross roads and other Essays，London：Heinemann Press，p.74.

③ ［美］德博拉·斯通.政策悖论：政治决策中的艺术.顾建光译，中国人民大学出版社，2006：94.

带来矛盾和冲突。客观的绝对短缺更易达成社会共识，形成集体行动，如当前中国社会食品安全、预防犯罪、反恐怖袭击等问题都是经认可的短缺，都有较明确的集体诉求和政策主张。而主观的相对短缺则较难界定和形成集体行动。这类短缺需要相关社会群体进行有组织的利益聚合和利益表达，向公共部门求助以实现合法化的安全供给，如与环境安全有关的利益诉求。从一般意义上说，环境安全供给中存在“大安全”与“小安全”的问题。环境污染会对整个社会产生严重影响，甚至是不可逆转的严重后果，但就社会公众而言，人们只能对自己可接触的周边环境安全问题产生明确的安全诉求。“邻避（NIMBY，Not In My Back Yard）”效应，直译为“不要在我家后院”，直接反映了这种安全诉求引发的冲突。它是指拒绝易产生局部危害的设施建在自家社区周围。由“邻避”产生的群体性事件近年来有增多趋势，它是不同社会群体间安全诉求冲突的典型代表。其深层原因是，在社会转型与公民权利意识增强的背景下，相关社会群体的正常利益聚合和利益表达不畅，引发极端性安全诉求与抗争。对于这类短缺和冲突，政府应在多中心治理理念下，通过适当的补偿机制应对特定群体由短缺产生的不安全感，这种补偿机制要建立在程序合法透明的基础上，形成安全自组织网络，完善相关群体协商与参与渠道，以实现外部效应的“内部化”，降低相关群体对安全风险的心理恐慌，有利于最大限度地化解不同社会群体间的安全诉求冲突。

（三）不同类型公共安全诉求冲突

如图 2-1 所示，我们根据“主客观—社会安全感与社会稳定预期”维度来对不同类型公共安全诉求进行分析。首先，不同类型的公共安全诉求间没有明显的边界，一般性自然灾害与突发严重自然灾害间只存在程度上的变化，食品、药品、生产、信息、环境、经济等安全事件如果处置不当，突发严重自然灾害如果应对不力，造成人身或财产的重大损失，都可能转化为违法犯罪案件或群体性事件。其次，就政府而言，随着风险社会的来临，同一时期可能会面临不同类型的安全问题，在应对过程中存在所需人力、物力、财力等资源的相互挤压。不同类型安全问题可能所属不同职能部门，各部门可能会在职能归属、权限设定、信息沟通等方面出现协调不顺、配合不力等

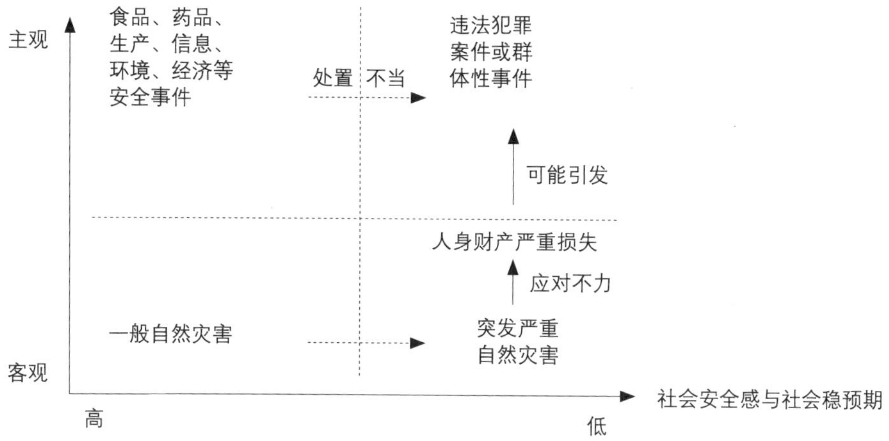

图2－1　不同类型公共安全诉求

情况，进而影响处置效果。最后，由于上述情况的出现，当各种类型的公共安全问题因处置不当或应对不力聚集或转化为违法犯罪案件或群体性事件等社会公共安全领域问题时，社会安全感及社会稳定预期急剧降低，也会使公安机关及相关部门压力倍增，影响社会和谐发展。

（四）公共安全主张的过犹不及

公共安全的复杂性还体现在其极易出现“量”与“质”的转化，即公共安全主张的“过犹不及”。如前所述，安全价值的实现源于对社会短缺的最低限度的满足与超越，而对短缺的过度供给可能打破社会的原有平衡，带来新的短缺与安全隐患，如核武器的产生和拥有大大提升了对一国维护国家安全的能力，但同时也增加了需要承受核爆炸后果的威胁与相应不安全因素的风险；在信息化条件下，警察对个人财产、通信、行踪等信息的全面监控有利于更迅速地锁定犯罪嫌疑人、成功破案以维护社会治安秩序，但如果这种全面监控不受约束和控制，会带来对公民隐私权的侵犯，加重社会心理负担，甚至成为新的社会不安全因素；对食品、药品安全、环境污染等安全标准的制定、监测、监督等有利于在技术层面弥补安全的短缺，却增加了过度依赖数字与仪器，忽视了社会公众实际安全需求的工具主义风险。

由此，在公共安全供给过程中，需要更为理性和审慎地分析社会短缺，对短缺的性质、程度、方向等进行合理评估，并建立常态化的公共安全供给机制，防止“不惜一切代价”的“救火式”的过度安全供给。否则，不仅会造成社会资源的巨大浪费，更可能会引发公共安全主张的“过犹不及”，促发公共安全隐患升级，造成更严重的社会压力和公共安全事件，带来更为严重的社会后果。

二、社会公共安全需求分析

满足社会公共安全需求是社会公共安全供给的目标与使命。社会公共安全供给的效度要以对社会公共安全需求的回应为重要衡量标准。社会公共安全需求的根源，从本质上说与对犯罪的恐惧及对社会公共安全感缺失有关。就个人而言，安全本身无疑是人的最基本需求之一。马斯洛的“需求层次理论”认为，安全需求是人的五大需求之一，是仅次于生理需求的人的第二大需求。在中国当前社会转型时期，人们的温饱问题已经基本解决，对于安全的诉求更加强烈。从社会视角看，社会公共安全需求不仅具有公共安全诉求的价值冲突性，且在风险社会背景下呈现多样化与复杂化趋势，更与整个社会治理中的利益表达机制、公共服务水平、风险管理水平等密不可分。社会公共安全供给必须以对社会公共安全需求的分析为前提。

现代风险社会背景下，公众的社会公共安全需求主要包括以下四方面：

第一，生命与人身安全需求。这是社会公共安全需求的最基本方面，即公众的生命与人身自由不受侵犯的诉求。在社会公共安全事件频发，社会不稳定因素激增的背景下，公众的生命与人身安全需求出现了新的发展方向。从单纯的身体免受侵害的需求转向对身心健康、人身自由的需求，即在风险社会背景下，人们对社会公共安全领域犯罪的恐惧感的升高也会对身体造成危害，而高压式的风险防范也可能侵犯公民的人身自由，生命与人身安全需求不容忽视。

第二，财产安全需求，即公共财产与私人合法财产不受侵犯的诉求。传统安全视角下，公共财产与私人合法财产安全需求是公私财产免于遭受被盗、被抢等侵犯。现代风险社会背景下，财产安全需求有了更为宽泛的内涵。财产安全需求除了指向防范单纯的侵财性犯罪外，还包括货币、金融、证券、网络平台交易等与财产相关的各类体系安全，对这类新兴的财产安全需求不断涌现。与之相对应，这类社会公共安全的供给必须予以高度重视。

第三，人格尊严安全需求，即与公众的肖像、名誉、隐私等相关，使公众免受侮辱、诽谤和诬告陷害的需求。现代社会随着科学技术的发展，对这类安全的侵犯不断增多，人格尊严安全需求日益迫切。这类社会公共安全需求与社会个体及群体间的信任相关。对这类安全需求的供给状况会对公众的心理造成影响，进而影响整个社会心态与社会心理。

第四，社会公共秩序安全需求。与前三种社会公共安全需求不同，社会公共秩序安全需求是涉及公共场所、公共基础设施、公共设备、公共交通工具等非个体的群体性安全需求。较为典型的对这类安全的侵犯包括放火，决水，爆炸以及投放毒害性、放射性、传染病病原体等物质；破坏交通工具、交通设施、电力设备、易燃易爆设备、广播电视设施、公用电信设施等；恐怖活动；非法制造、买卖、运输、储存危险物质等；交通肇事等危害社会公共安全的行为。近年来，以危险方式危害公共安全的行为，如私设电网、醉酒驾驶并造成人员重伤或者死亡的行为等也威胁着社会公共秩序安全。在风险社会背景下，这类安全需求与前三种需求密切相关，对社会公共秩序安全的侵犯常常与恐怖事件、暴力袭击事件、对公众安全权的轻视、对政府信任度降低或国家安全危机等都有着直接或间接的联系。由此得出，这类安全需求背后折射的是公众对政府提升风险治理能力的迫切愿望。

从以上分析可以看出，社会公共安全需求不仅具有多样性的特点，而且各种类型的社会公共安全需求相互交织、相互联系和相互作用。这都决定了社会公共安全这种特殊的公共物品的复杂性，也加大了社会公共安全供给的难度。

三、作为公共物品的社会公共安全的特征

公共物品的概念源于经济学，按照萨缪尔森对公共物品的定义，

$x_k = \sum_{i=1}^{I} x_k^i$（$k = J+1, \cdots, J+k$）。表示 I 个消费者消费 k 种公共物品（分别标为 $J+1$，$J+2$，…，$J+k$）。“公共物品是指那种不论个人是否愿意购买，都能使整个社会每一成员获益的物品。”① 最初对纯公共物品的界定表明，其主要特征是效用的不可分割性，即社会成员共享；消费的非竞争性，即被多个消费者共同（即同时）消费或使用并不降低其质量和数量；消费非排他性，即消费者可共同受益。新制度主义理论将对公共物品的研究扩展到更为广泛的领域。奥尔森将公共物品界定为：“任何物品，如果一个集团 x_1，…x_2，…x_i，…x_n 中的任何个人 x_i 都能够消费它，它就不能适当地排斥其他人对该产品的消费。”② 布坎南则认为，“任何集团或社团因为任何原因通过集体组织提供的商品或服务，都将被称为公共产品”。③ 这些更为宽泛的定义强化了制度与管理的层面对公共物品的理解。社会公共安全需要集体组织提供，能使社会所有成员共同受益，且相互间不存在竞争或排斥关系，因此是一种重要的公共物品。它与一般公共物品不同，具有以下特征：

（一）抽象性

与道路、桥梁、电影院等有形的公共物品不同，社会公共安全是一种无形的公共物品。而与教育、医疗保健、社会保障等无形的公共物品相区别，社会公共安全又是十分抽象的公共物品。其抽象性表现在：一是社会公共安全既是一种客观社会状态，更是一种社会成员的主观感受。社会安全感作为社会公共安全程度的主观感受,反映了社会公众对社会治安状况的认同程度，是社会公共安全这一公共物品供给情况的重要衡量标准。二是社会公共安全

① ［美］保罗·萨缪尔森，威廉·诺德豪斯．经济学．萧琛，等译，华夏出版社，1999：268.

②［美］曼瑟尔·奥尔森．集体行动的逻辑．陈郁，等译，上海人民出版社，1995(13).

③［美］J. 布坎南．民主财政论：财政制度和个人选择．穆怀明译，商务印书馆，1993：20.

是一种整体性概念，难以进行精细化度量。“多安全才算安全”① 这一命题本身难以破解。在现代社会这一社会结构中处处渗透着不安全因素的时代，人们更多的是从其反面——不安全来寻找对安全的体验。三是社会公共安全的供给虽然可能以物化的形式呈现，如安装安全设施、张贴安全标语等，但就总体而言，其更多的是一种抽象的制度化社会控制的结果。不能仅以其物化产品的数量及安全防范的实现程度，来代表作为结果产出的社会公共安全这一公共物品的质量。

（二）预见性

社会公共安全这一公共物品是面向未来的产品，其供给通常是建立在预见性基础之上的，如随着犯罪率的提高，人们日益认识到，犯罪惩罚并不是犯罪控制的有效手段，相对于打击犯罪而言，通过制度化手段和方法对犯罪进行预防才是更好的社会公共安全供给。随着人们对社会公共安全的这种预见性特征理解的深入，社会公共安全供给呈现出两方面的趋势：一方面，社会公共安全供给已不是警察部门一个机构的任务与事业，而是需要多个公共部门相互协作，基层组织、社会成员密切合作，因此已成为全社会共同肩负的使命；另一方面，社会公共安全供给中强调，全面推行以行政体系为主体的风险管理与政策评估系统，以加强对社会公共安全的趋势预测、实时监控、风险预警及行动预案建设。

（三）动态性

社会公共安全的动态性指社会公共安全是以持续不断变动和交互作用的状态显现的。从时间序列来看，社会公共安全作为一种公共物品，是以持续的政策、制度、行为、产品等方式呈现的，并随着社会秩序状况的变化适时调整变动。这种动态性的特征区别于其他公共物品。例如，道路、桥梁、电影院等基础设施是一次性建设完成后持续使用和消费；电力、通信等公共

① Douglas，Mary（1992），Risk and Blame：Essays in Cultural Theory，London：Routledge，pp.58-60.

产品是先投资建立体系，再在运转和消费中不断维护和完善；国防、天气预报等公共物品是建立基础性产品，再在持续不断的供给中根据需要巩固、提升和完善。社会公共安全是随时间和社会治安情势变化不断产生和调整，其变动性大，且没有确定的规律性变化趋势。从社会基础来看，社会公共安全这一公共物品需要在公共部门与社会的持续互动中产生。任何公共部门不可能在脱离现存社会体系、社会需求及社会支持的基础上生产社会公共安全这一公共物品，故这一公共物品良性供给的基础是全社会的充分沟通、交流与互动。

四、社会公共安全失序的产生：基于社会信任与安全感的分析

基于以上对作为公共物品的社会公共安全特征的分析，可以了解在现实社会生活中，有别于其他类型的公共物品，社会公共安全这种公共物品供给不足的原因要从社会有机体的深层入手进行分析。犯罪的产生源于社会整合的缺失，是社会压力产生的结果。而社会公共安全失序的产生则与社会信任及社会安全感密切相关。

（一）社会信任与社会安全感：风险社会背景下的交织作用

信任是一种复杂的社会心理现象，按照辞典解释，信任是社团成员对彼此诚实、合作行为的期待，相信他人或集体的行为与承诺。[①] 受中国传统文化和历史环境的影响，“关系”本位的中国社会源于血缘家族关系，社会信任源于“家庭关系”式的信任的延伸。在中国传统文化中，人们可以通过多种方式将基于“家”的关系的可信赖的“自己人”的边界拓展到与其没有血缘联系的其他人的交往关系中，形成弹性、可延伸、灵活而有差序的“信任格局”。西方学者对信任阐释中，较有代表性的是安东尼·吉登斯（Anthony Giddens），他认为信任是：“对一个人或一个系统之可依赖性所持有的信心，在一系列给定的后果或事件中，这种信心表达了对城市或他人的爱的信

① 朱贻庭.伦理学大辞典.上海辞书出版社，2008：44.

念，或者对抽象原则（技术性知识）之正确性的信念。”[①] 帕特兰（Robert D. Putnam）和弗朗西斯·福山（Francis Fukuyama）都将信任作为衡量社会资本的重要标准，认为“信任是构成社会资本的协作性社会规范的主要副产品之一”。[②] 可见，受传统文化及社会环境的影响，中西方对于社会信任的理解存在较大差异，中国社会信任的源泉多来自人伦范畴，强调人际交往过程中产生的一种情感依赖，而西方对信任关系更强调由信任产生的一种正式与非正式的合作与规范性力量。

现代化所产生的人们对科学技术和工具理性的依赖，打破了人们旧有的基于亲缘、地缘的情感依赖或传统规范力量，与之相对应的是社会安全感问题的出现，“不安全”成为现代社会的主要特征之一。“安全感”作为一种心理现象，其产生往往需要复杂的过程。个人或集体对自然环境或社会环境中的每一次选择、每一次行动都可能带来风险。当这些风险相互撞碰和交织时，使人们不得不关注如何使自己“免受伤害”，从而逐步形成人们对社会治安状况、社会生活环境及社会发展前景的忧虑。从这一过程中可以看出，人们不断改变对未来的不确定性的预期，影响对社会的安全感。

在风险社会背景下，信任危机和不安全感的蔓延使全世界范围内的政府面临政府的信任危机的压力。吉登斯曾经试图从现代社会制度安排的角度来研究风险，他所勾画的现代性更具体的风险景象有：高强度意义上风险的全球化、突发事件不断增长意义上风险的全球化、来自人化环境或社会化自然的风险、影响着千百万人生活机会的制度化风险环境的发展、风险意识本身作为风险、分布趋于均匀的风险意识和对专业知识局限性的意识。[③] 在风险社会背景下，个体之间的亲密关系被打破，已非一种情感性的亲密关系，而成为一种被构建的相互间的自我开放关系。与此同时，在对可信赖的专业知识和专家系统产生一定程度的信任时，在一定程度上带有降低风险的期许，

---

① ［英］安东尼·吉登斯．现代性的后果．田禾译．译林出版社，2000：30.

② ［美］弗朗西斯·福山．大分裂：人类本性与社会秩序的重建．刘榜离，等译．中国社会科学出版社，2002：55.

③ ［英］安东尼·吉登斯．现代性的后果．田禾译．译林出版社，2000：109–110.

但同时这种信任关系本身又蕴含着某种风险。从这个意义上说，在风险社会背景下，人们对政府产生更强的信任依赖以抵抗风险的同时，社会经济政治制度、知识理念体系、个体群体文化心理结构与制度等方面的全面转型也促发社会公众对政府地位和作用的全新认识和期待，政府可能面临前所未有的信任危机，这就要求政府以主动的姿态在高风险社会中重建公众的认同以实现更为牢固的公众对政府的信任。

（二）社会公共安全失序产生的社会机理

如图 2–2 所示，在现代性带来的高风险社会背景下，一方面未来的不确定性因素增加；另一方面社会信任度降低，这种未来的不确定性在各个领域蔓延，并与社会不信任相累加，导致公众个体的社会安全感降低。公众个体的社会安全感降低，又不能信任和依赖其他社会主体，极易引发个体的零散式的风险规避行为，这种行为可能是理性的，也可能是非理性的。非理性的风险规避极端行为会直接引发社会失序，而对于理性个体风险规避行为，其行为本身不会带来社会失序，但由于社会不信任所产生的信息沟通缺失，会使个体风险规避行为以非理性的方式集聚，可能引发社会安全感的降低，

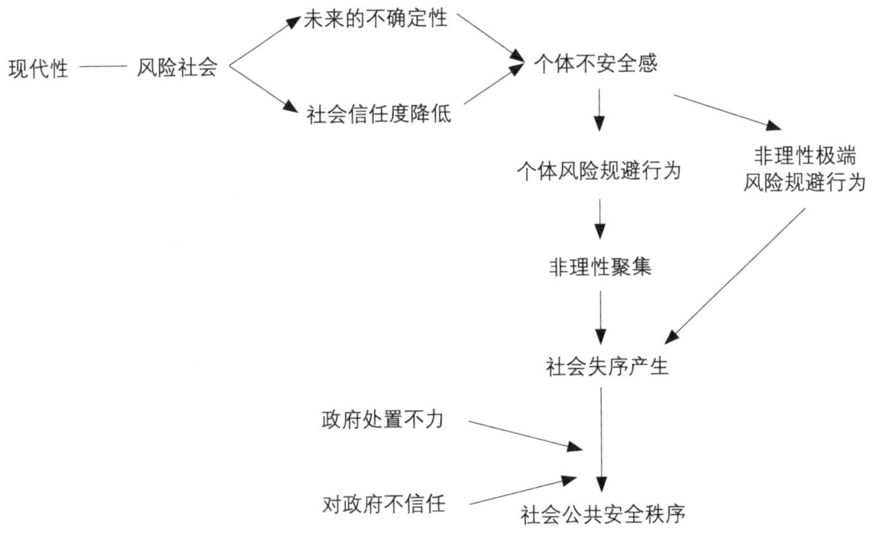

图2－2　社会公共安全失序产生的社会机理

从而导致社会失序的产生。此时，如果政府处置不力，或公众对以政府为核心的公共部门缺乏信任，就会进一步加剧社会失序后果，导致社会公共安全失序。

（三）社会公共安全供给的核心路径

如图 2–3 所示，通过对社会公共安全失序产生机理的分析，社会公共安全供给应把握以下三条核心路径：

第一，培育和提升全社会的社会信任，努力构建高信任社会。社会信任是社会秩序的黏合剂，有助于提升社会成员的社会安全感，是遏制社会公共安全失序的第一道“防线”。就中国而言，建立高信任社会，关键是要努力实现信任关系的转变。在当前社会转型时期，随着人与环境互动加剧带来的价值观的挑战及人们交往场域时空限制的突破和扩大，中国传统社会的源于家庭熟人关系的“习俗型”信任格局被打破，而与现代社会相适应的“契约型”信任关系及“合作型”信任关系的建立与完善需要一个漫长的过程，因此在这一时期易出现因新旧信任关系接续的断裂而产生社会信任危机。“契约型”信任关系的建立是工业社会与成熟市场经济发展到一定阶段的产物，“契约型”信任关系有赖于建立在“委托—代理”关系基础上的社会契约精

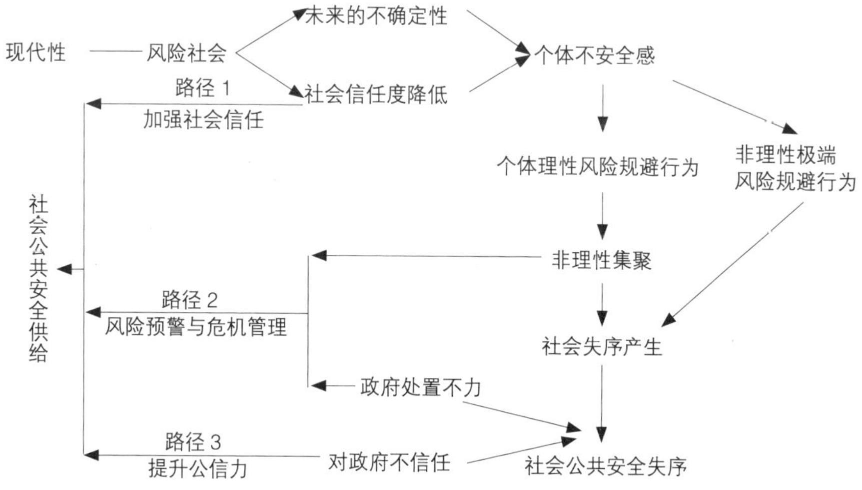

图2 – 3　社会公共安全供给的核心路径

神与法治化的发展完善；“合作型”信任关系的建立，更需要致力于公共事业与公益精神的多元社会力量的成长。

第二，加强社会风险预警与危机管理体系建设。社会风险预警与危机管理体系建设包括两个层次，其较低的层次是增强以政府为中心的公共部门的社会公共安全事件的应对与处置能力，通过社会失序产生以后公共部门的快速反应、果断决策、正确处置和积极应对等，防止社会失序状况演变为更严重的社会公共安全失序，而更高的层次是在社会公共安全失序产生前，通过风险管理对个体非理性极端风险规避行为及公众风险规避行为非理性集聚进行预警和管理，这需要在犯罪和突发公共安全事件预防的基础上，建立起完善的社会信息管理系统、社会风险指标体系、风险级别管理体系、风险社会联动机制等。如图 2–3 所示，由于社会风险预警与危机管理体系建设对社会公共安全失序的遏制作用的发挥从时间上位于社会失序发生之前，此时社会失序造成的严重后果尚未产生，故安全供给所需的社会资源投入更少，能起到更为高效的作用，故在风险社会情境下这一供给路径显得更为重要。

第三，提升政府公信力。政府信任作为一种重要的社会信任关系，是指建立在公众对政府运作认知的基础上，由对政府的评估与期望引发的社会公众的归属感与评价态度。政府公信力，是指公众对政府的整体形象、行政作为和执法行动等表现出认同与归属，继而产生的聚合性力量。政府公信力的提升有助于政府对社会失序处置中获得社会理解与社会支持力量，并防止社会公共安全失序的产生。提升政府公信力的前提：一是要依托政府信息公开，积极维护公众知情权。社会失序的产生源于个体的极端行为或风险规避行为的非理性集聚，社会失序往往源于社会不信任、误解及矛盾。就政府而言，在不涉密情况下，如果能对相关信息及时而准确地公开，则有利于克服社会误解和谣言的产生，增强公众对未来的确定性认识和社会安全感提升。二是克服政府的技术垄断与社会对技术的依赖，在平等合作的基础上，强化政府与社会信息沟通与互动，建立和完善常态化协商与联动机制，有利于社会公共安全失序的预防和及时化解。

第二节

公共管理视角下的社会公共安全供给

在不同学科视角下，对公共安全的分析有较大差异，从政治学中的国际关系角度将安全分为传统安全和非传统安全，非传统安全日益受到关注，其主要原因是非传统安全以维护人权和公共利益为出发点，关注超越一国主体的全球范围内共存的具有普适价值和人文关怀的公共安全问题；从工学中的安全科学与工程角度分析则更多关注安全的技术层面，针对抵御自然灾害、维护生产安全、专业安全救援等领域，进行系统性技术分析与模型构建；从法学中的法理与刑事司法角度分析公共安全问题，主要围绕刑法中危害公共安全罪问题展开研究，对危害公共安全的行为进行描述、分类、分析，并研究相应的惩罚；从管理学中的应急与危机管理的视角，主要探讨对突发事件、灾难、危机的应对措施、机制、法律基础、管理体系等，以实现对社会秩序的维护和公共安全目标。

从公共管理视角分析社会公共安全供给，具有特殊的意义。公共管理学的分析框架体现在，它从人类社会运行的宏观层面而非仅从管理技术层面观察公共事务的运行；从社会力量基本构成的视界——政府、市场与社会多元要素探索对公共事务管理中的主要矛盾并寻求化解之道；摆脱了传统基于政府单一权力中心和权力单向运行的分析模式，从多元主体合作共治的视界探讨公共事务治理之道。[①] 公共管理的公共性、服务性与合作共治性的本质特征，为社会公共安全问题分析提供了全新的视角：社会公共安全既不能单纯视为社会控制与社会秩序维护的手段，也不仅是专业部门的技术命题，而是以政府为主导的公共部门必须向社会公众提供的一种公共物品和服务。这种公共物品和服务供给是政府、市场与社会长期互动的结果，需要全社会的广泛参与和协同合作，并依靠全社会力量实现社会公共安全供给的稳定、良性、

① 黄健荣．公共管理学．社会科学文献出版社，2008.

可持续发展。

一、科学的安全与维稳观：社会公共安全供给的理念基础

公共安全观念犹如风向标和导航仪，指引着安全供给方向。技术和操作层面的安全努力必须以树立科学而正确的安全观念为前提。从政治学角度分析，在一国政治体制内，维稳观是公共安全观念的重要组成部分，也决定了社会公共安全供给的目标、手段和路径选择。

（一）社会资本与社会秩序：社会公共安全的宏观命题

我们通常将社会公共安全的理解建立在“法理型”基础之上，而宏观意义的社会公共安全应该既涉及一国主权政府的政治安全，又涉及社会范畴内的“共同体”安全，且两者很难从根本意义上分离。社会秩序与社会稳定是社会公共安全的宏观命题，而两者又通常与社会“认同”密切相关。在世界范围内由工业化向信息化时代迈进的今天，马克斯·韦伯所述与工业时代相关的理性官僚制所产生的中央集权的、理性的社会秩序日益受到非正式规范的挑战。这种非正式规范与网络时代人的个性释放、社会多元化发展及社会宽容度的提升密切相关。而被社会学家称为“社会资本”的社会共同的价值观念、规范与信任等在社会生活中发挥着日益重要的作用，人们对公共机构的“信任”与“认同”程度成为衡量社会秩序的重要因素，同时也成为社会公共安全的重要保障。美国学者简·雅各布斯（Jane Jacobs）在解释美国城市的兴亡时就曾说，在比较古老而又具有混合用途的城镇聚居区内存在的密集社会网络，构成了社会资本的一种形式，此类社会资本促进了公共安全。[①]社会公共安全问题中，违法犯罪问题常常源于对社会个体的憎恨、对其他社会群体的不满及对社会分配制度丧失信心，由此引发违反社会基本规范的行为；而群体性事件又常常由源于对社会压力的极端反抗、对公共部门行为及

① Jacobs，Jane（1962），The Life and Death of Great American Cities，New York：Vintage Books，p.138.

正式制度的不认同与不信任。在当今网络化社会，随着信息技术的发展，更为扁平化的网络结构已经成为一种新兴管理格局在竞争性的企业管理中蔓延，其中社会资本变得更为重要。虽然在公共管理中，特别是社会公共安全管理中，这种管理结构还不足以取代官僚等级制度，但这种趋势已不可阻挡。

如图 2–4 所示，弗朗西斯·福山在其著作《大分裂：人类本性与社会秩序的重建》中用两种连续体说明社会规范产生的几种可能类型。从社会公共安全的视角来看，公共安全主要源于图中理性等级制方式的产生和理性自发性方式的产生。诚然，现代社会秩序主要是由国家正式的、理性的法律权威及科层制政府的实施所实现，但由自组织自发产生的规范及合作秩序同样不可忽视。无论哪种方式，人们经过有意识的讨论、协商达成共识所产生的合作关系，对社会公共安全供给来说都至关重要。

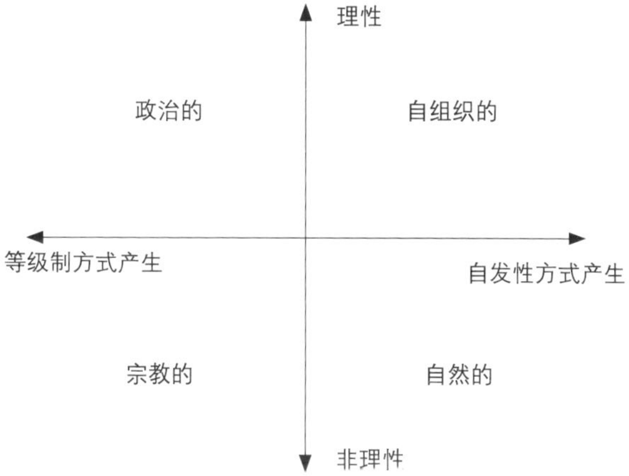

图2－4　行为规范领域[①]

（二）两种秩序观与维稳观的对照剖析

基于上述分析，对于作为社会公共安全宏观命题的社会秩序和维护社会稳定观念可做以下两种划分：

一是致力于自上而下的、集权式等级森严的产生规范的秩序观。通常这

① ［美］弗朗西斯·福山．大分裂：人类本性与社会秩序的重建．刘榜离，等译．中国社会科学出版社，2002：241.

种观念运用自上而下强压的方式，通过严格的制度安排和日益严密的安全措施实现对安全问题的监控及处置，即延续计划经济体制下的“管控”思维，实现常态化社会控制，其优点是以明晰的制度体系和管理格局为前提，易于随时掌握和控制社会秩序的状态，有利于短时间内有效预警和遏制社会失序；而其缺点在于，一方面投入的资源与成本不断增多，并随着社会秩序与社会稳定目标要求的提升以几何倍数递增，社会服从成本高，资源投入效率低甚至是不计代价；另一方面一旦这种公权力过度优先或缺乏监督控制，产生公权力暴力，可能引发政府信任危机及新的冲突，更严重的甚至威胁政府合法性基础。与这种秩序观相对应的维稳观是刚性维稳，即通过政府强权压制社会中的反对声音或力量，甚至将公众正当的利益表达视为对社会稳定的扰乱和对社会管治的破坏，这种刚性维稳观会导致集权性的强制式政府行为，通过意识形态控制、社会监控等手段达到社会秩序与稳定的目的，习惯用“堵”而不是“疏”的方式治理社会问题，这种维稳观潜藏着巨大的社会风险。

二是致力于网络式自发协调合作的秩序观，即以共同的价值观和规范为基础，通过激发社会自我活力，促进社会组织参与社会秩序的维护，以更为平等的关系协商解决面临的公共安全问题。“在文化领域里，秩序往往是个体间的横向谈判过程、争论以及对话所产生的结果。”[①] 其优点是可以避免正式组织内的信息处理效率低下、内在化交易成本高、环境适应性差等问题；其缺点是这种秩序必须以高水平的社会信任基础为前提，与此同时，这种秩序的产生缺乏透明度，可能产生公正难题，因此需要正式权力和组织的主动干预、适当引导并建立社会自组织激励机制。与这种秩序观相对应的是韧性维稳观，在这种观念下，政府与公众的高效互动是维稳的主渠道。政府要努力寻找社会问题背后的深层次原因，并实现政府与公众间的多途径良性互动，完善权利救济机制及第三方仲裁与协调机制，以实现社会各方的平等协商与高效合作。通过有效疏导化解社会矛盾，通过科学的机制设计完善社会治理，进而实现社会稳定。

---

① ［美］弗朗西斯·福山．大分裂：人类本性与社会秩序的重建．刘榜离，等译，中国社会科学出版社，2002：177.

（三）科学安全观的建立：实现社会公共安全供给的前提

科学安全观应尽可能从上述两种观念的优点入手，在完善制度化控制式安全体系内，积极促进社会化网络式自发秩序的发展。

首先，就社会公共安全领域而言，由于其产品的特殊性，如马克斯·韦伯所述的与现代性相关的正式权力构架、制度体系、组织机构、监督控制机制等十分重要。在当前风险社会进程中，随着全球化与信息化发展，社会公共安全背景发生了剧变。以社会公共安全供给主体——公安机关为例，当前公共安全供给的重要保障是现代警务机制的建立。主要包括：一是基于命令服从关系的警察队伍建设和管理机制的完善，即与警务现代化发展需求相适应的组织管理与协调机制；二是警务信息化发展，即以信息技术和网络开发为背景的全方位信息化警务体系；三是和谐警民关系的建立，即建立在现代治理理念基础之上的警务社会服务功能的完善。

其次，科学的安全观应在制度化安全体系外，致力于增进社会资本、加强社会沟通与健全社会网络。在社会体系内努力构建多层次信任网络，培育和增强公共精神，更好地实现公众对社会公共事务的知情权，提升公众在社会秩序与规范建构中的参与度，这些有利于促进社会公共安全有效供给。这种社会网络产生的社会公共安全既不同于传统科层等级制，也不同于市场交易的安全供给方式。科层等级制是以正式权力关系为纽带的命令服从关系，其适应性与灵活性较差，难以克服前文所述公共安全诉求的多重冲突。市场化的安全供给源于经济利益的驱使，所需要的共同规范很少，难以形成长期稳定的安全状态。而社会网络产生的社会公共安全则以社会主体的相互信任、平等协商和协同互助为基础，具有适应风险环境的灵活性和长期持续显效的稳定性。

二、从犯罪预防到风险管理：后现代风险社会理论视阈中的社会公共安全供给

受到功利主义思想和社会契约论的影响，古典主义理论模式下，社会公共安全供给主要依赖于以刑罚威慑为核心的犯罪预防。该理论假设，人的行

为都是由基于理性计算的动机驱动的，通过对“快乐与痛苦”的计算，指导自己的行为选择，理性的个体可能通过计算得失放弃犯罪动机。政府的权力来自由全体成员让渡部分自由而签订的具有普遍约束力的契约。在这种思想背景下，在这一时期强调以刑罚产生一种威慑力量，来预防以后的犯罪，从而实现社会公共安全。由此可知，19世纪以英国为代表的西方国家建立起的现代警察、监狱、收容、社会救济等制度都是这一理念的产物。为实现社会控制和社会公共安全，现代国家纷纷建立起以法律强制力为基础的威慑性社会公共安全供给体系。

从19世纪末20世纪初开始，在实证主义犯罪预防范式下，干预性犯罪改造和犯罪矫治模式成为这一时期犯罪预防理论的重要模式。一方面是以心理学为依托，针对个体的辨认、预测“犯罪前兆”及“犯罪危险因素”分析实现社会控制；另一方面是以芝加哥学派为代表，通过治疗和改造社区这一“社会生态”实现社会犯罪预防。与之相对应，针对青少年的“非刑事化”犯罪矫治及社区干预与监控等成为新兴社会公共安全供给的主要方向。

后现代风险社会理论认为，前现代社会基于亲属关系的“信任”环境对社会控制产生至关重要的作用，与之不同，后现代性的信任根植于专业技术的抽象体系，使其难以驾驭和控制。按照吉登斯（Anthony Giddens）和贝克（Ulrich Beck）的看法，人类社会已进入一个新的历史时期，即风险社会时期。在后工业化社会带来的“全球化”与“信息化”时代，人们的自身行为成为风险的源泉。高科技打破了传统的生活模式与思维模式；网络技术带来的是间接交往方式下人们的信任隔阂与信任危机；对专业技术的过度依赖极易使生活发生异化，从而产生畏惧与焦虑。当风险意识占统治地位，人们常常感觉处于安全与毁灭之间，造成恐惧感倍增，这种恐惧感经相互传播和媒体的力量放大，就加剧了社会的不稳定因素。

后现代风险社会理论对社会公共安全供给产生重大影响，在当代世界范围内，主要表现在以下三种策略，即情境犯罪预防、多机构协作犯罪预防和“社区”犯罪预防。[①] 情境犯罪预防认为，犯罪预防既不应关注对犯罪人个体的矫正，也不应寄希望于通过社会改革来预防犯罪，而应致力于通过犯罪行为的直接环境（或情境）改善减少犯罪的机会。多机构协作犯罪预防认为，犯罪预防应由单一部门向社会多部门方向发展。通过一国体系内多个国家职权机构、私人企业、第三部门等有计划的、相互协调配合处理犯罪和社会不良问题，共同构建犯罪预防体系。“社区”犯罪预防认为，社区及其产生的社会组织力和凝聚力在犯罪预防中起到关键性作用，犯罪率急剧上升往往与社区中文化衰落、道德沦丧及结构的重大变革有关。设立健全的基层组织，允许刑事司法系统外其他形式的社会冲突解决途径的存在，如社区调解、安全计划、商议会议等，重建社会网络，实现犯罪预防。社会公共安全供给中风险管理，其观念核心是将社会公共安全失序状态作为可被控制的群体风险，通过风险管理实现社会公共安全供给。

这三种策略实际上构成了社会公共安全供给中风险管理的三种重要维度。一是情境维度，即通过设备改造、消除诱因、完善限制性规则等方式，加强对可能导致社会公共安全失序状态产生的时空、地域、季节、人员、情势等环境监控力度，完善系统化的预防措施，增加犯罪被发现的可能性或社会公共安全失序状态产生的阻力。现代电子监控设备的完善即是这一维度的重要范例。二是多机构协作维度。通过政府、警务机构与其他社会控制机构及公共职能部门间的合作，共同承担预防和对抗社会公共安全失序状态的使命。与此同时，加强公共部门与企业、民间团体等其他社会组织在社会公共安全供给中的协同参与机制，如社会工作者的缓刑监督、家庭与学校教育、私人企业的安全保卫、第三部门的慈善活动等，都成为社会公共安全供给的重要方面。三是“社区”维度，即强化社区在一定区域内社会自我控制机制，及人们相互信任、相互依赖、相互尊重的非正式机制对社会秩序所起的作用。在个人和国家之间的层面建立和培育公共性、集体性的自我管理、自我约束的社区组织，通过自愿性社区安全组织、社区商议会议等形式的基层社会制

① [英]戈登·休斯．解读犯罪预防：社会控制、风险与后现代．刘晓梅，刘志松译．中国人民公安大学出版社，2009：75.

度的构造，宣传和培育守法观念，扩大社区内民主参与程度，完善邻里间的互助与合作机制，重建社区内的信任与依赖关系。

三、多部门协作与“控制中心—节点”安全网络治理模式：社会公共安全供给共同体的构建

以上几种维度的划分是基于分析的需要，在社会公共安全供给实践中，三种维度相互渗透、交织和补充，很难完全割裂开来。通过多部门协作与安全网络节点治理模式，以构建社会公共安全供给共同体，是风险社会背景下中国社会公共安全供给的必然选择。

首先，重视对社会公共安全失序状态的催生条件及社会根源的分析。后现代风险理论为我们展现了社会公共安全失序状态产生的宏观社会图景。社会公共安全供给的前提，是对表现为千变万化的不同形式的社会公共安全失序状态产生的根源及其催生条件的认知。“公共秩序的安宁主要依靠的是由民众自觉组成的社会控制网络，这种控制网络是错综复杂的，而且往往是无意识的。”[①] 当我们试图通过正式控制网络实现社会公共安全供给时，必须理解这种非正式社会控制网络的重要作用。当我们将社会公共安全作为一种公共物品供给时，必须与社会对这一“公共物品”的需求相对应，其前提是对社会公共安全需求的分析。社会公共安全需求的根源在于社会秩序的形成，而社会秩序的形成本身就和社会信任与社会资本密切相关。由于社会公共安全的抽象性和动态性，我们很难对其进行恰当的描述和测量，故要从其反面，社会公共安全失序状态入手。在这一过程中，要警惕过于依赖技术，单纯用技术化的方法寻求失序状态化解之道的风险。正如前文对社会公共安全失序状态形成机理的分析，社会公共安全失序状态的产生并非偶然，都有着深层次的社会原因。对于特定社会公共安全失序状态而言，找寻和分析其产生的社会根源及催生条件，是社会公共安全供给的前提。

其次，社会公共安全供给应是政府和警务机构主导下的多个公共部门的

① Jacobs, Jane (1962), The Life and Death of Great American Cities, Vintage Books, p.41.

共同责任与使命。后现代风险社会理论视阈中的社会公共安全供给应从犯罪预防转向风险管理。基于风险提供的是对未来不确定性的思考方式，风险管理必须具备预言性和预防性的特点。通过前文对社会公共安全失序状态产生的社会机理的分析可以看出，导致社会不安全感产生的因素多种多样，现代社会风险涉及社会生活的方方面面，社会公共安全供给的风险管理不可能只有以政府及警务机构传统的主体进行供给。风险管理应成为所有公共部门共同的使命。在政府与警务机构主导下，相关公共部门应通过更完善的工作体系和更适当的工作方式减少由其引发的信任危机与社会风险，建立本部门业务范围内的风险预测和预防系统。不同类型的社会风险和由此引发的对社会公共安全失序的治理，需要相关公共组织间建立常态化的责任共担、信息互通、资源共享和协商共治机制，并努力完善组织化沟通的渠道，创新合作的方式与途径，如在基层建立和运行由多机构协作的社会公共安全供给计划和发展机构。

最后，社会公共安全供给的最终实现有赖于全社会“控制中心—节点”安全网络治理。英国学者约翰斯通（Jonston，L.）和希林（Shearing，C.D.）曾提出“节点治理”的观点，即国家在安全治理中的角色正在发生改变，成为提供安全角色中的一分子，由安全服务的具体实践者变为竞争性保安市场环境的创造者。[①]这一观点是建立在有自治性传统的社会基础上的一种判断。后现代风险社会下，强调“节点”式安全网络的同时，不能忽略公共部门的全社会安全供给中的核心作用，形成“控制中心—节点”安全网络治理。

全社会“控制中心—节点”安全网络治理，首先，要明确社会公共安全的治理理念。与韦伯官僚制基础上通过自上而下社会控制实现社会秩序的理论与实践不同，社会公共安全的治理理念应包括以下内容：政府和警务机构并非社会公共安全供给的唯一主体，政府体制之外的机构可在不同层面和范围内实现社会公共安全的供给；社会公众作为社会公共安全供给对象，也可在社会公共安全供给中形成自组织网络，实现社会公共安全的多元参与和自

① ［英］Alison Wakefield. 社会发展与警务变革——公共领域的社会化警务. 中国人民公安大学出版社，2009：6.

主性安全环境选择；在社会公共安全供给中实现公共部门与其他组织的相互依存和合作状态，努力采用多元化、创新性方法和途径提升社会公共安全供给效益最大化。其次，要强化社会公共安全供给的公民有序参与。按照西方“社会本位”理论，“解决犯罪和对犯罪的恐惧的问题的方案，不在于正式的社会控制机构……社会本位蕴含了‘社会胶合剂’，意味着其居民积极参加地方社会公共事务，对整个社区形成一个更好的居住环境具有重要作用。”[①]公民有序参与基层社会公共安全供给，可以产生更多的以社会信任与和睦为基础的社会本位的社会控制机制，从而降低犯罪水平，减少恐惧心理，提升社区居民的社会安全感。最后，要加强社会公共安全供给的网络化节点建设，即通过广泛的社会动员和资源整合，调动社会各类组织（私人的或社会的）及公众的力量，在信息化基础上将社会中零散的社会公共安全战略联合起来，包括“垂直”联合与“水平”联合。“垂直”联合，即在联合过程中，由政府统一部署、计划与整合，通过资源投入、组织构建、规则管理等方式实现社会公共安全协同供给。例如，将社会组织、个人的公共安全观念与行动列入政府资助项目，用以解决犯罪、对犯罪的恐惧以及反社会行为等问题。“水平”联合，即在特定时期的特定公共安全供给项目中，鼓励公共机构、私人机构和社会组织形成“多边”伙伴关系中，越过传统的各自的管辖权限以实现良好的社会控制与社会公共安全供给。例如，在社区信任重建、青少年犯罪预防、流动人口服务管理等领域，通过警察、社区管理者、社会工作者、志愿者组织等的联合行动，实现社会公共安全供给。

① ［英］马丁·因尼斯．解读社会控制：越轨行为、犯罪与社会秩序．陈天本译．中国人民公安大学出版社，2009：188-189.

第三节

社会公共安全供给的模式选择：以社区公共安全供给为例

在旧制度主义的分析框架下，对社会公共安全的研究主要是源于政治与道德哲学的思考，将其视为服务于政治行为者统治的重要策略的实施过程及其结果，与政治稳定密不可分。在发轫于经济学的新制度主义研究视角下，社会公共安全被视为一种重要的公共物品，是政府公共服务的重要组成部分。从公共物品供给角度分析，只有以一国国情和社会发展背景为依据选择适当的公共安全供给模式，才能从根本意义上实现社会公共安全长期、稳定、可持续供给。以社区公共安全供给为例，尝试探索社会公共安全供给的选择模式。

一、中国社会公共安全供给的传统模式

一直以来，中国社会公共安全都采取了一种政府管制式的社会公共安全供给模式。这种模式的主要特点是，只有一个政府兼具生产者和安排者的供给主体的单中心模式。以社区治安为例，社区公共安全供给具体主要表现在：基层党委和政府在组织领导、经费投入、人员配置等多方面处于绝对主导地位，由地方政府提供决策支持，由基层社会治安综合治理办公室在社区组织实施，依靠警务管理与服务，特别以社区警务为主体，综合安全生产监督管理、民政、消防、物业管理、社区志愿者组织等共同参与的公共安全管理机制。

这种供给模式的主要问题有以下三方面：一是政府及行政人员在公共安全供给中的信息不充分。行政组织自上而下的官僚制组织结构使基层信息的获取和传递受到极大限制，同时带来信息收集费用和成本的增大。对于公共安全信息而言，大量信息隐藏在政府体系之外，政策管制型社会公

共安全供给模式难以全面收集安全领域的有价值信息，或在信息收集和传输过程中出现信息失真、信息延误、信息使用不当等一系列问题。二是易将公共安全领域的政府利益等同于公共利益。政策管制型社会公共安全供给模式主要基于这样的假设：把政府当作一个慈善的专制者，它无私地追求社会利益，把最大化社会利益看成自身的政策目标。[①]公共选择理论认为，政府及其工作人员也是有着自身利益的共同体。在社会公共安全领域，他们较多地采用强制性政策和手段，可能造成用短期内的社会安全与稳定代替可持续的长期公共利益问题。管制型供给模式不能从根本上探究深层次的社会矛盾与冲突，疏导和缓解社会不稳定因素，从长期来看，这些会带来新的社会安全隐患。三是易造成政府对社会公共安全管理的垄断，可能会因缺乏竞争影响管理效率。在社会公共安全供给中，政府的单一中心供给会因缺乏竞争而忽视公共安全供给的质量。诚然，公共安全应被视为纯公共物品，一般就总体意义而言，这类公共物品应该完全由政府提供。但在基层社区范围内公共安全供给中，尝试引入部分竞争机制可降低公共安全供给成本，提高供给效率，鼓励社会多元主体在法律和政策允许的范围内以其自身特有的优势主动为社区安全服务。

二、西方国家对市场主导式社会公共安全供给模式的探索

市场主导式的供给模式是部分西方国家在公共安全供给方面的民营化取向，主要包括保安服务公司、保镖公司等竞争性企业和私人警务在社区安全供给中发挥较为突出的作用，并通过刑事司法领域扩大私营机构职权的相关立法和准入政策等途径，满足公众对于安全的个性化需求。就微观层面而言，这一模式的前提是社区范围内公共安全的市场化供给，如成立物业小区，由业主委员会为居民代表聘用物业公司提供居民小区的安全服务；以组织或公众个性化的安全需求为基础，聘用保安公司、保镖公司等企业提供公共安全服务等。市场主导型公共安全供给模式则是在此基础上，扩大私人警务或

① 汪翔，钱南．公共选择理论导论．上海人民出版社，1993：66.

私人安全服务的范围。目前世界多国已出现这种公共安全供给模式的发展端倪，以英国为例，在法律规定上，罪犯拘留中心、非法移民拘留中心等机构也可以私有化，安全领域的市场化雇员延伸到拘留官、技术监控官等职位。在内政部警务和交通警务力量中出现了半私营和私营组织力量。其中内政部警务力量中，“社区援助官”作为一种被正式任命的文职人员，成为警察队伍的重要辅助力量，此外还有邻里看护队、专有制保安、合同制保安等多种私营力量参与社会公共安全的供给。①

这种模式的优势在于，以低成本高效益的方式提供核心社会公共安全服务，能对社区公众的公共安全需求快速反应，根据不同地域特征，满足不同人群的个性化安全需求,并在资金充分的前提下提供高质量的公共安全服务。这种模式的弊端也十分明显：市场化必然带来公共安全供给的不均衡，由于市场主导公共安全供给是利益取向的竞争性供给，必然是一种以逐利为前提的、针对社会不同成员的不平等供给，不能提供针对全体社会成员的、普遍意义的基本公共安全；市场化的公共安全供给缺乏政府对社会公共安全的及时全面约束和监督，如果出现市场的恶性竞争或经济纠纷，可能导致严重的安全事件，甚至造成社区安全体系的崩溃。

三、社会公共安全供给模式的发展新趋势

近年来社区警务的发展是改进公共安全服务有效供给的制度安排，是综合式社会公共安全供给模式的有效尝试,其根本理念在于以减少犯罪为目的，由警察与公众共同承担控制犯罪的责任。“社区警务的核心价值是警察、公民及其他可能对社会治安工作有益的公共服务机构的伙伴关系。”② 中国现有的社区警务的发展在构建真正意义上的这种伙伴关系方面仍有一定差距。综合式社会公共安全供给模式是基于协商民主理论与社会资本理论的新型社

① [英]Alison Wakefield. 社会发展与警务变革 . 郭太生译 . 中国人民公安大学出版社，2009：34-35.

② 公安部治安管理局 . 中外社区警务 . 中国社会出版社，2004：16.

会公共安全供给模式。协商民主作为一种民主治理形式，“它能够有效回应文化间对话和多元文化社会认知的某些核心问题。它尤其强调对于公共利益的责任、促进政治话语的相互理解、辨别所有政治意愿，以及支持那些重视所有人需求与利益的具有集体约束力的政策”[①]。社会资本是“社会组织的特征，如信任、规范和网络，它们能够通过推动协调的行动来提高社会的效率”[②]。综合式社会公共安全供给模式立足于在社区范围内，以民主恳谈和多元协商为基础的全社会治安协作和整个社区社会资本存量的提升。

综合式社会公共安全供给模式的主要特征是，强调在政府和公安机关引领下，注重社会多元主体在社会公共安全供给中的作用，以公众满意为最终诉求，将社会公共安全管理的重心转向社区范围内社会信任度与社会治安协同能力的提升上来，通过政策导向和社会激励，实现全社会自发的“安全节点”和“安全网”建设。这种模式的优势在于，是一种适应现代参与式民主发展的供给模式，能广泛动员全社会各方力量，整合全社会资源，有利于从源头上化解社会矛盾，促进公众满意的社会公共安全供给和整个社会的稳定和谐。这种模式的缺陷在于，其有效运转需要以技术、制度设计和社会环境等方面较为成熟的条件为支撑。这一模式在技术上需要信息网络技术的发展以减少信息沟通障碍，使社区内多元主体沟通与参与更为便捷有效；在制度设计上需要以法治化为前提，逐步完善社会力量参与公共安全供给的制度保障和程序设计；在社会环境方面，需要以社区内经济相当程度的发展为基础，以社区内社会自治组织的良性发展和社会信任的积累为依托。如缺少了上述条件，这种模式的供给易走向两个极端：一是无法摆脱政府管制模式的局限，用政府指令代替社会动员，多元参与形同虚设；二是带来“多数的暴虐”的后果，多元参与因条件不成熟而失控，带来多元主体间新的社会利益矛盾甚至更为严重的社会危机。

---

① Valadez，Jorge M. Deliberative Democracy，Political Legitimacy，and Self Democracyin Multicultural Societies. New York：USA Westview Press，p.30.

② ［美］罗伯特·帕特南 . 使民主运转起来 . 江西人民出版社，2001：195.

四、中国社会公共安全供给模式的转变

中国社会公共安全供给应在改革现有的管制式社会公共安全供给模式的基础上，从基层组织，特别是在社区层面开始，积极发展综合式社会公共安全供给模式，逐步实现政府主导和控制下的综合式社会公共安全供给模式。

上文提及的市场主导式的公共安全供给模式并不适合当前中国的社会背景。一方面，基于中国社会主义初级阶段的基本国情，公共安全作为一种基本公共物品，是社会公众应享有的基本权益保障，而高投入的高档物业管理服务、保安服务和保镖服务等对于大多数普通公众而言根本无力承担。采用市场主导型公共安全供给势必带来因贫富差距导致的公共安全供给的不均衡，甚至引发更为严重的社会不公和公众不满。另一方面，中国单一制政体和长期以来自上而下的行政运行传统使在观念和制度体系上都无法在短期内让市场化力量参与社会公共安全核心领域，更不可能完全由市场主导公共安全供给。而综合式社会公共安全供给模式是当前中国较为适当的模式选择。民主化与信息化进程中，公共安全供给应以适当的政策供给为前提，并从公共安全服务的视角培育多元化的服务“生产者”。社区安全供给应改变传统的从政府和公安机关出发实现社区安全的单一化模式，在社会多元主体互动和协作的基础上实现社会公共安全的多元化供给模式；改变单纯行政管制式的安全供给，通过政策变迁实现社区安全的社会激励，促进社区组织和公民通过互助协作实现社会安定团结。

这种社会公共安全供给模式转变包括以下原则：

（一）管制型社会公共安全供给模式的改革应以政府为主导展开

如前文所述，社会公共安全供给中的两种秩序观各有利弊，改革管制型社会公共安全供给模式的目的是克服自上而下的集权式等级森严的产生规范这一秩序观的局限性。但中国目前面临公民性缺乏带来的社会公共安全参与困境。公民性是全社会公民参与和责任意识及公益与信任精神的总和。从世界范围看，公民性经历了以臣民意识为特征的公民性缺失、捍卫公民权利的

消极公民、具有责任和参与意识和公共精神的积极公民三个阶段的变迁过程。就中国目前而言，正处于“积极公民”塑造进程中。受中国传统中央集权体制与“大一统”文化的影响，社区公众的公民性缺乏造成对公共事务的淡漠、社会互信的缺失、协作精神的不足等，这一进程进展缓慢，影响了社会公共安全公众参与实践的发展。综上所述，如果改革不在以政府为代表的公共部门主导和控制下进行，很可能会陷入致力于网络式自发协调合作的秩序观的缺陷中。

（二）管制型社会公共安全供给模式向综合式社会公共安全供给模式的转变应分层次渐进展开

由于中国长期以来管制型社会公共安全供给模式的“路径依赖”，社会公共安全模式的转变需要以强有力的制度变迁为前提，然而，“沿着既定的制度变迁路径，经济和政治制度的变迁有可能进入一种良性循环，也有可能沿着原有的错误路径继续发展，甚至被锁定（lock-in）在一种低效的状态下，陷入制度变迁的恶性循环而不能自拔”[①]。长期以来，中国政府在公共安全领域的管制型供给模式根深蒂固，近年来基层民主自治实践的发展和社会力量的壮大，以模式转变为目标的制度变迁提供了原动力。但如果基层政府和相关职能部门自上而下的传统管制观念不转变，通过修修补补式的政策变迁无法从根本上打破原有制度的管制格局。与此同时，原有模式下制度的变迁会可能使部分公共组织和人员利益受损，因此对新模式制度机制的建立造成巨大阻碍。从管制型向综合式社会公共安全供给模式的转变十分困难，如果这一过程过于突然和激进，可能会带来短期内社会公共安全供给不足或社会失序，引发较为严重的社会危机后果。

（三）综合式社会公共安全供给模式应从社区开始进行

社会最基层，尤其是社区层面的公共安全供给对于整个社会安全体系的

① ［美］道格拉斯·C. 诺斯. 制度、制度变迁和经济绩效. 刘守英译，三联书店，1990：11-13.

构建至关重要，也是最具备综合式公共安全供给模式形成的层面。一方面，单纯的管控手段无力应对网络安全问题、社会群体性事件等新的社区安全问题，缓解基层的社会张力和社会矛盾最根本的还是要依靠全社会力量的动员和资源的整合，需要构建社区治安基础、防控、调解、协作工作并进的新型工作模式；另一方面，社区不单纯指一定数量的居民居住的区域，更是一种伦理纽带和自发的社群。随着公共管理由“统治型”“管理型”向“服务型”的嬗变，当代中国社会管理创新的核心应指向社会最基层，而在社区层面应体现在，改变原来垂直结构的共同体，通过塑造的水平结构的共同体实现公共部门和公民之间真正意义上的互信合作和伙伴关系。

社会公共安全供给向综合式模式转变应着眼于构建社区自身发展基础上社区管理制度变迁与社会力量发展基础上的协作精神培育两者相结合的运作机制。宏观层面，社会秩序的实现最终取决于整个社会成员的共同意愿和努力。随着风险社会的来临，在社会城市化与网络化进程中，社会公共安全供给有赖于社会信任构建与社会安全感的提升。社会公共安全供给应注重社区内公众、团体与社区管理者间的信任和互助精神的培育。中观层面，社会公共安全供给要着眼于犯罪预防和全社会安全网络节点的建设，需要基于常态化风险管理与评估的社会治安综合治理。社区公共安全供给要注重社区安全网络建设，通过制度保障促进业主委员会、社区志愿者组织的发展，促进保安市场的优胜劣汰。微观层面，加强公共安全供给的社会协同激励机制建设，放松规制以促进不同社区依据本社区实际状况实现公共安全供给的个性化选择。

具体而言，首先要转变社区管理者和公共安全管理者的角色定位，社区管理者和公共安全管理者要拉近与社区公众的距离,从管制者向服务者转变，成为社会公共安全供给的“知识中间人”、“环境营造者”和“方向引导者”；其次要在社区范围内营造居民自我管理、自我教育、自我服务的个体及组织联盟，通过社区服务其他领域的交往和沟通的深入实现相互信任，通过社区组织与联盟的密切联系实现互助合作、民主协商和整体联动的局面；再次要完善政府及警务政策体系,给予基层政府和警务组织更为宽松的政策自主权，使其可以因地制宜地通过在资金投入、人员配备、奖惩机制等方面的制度安排实现社会资源的合理配置，实现社会公共安全的社会化供给；最后要依托信息化建设改善社会公共安全事务的社会参与的途径和效果。通过社区联席会议、网络信息互动、民主恳谈、公众满意度评估等多种形式，增强其在参与社区社会风险预警、社会矛盾调处、社会力量联动等方面的自觉感和自主性，形成社会公共安全事务的制度化、常态化社会参与机制，实现高效的社会公共安全供给。

第三章

社会公共安全协同供给：基于协同学视角的分析框架

自20世纪60年代协同学创立以来，这一源于自然科学的复杂科学研究，已经被广泛运用于社会科学研究领域，并取得了丰硕的成果。从管理协同的视角出发，将协同学的思想运用于社会公共安全供给之中，有利于从深层次剖析社会公共安全供给中集体行动的困境，找到社会公共安全供给的新路径。社会公共安全协同供给，是正确处理社会公共安全供给中多元主体共治问题，破解社会公共安全供给中合作难题的良策。

第一节
管理协同的研究基础

协同学首先产生于自然研究领域，从物理学研究开始，扩展至化学、生物学等。大自然由竞争与协同决定着生存与发展，与自然协同现象不同，社会协同现象则将“人”的主观因素加入其中，显得更具复杂性与可变性。管理协同作为社会协同的一个分支，是社会协同研究中较新和较前沿的研究领域。

一、协同学的产生及其核心思想

“协同学”（synergetics）源于希腊文，本意为“协调合作之学”。作为研究系统是从无序到有序的理论，协同学由德国著名物理学家赫尔曼·哈肯（Haken，H.）于20世纪70年代创立。哈肯在其著作《协同学——大自然的奥秘》中认为，协同学是在普遍规律支配下的、有序的自组织集体行为的科学。[1] 协同学主要是研究各种不同的系统从混沌无序走向稳定有序结构转化的机理与条件，其核心是研究结构如何产生及其动力的科学。哈肯在对激光理论的研究中得到一般性原理，继而从物理学、化学、生物学中的协同实例分析入手，并进一步扩展到对社会系统中经济学、传播学、政治学等领域，发现大量子系统协同作用的自组织现象的存在，其核心思想包括以下几方面：

（一）序参量与支配原理

作为协同学的核心概念之一，序参量是衡量大量子系统集体运动的宏观整体模式有序程度的参量。当系统处于完全无序的状态时，序参量不存在或为零，随着外界条件的变化，序参量发生变化，如水加热过程中的温度、激光中电子振荡产生的光波、政治革新中的舆论等都是较为典型的序参量。值得一提的是，协同学中的特别之处是，序参量既是大量子系统协同的产物，又会通过对子系统的支配，实现整体系统的演化。序参量一旦产生，即成为控制中心，对子系统产生支配作用，即支配原理。换句话说，序参量与被支配的子系统间是互为条件、相互依存的。

（二）竞争与涨落

有时，协同学中系统不只受一个序参量影响，而是受几个序参量的控制，这几个序参量之间就存在相互竞争。由于势均力敌，几个序参量之间产生妥协，共同支配和控制子系统的有序状态。随着外界环境的变化和能量输入，也可以产生一个序参量独立支配各子系统，主宰各子系统的状况，走向更高一级的协同和有序。涨落则是由于意外事件、随机波动对系统的影响或子系统运动产生的局部耦合，使系统宏观瞬间值产生偏离平均值的起伏，这种起伏即为涨落。当涨落状态出现而得不到其他子系统的响应，就会受到类似阻尼变量的影响，衰减得很快，使系统重新回到稳定状态，即出现快弛豫参量；

---

① ［德］赫尔曼·哈肯．协同学——大自然的奥秘．凌复华译．上海译文出版社，2005：8.

相反，当涨落状态出现并得到其他子系统的响应，即出现无阻尼慢弛豫参量，使系统的这种非稳定状态进一步激化，推动系统迈向新的有序状态。无论出现哪种状态，涨落都成为有序的动力之源。

（三）自组织与协同效应

哈肯发现，在任何系统中，各子系统之间均有在内部的非线性作用下，自发由无序状态走向有序状态或由有序状态走向更为有序状态的过程，即“自组织”过程。通过涨落的不断“试探”，使一种运动方式不断被强化，直至控制参量达到“阈值”，系统被拖到相变点，即被这种方式所支配，迅速建立合作关系，实现有组织性的协同行动，产生协同效应，出现新的宏观结构或类型。协同学“集中研究以自组织形式出现的那类结构，从而寻找与子系统性质无关的支配着自组织过程的一般原理”①。

二、管理学视角下关于协作与协同的解析

“协作”与“协同”是十分相似的概念，甚至经常被混用。在管理学史上，学者从不同角度对“管理”做出各不相同的诠释，如决策、服务、协调、平衡、发展等。无论从哪种角度出发，合作或协作都是其中不可或缺的重要元素和环节。从管理学视阈对“协作”与“协同”概念进行的解析，其主要区别在于以下三个方面：

（一）从管理学史上看，管理协同是更高层面的协作模式

在管理学史上，“协作”产生于早期管理中，作为与“分工”相对应的概念，协作是指在由各人（或机构）分工完成单项任务的基础上进行组合搭配提升整体效能，是建立在科层式组织和专业化分工基础上的合作。“协同”是协作的一种模式，协同思想产生于20世纪60年代，是更高层面上的“协作”。它从系统论的视角使开放系统中的大量子系统用协同方式进行整合，

---

① ［德］赫尔曼·哈肯．高等协同学．郭治安译．科学出版社，1989：1.

实现自组织从一种序状态走向另一种序状态，在质变性的结构和功能出现的基础上产生整体效应或集体效应。协同作用特别强调由于外界能量的作用或物质的聚集状态使系统在临界点发生质变，即从无序到有序，从混沌中产生某种稳定结构。

（二）从主体关系上看，管理协同更强调信息化支撑下战略角度的主导与引领

在图 3-1 中，管理协作一般发生在科层式组织结构中。在上级机构统一组织和指导下，平级主体间地位相对平等，通过沟通和协调共同行动，产生整体合力。而管理协同的前提是组织间产生信息化沟通与联系，在某一权威机构的战略性主导和推动下，通过持续激励和能量输入影响序参量，各协同主体和要素被广泛动员，使相互间产生自觉联系，到一定程度形成自组织体系，形成新的动态结构和运作方式，产生更好的合作效果。

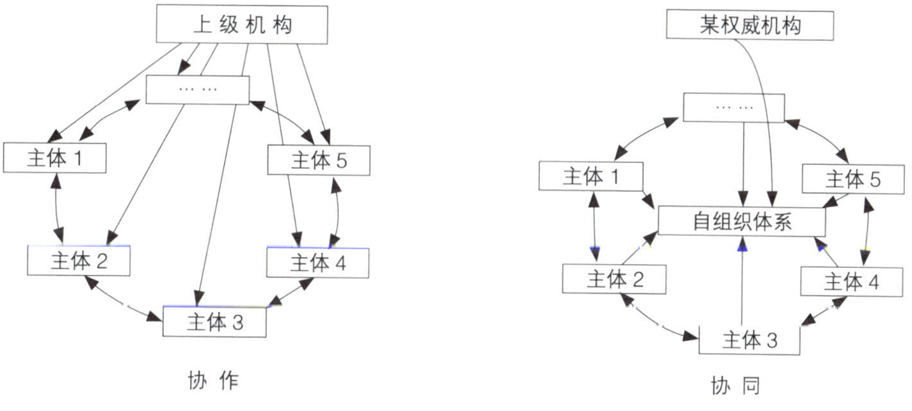

图 3 - 1 协作与协同的主体间关系

（三）从合作效果来看，管理协同更注重和谐系统性协作基础上产生的质变

管理学家切斯特·巴纳德（Chester Barnard）曾分析过正式组织的协作系统，他认为“协作系统的结构开始于分离而独立的个人，他注意到个人除非同其他人在一种相互作用的社会关系中连接起来，否则不能发挥作用，正

式组织的协作使团体力量能够扩大到个人能做的范围之外。”[①] 可见，建立在劳动分工基础上的协作强调将分散的部分整合为整体，从而产生“1+1 > 2”的效应。与之相比，协同所强调的合作效果则更为复杂。哈肯曾用平底锅煮水实验表达协同机制。一开始加温的平底锅中的水只是散发着热量，这是一种系统的平衡状态，而随着能量的不断输入，锅中的水进行“流卷运动”，产生一种异于之前的新的有序状态。可见协同是通过利用相连与环境条件，改变原来的平衡状态，并产生飞跃性质变，这种质变会对之后的主体间关系产生自发而持久的影响，实现新的自组织式和谐与平衡。

三、管理协同的理论基础及其在公共管理领域的应用

管理协同是协同学思想在管理学领域内的应用，通过将协同学理论与管理理论的有机结合，研究管理对象的协同规律，并指导管理实践。

（一）管理学中“协同”思想涉及的主要领域

管理学中的“协同”思想主要源于企业管理领域，这些关于“协同”的思想从理念到实践，涉及面较广，且不仅仅局限在“协同学”的分析框架内，涉及更多的是企业战略合作的艺术，具体主要包括以下几个方面：

一是企业战略协同。20 世纪 60 年代美国战略管理学家安索夫将协同的理念引入企业管理，希望通过企业业务多元化，实现整体价值大于各独立部分的“2+2 = 5”的协同效应。他在《公司战略》一书中指出，产品与市场范围、增长向量、竞争优势和协同是公司战略的“四要素”[②]。其后，不少学者对企业战略协同问题进行了深入研究。“战略协同的思想和观点在整个 20 世纪 70 年代盛极一时，人们强调的是长远的观点和整体要素之间的配合，

① ［美］丹尼尔·雷恩．管理思想的演变．李柱流，等译．中国社会科学出版社，1997：348.

② ［美］H.Igor Ansoff. 新公司战略．曹德骏，范映红，袁松阳译．西南财经大学出版社，2009：53–54.

从而形成投资、组织结构、技术、市场等的协调发展。”[①]

二是企业运营协同。企业运营协同包括两个方面：一方面是指企业内部资源的协同，包括企业运营过程中的库存、生产、销售、新产品研发、财务等之间的协同；另一方面是指企业与外环境之间的协同，较有代表性的是供应链协同研究，包括客户需求、供应、生产、采购、销售、配送等，需要通过竞争优势的整合，实现组织化的连续统一体。

三是协同网络研究。平衡记分卡的创始人罗伯特·S. 卡普兰（Robert S. Kaplan）和戴维·P. 诺顿（David P. Norton）认为，应将协同作为一个流程进行管理，包括企业总部与业务单元的协同、整合内部支持与服务单元和外部组织协同，通过组织协同实现常态化的协同网络。[②] 近年来，随着社会网络与组织学习理论的发展，除了企业内部和企业间的协同网络外，企业的跨部门联盟问题成为新兴的协同网络研究焦点，学者对企业与其他类型社会组织，如非营利组织间的协同问题，包括协同动因、分类、实施、绩效等进行了深入探讨。

（二）管理协同研究中协同学的引入

以上管理学中“协同”思想成为管理协同的重要背景，但其对“协同”的探讨并不是建立在哈肯的“协同论”基础之上。基于系统论、信息论、控制论、结构耗散论等基础之上的协同学，为人们研究协同现象提供了新的分析视角。它强调复杂、开放的系统中的各子系统及其要素间通过非线性的相互作用，以某种模式支配系统完成不同于原来状态的质变过程。虽然协同学源于对自然界的研究，但作为一种具有普适性的理论，它首先将无生命的自然界与有生命的自然界联系起来，哈肯从热运动、超导与磁性、激光的研究开始，到生物起源与进化，探索其共同的本质规律。之后协同研究又从自然系统扩展到对人类社会系统的研究，在经济学中的竞争与集体行为、社会舆

① 潘开灵，白烈湖．管理协同理论及其应用．经济管理出版社，2006：13.

② ［美］罗伯特·S. 卡普兰，戴维·P. 诺顿．组织协同．商务印书馆，2010：19-24.

论与革命、人类思维等领域找到协同效应的例证。协同学被应用于分析性质各异的复杂系统中的自组织现象，其核心是通过建立模型，寻找普遍规律，以做出预测和相关决策。

现代管理面临着日益多变的复杂环境，不仅需要人、财、物等资源的有效供给和合作，还需要实现组织管理与外环境的和谐统一。在当前风险社会背景下，全球化与信息化促使即时沟通与交流加剧，带给人们时空观念的重组，知识经济要求组织及其中的个体通过不断学习创新实现智力与无形资产的投入，以促进组织不断发展。组织所面对的外部需求日益呈现个性化与多元化，对管理方法和管理机制提出了更严峻的挑战。在这样有人参与的管理系统的复杂环境中，人、组织、环境及其子系统的关系更多呈现非线性特征，更需要协同学的研究应用，促进以信息、能量的交流与传输为基础的更高效管理的实现。

（三）协同学理论在公共管理领域的应用：待探索的新课题

近年来，公共管理中的协作问题日益引起相关学术界与实践者的重视，成为公共管理理论与实践的前沿领域，其中较典型的是整体政府理论。“整体政府”（Joined-up Government），与之相似的概念有“整体性治理”“跨部门协作”“网络化治理”等，主要指通过制度化、规范化的手段实现公共管理的“跨界”合作，以增进公共利益。整体政府作为当代政府管理的一个新理念，既包括政府内部不同部门间横向及上下级政府间纵向协同，也包括政府与外部社会组织间的协同。虽然国外学者对“整体政府”有多种不同视角的阐释，但总体而言，“整体政府”理论是建立在新公共管理改革运动后，在西方社会仍然不能有效满足人们日益增长的公共服务需求的情况下，在人们开始对原来功能性组织模型的反思基础之上，人们发现，“只有跨越组织边界进行协同运作，才能有效地解决职能交叉性的问题和提供整合性公共服务”[1]。希克斯总结了整体政府理论的基本内容分别为：部门间主义、跨功

① 曾维和．后新公共管理时代的跨部门协同——评希克斯的整体政府理论．社会科学，2012（5）．

能合作、以网络为中心的协调机制、中央集权化及增设机构扩展其职责限制机构转嫁成本的能力、协同服务生产方式、个案管理者、信息管理与跨组织边界整合、整体预算与采购。①其中的以网络为中心的协调机制、协同服务生产方式及信息管理和跨组织边界整合的思想与“协同学”中的一些理念有着一致或相似性。

整体政府的研究作为21世纪政府公共服务改革的前沿领域，对中国公共管理实践也有着重要的现实意义。在中国当前大部制改革进程中，部门间的协调机制及政府与非政府组织的协同机制是超越传统“层级制政府”的新型管理质态的重要组成部分。这一领域的研究和实践是实现中国行政运行机制与政府管理方式转变的重要路径。

整体政府研究应用于中国实践，主要是在政府体制与机制革新的视角下，从政策、制度、组织构架、文化等领域探析现实协同失灵与协同障碍的问题，并探索实现网络化治理的途径。而协同学理论应用于公共管理研究，则是将公共管理置于社会发展的大背景下，从社会系统出发，探索公共管理领域的更为宏观的协同机制。与整体政府理论相比，协同学引入公共管理研究的意义在于：协同学以更为宏观的视角构建公共管理领域的协同模型，从管理主义出发，深化了协同学普遍规律在公共管理领域的应用性探索；协同学的引入秉承了治理理念，更强调研究政府体系外其他社会组织和个人在公共管理协同中作用的发挥，有利于公共管理对社会需求的回应实践；协同学的引入是当代全球化信息化背景下，将管理协同的理念成果应用于公共管理实践，有利于以更为科学化、精细化的视角审视政府现有的制度体系、宏观运行及与社会的互动，探索政府与社会关系的宏观命题，实现对当前社会性质和社会问题的反思与创新。

作为待探索的新课题，协同学引入公共管理领域研究面临的困难主要表现在以下两个方面：一是由于社会科学领域的复杂性，价值因素及人为因素的困扰使协同学在公共管理领域的应用很难涉及微观协同，主要是将协同学的宏观理论基础和分析模型应用到公共管理领域，达到促进人们对公共管理

① Perri 6（1997），Holistic Government，London：Demos，pp.38–42.

体系更为系统化分析与理解的基本目标。二是自然科学领域的协同学研究虽然已经较为成熟，但其在社会科学领域，特别是管理协同领域的研究才刚刚起步，且主要处于定性研究层面，可借鉴的研究成果十分有限。此外，相较于一般社会科学研究，公共管理领域受一定地域内社会政治体制、意识形态、历史传统、制度政策的影响更大，使具有普适意义的协同学理论在公共管理领域的应用中要得到可推广的一般性规律显得异常困难。

第二节
协同学研究对社会公共安全供给的意义

长期以来，社会公共安全问题一直作为政治学、法学的重要命题被理论家和实践者所关注。随着管理主义对犯罪预防与控制、警务与刑事司法活动及社会公共安全管理的重构，社会公共安全供给研究开阔了新的视野。在这一背景下，协同学与社会公共安全供给具有契合性，社会公共安全的协同供给意义重大。

一、协同学引入的背景分析：管理主义对社会公共安全管理的重构

近年来，管理主义理论开始影响到公安机关和其他刑事司法机构的组织和运作，影响到采取前所未有的新型预防犯罪策略的制定和实施。[①] 作为对古典管理主义的继承与发展，新型公共管理理论认为，在从政府的视阈构建

① ［英］戈登·休斯．解读犯罪预防：社会控制、风险与后现代．刘晓梅，刘志松译．中国人民公安大学出版社，2009：108.

公共管理模式的过程中，应更多地借鉴私人企业的管理精神和管理方式。社会公共安全管理中，如目标管理、指标体系、民主测评等不仅作为一种管理理念，在实践中也得到普遍应用。

以世界范围内的警务研究为例，自1829年伦敦大都市警察厅建立至今，西方警务发展模式经历了职业化、专业化、现代化和社会化的发展过程。人们最初对警务与警察的理解源于社会控制的范畴，“最基本的警务的概念是指试图通过监控和对危险的制裁来保证安全。警务意味着通过一系列的行动确保特定社会秩序或一般社会秩序的安全。”[①] 作为刑事司法领域中法律的执行者，犯罪控制是其重要职能之一。最初的警务研究立足于两个方向：一是从政治学意义上的解读，分析警察所具有的政治属性，包括分析警察与政党、法律之间的关系，分析警察权力与合法性问题，分析警察形象与警察文化等。二是警务技术研究。随着警察的日益职业化与专业化，警务研究以实用主义的情境（环境）犯罪预防技术发展为中心，以构筑更为严密的技术控制网络为核心取向。这两方面的研究方向已不能适应现代社会的环境背景与安全形势，需要重新审视和思考。

随着现代警务的发展，警务有了管理学意义上的新阐释。从管理学上进行功能划分，警察的角色定位可分为犯罪管理（犯罪预防和侦查）、秩序管理（解决小冲突以维护社会秩序）和安全管理（限制公众接触有害物品和危险情境）三个方面。[②] 管理主义对现代警务的重构有以下三个方面的重要表现。

（一）从科层制管理向网络化管理转变

在世界范围内组织管理扁平化趋势下，在现代警务结构中，传统的官僚科层制结构遭遇前所未有的挑战。随着新型犯罪手段层出不穷及犯罪的流动性与隐蔽性加剧，社会体系迫切需要不同地域、不同警种、不同社会公共部

① ［英］罗伯特·雷纳．警察与政治．易继苍，朱俊瑞译．知识产权出版社，2008：4.

② ［英］马丁·因尼斯．解读社会控制：越轨行为、犯罪与社会秩序．陈天本译．中国人民公安大学出版社，2009：81-82.

门及不同社会群体协同合作，对环境变化快速反应，以实现持续的社会公共安全供给。相应的警务组织结构要打破部门壁垒，转向更为灵活的组织质态，形成网络节点式的信息发布与风险管理体系。

（二）从被动反应模式向情报主导的主动预防模式转变

传统被动反应式的警务模式缺乏长期的、战略层次的思考，已无法应对当前犯罪高发和警力供不应求的窘境。被动的“消防队式”警务模式向“问题导向”的主动预防警务模式转变的背后，深层次的管理哲学是用战略管理视角实现降低发案、遏制和减少犯罪的目的。其主要途径是情报主导警务，即对警务和非警务社会数据和犯罪情报进行科学化分析，并通过流程化的方法实现警务规划和预测，将其作为警务决策机制的关键，从而增强对社会公共安全体系的控制力。这一模式的应用中要大量应用关键绩效指标法、控制论模型、数据采集与模型分析等管理主义分析方法。

（三）警务社会服务功能的重塑

综观世界各国警察角色演变，虽然不同国家警务体制有较大差异，但警察角色演变的主要趋势几乎都是由打击犯罪与社会服务并重转为以打击犯罪为主，再回归到打击犯罪与社会服务并重且更强调社会服务。在公共安全服务需求日益多样化的大趋势下，警务社会服务功能的重塑要在多中心治理理论指导下进行制度安排与设计。随着社区警务的深入发展，公众参与几乎成为社会公共安全供给的前提，警务社会服务功能的重塑也是警察与公众关系重构的重要组成部分。这一趋势也表明，公共管理视角下的警务服务管理创新成为新兴的社会公共安全管理的重要课题。

二、社会公共安全协同供给：现实必要性

社会公共安全协同供给，是以协同学原理为基础，从系统论的视角分析影响社会公共安全供给的序参量，整合社会公共安全管理中人、组织、环境等各要素，使各子系统间形成自组织式的协调配合，通过集体协同实现系统

由面临危机的相变状态转化为趋向安全的相变状态。将协同论引入社会公共安全供给，对现实社会公共安全供给十分必要，意义重大。

（一）运用协同学工具研究社会公共安全供给问题，是深化对当前社会公共安全领域复杂现象本质认识的迫切要求

当前社会公共安全领域问题层出不穷，社会公共安全事件后果十分严重，已经成为威胁社会秩序和稳定的重要风险源之一。对社会公共安全领域的研究不能仅停留在主观思辨和经验总结的层面，需要更加科学化的研究视野和分析工具。作为一种具有普适性的理论，协同学在自然科学领域的应用性已经得到证实，在社会科学领域的研究还有待深入。将协同学这一工具运用于社会公共安全供给问题的研究，可以通过模型化的系统分析，揭示隐藏在各种纷繁复杂的社会公共安全事件与危机表象中的内在逻辑，找到影响社会公共安全局面的因素及其发展趋势。通过分析新安全格局形成起关键和决定作用的序参量，解释社会公共安全系统如何在临界点上发生相变并产生时间、空间、功能上的重构。这一研究顺应了现代社会公共安全管理发展的必然要求，即寻找复杂多变、难以预测、冲突激烈的系统环境中的主导因素与控制要素，并由此把握社会公共安全管理系统的发展方向。

（二）从协同学视角分析社会公共安全供给问题，有助于找到缓解风险社会背景下日益严峻的社会公共安全失序的系统化新路径

整体政府、整体性治理已成为当前公共管理理论研究与实践探索的前沿领域。协同学开辟了政府内部及政府与社会间协同方式与协同机制的新思路。在风险社会背景下，社会公共安全所表征的社会的秩序与平衡状态不断被打破，造成各种形态的社会公共安全失序状态。人类在实践中不断积累经验，对于所面临的社会公共安全问题经历了由原来的被动接受、本能反应，到处置应对，再到系统化预测和管理的过程。在系统化预测和管理过程中，协同学的视角既突破了传统的组织管理、资源管理、阶段管理的相对静态的分析模式，又不同于整体政府研究中以政府为中心的跨部门协作研究。协同学以动态的视角，从社会公共安全供给过程中的协同问题入手，找寻社会公共安

全的系统化自组织之路，是缓解日益严峻的社会公共安全失序的系统化思路，也是长远意义上实现社会公共安全供给的根本路径。

（三）对社会公共安全协同供给的研究，是突破目前社会公共安全供给“瓶颈”的现实需要，有利于实现政府与社会关系的重塑，促进社会的稳定和谐发展

作为一种公共物品，社会公共安全供给是对社会公共安全需求的回应，也是人的生存和发展的基本保障，是政府义不容辞的责任。但这并不意味着社会公共安全要完全由政府供给。只有全社会力量被广泛动员，并通过具有科学性的系统化组织设计和制度保障，才能从真正意义上实现社会公共安全良性供给。目前社会公共安全供给的“瓶颈”在于，作为社会力量的总代表和协调组织者，政府已能够较广泛地动员人力、物力和财力实现社会公共安全供给。但就总体而言，社会公共安全供给中的各部门协调和社会参与体系缺乏系统化、科学化设计和安排，影响了社会公共安全协同供给的实际效果。对社会公共安全协同供给的研究，改变了传统政府本位的社会公共安全供给的局限，试图通过社会公共安全供给的协同模型设计，找到影响社会公共安全供给的序参量，分析其对组织的支配效应，通过对社会公共安全系统竞争与涨落的分析，探寻政府与社会间及社会主体间的社会公共安全自组织供给的可能性及协同效应的实现之路。在协同学的新理念下，政府成为社会公共安全供给的总设计师和能量输入者，而社会力量才是协同供给的根本主体。社会公共安全协同供给有助于政府与社会间建立更紧密的联系，促进整个社会公共安全供给的可持续健康发展。

三、协同学在社会公共安全供给中的运用：可行性探索

将公共安全作为一种公共物品，在协同学视阈下探讨其协同供给问题，源于协同学的基本原理在社会公共安全管理领域的特质相契合性，从社会公共安全供给现实出发，社会公共安全协同供给具有可行性。

首先，社会公共安全供给是一个开放的系统。社会公共安全协同供给需要在开放的系统中实现。现代社会全球治理格局的出现，资源、信息等在社

会各层面的频繁交流互动，使社会公共安全问题成为世界范围内的开放性命题。此外，在治理理念与实践日益受到全世界认同的今天，随着中国社会公共安全供给由单中心的政府管制型向多中心协同供给型的转变，社会多元主体的参与也使社会公共安全管理成为开放性的系统。系统中多元主体间需要通过协商与合作，共同应对随时出现的社会公共安全事件或危机。开放的系统是社会公共安全协同供给的基础性条件。

其次，社会公共安全系统中存在非线性的关系。这种非线性是指在社会公共安全系统中各要素共同作用的结果，不等于各要素单独作用的“线性叠加”。社会公共安全体系中的各类社会行为主体庞杂、力量不均、目标差异等，使这种非线性关系和作用普遍存在。这与协同学中对自然界的非线性初始状态相似，因此这与协同学所阐述的系统无序向有序转变的涨落与相变原理相契合。用协同学理论分析社会公共安全系统是可行的，社会公共安全领域需要通过协同机制的建立更好地发挥整体力量，通过形成序参量从而支配各子系统，通过微观细节的涨落实现整体的社会安全目标。

最后，社会公共安全系统目前处于非平衡状态。在风险社会背景下，世界范围内反恐形势升级，社会公共安全遭遇前所未有的挑战，整体处于非平衡状态。而中国正处于社会转型期，这决定了当前社会面临的风险更为复杂多样，目前社会公共安全系统存在诸多问题，具体表现在社会公共安全事件频发、社会主体间的信任缺失、社会安全感有待提升、社会公共安全供给存在区域差异等。上述特征表明，中国社会公共安全系统的非平衡状态。而社会公共安全协同供给主要研究社会公共安全系统及其子系统间的失衡与平衡状态不断转化的过程，探索其内在逻辑和原理。这正是社会公共安全系统本身的内在要求，因此社会公共安全协同供给研究十分可行。这一研究有助于完善社会安全评价体系，通过对自组织过程的研究增强子系统之间的关联性，促进由关联所支配的子系统之间的协同运动，从而使社会公共安全系统向宏观平衡发展。①

① 钱洁.我国社会公共安全协同供给：基于协同学的一种框架分析.湖北社会科学，2012（9）.

第三节

社会公共安全协同供给的一般原理与模型设计

协同学理论与耗散结构理论、突变论理论一起共同构成研究自组织的理论基石。社会公共安全协同供给，是研究社会公共安全供给过程中，用序参量刻画系统的有序程度，寻找社会公共安全的子系统，并通过信息化检测判断自组织现象能否发生，从而对社会公共安全状态及发展趋势进行有效分析和判断。对社会公共安全协同供给的研究，首先需要在对其一般原理进行分析的基础上建立基本的模型框架。

一、社会公共安全协同供给的类型

社会公共安全协同供给分为两种类型，一种是公共部门的同质要素共同运动构成整体发展的安全协同状态；另一种是公共部门与社会其他组织或个人的不同质要素构成新的社会公共安全供给功能，实现整体安全协同效应。

以政府为主导的公共部门之间协同的特点是基于同质要素的协同。这种类型的社会公共安全协同供给是以政府为主导，在针对特定人群、特定社会公共安全事件或特定安全项目过程中，警务机构、司法机构、社会保障机构等公共部门要实现不同地域、不同业务部门、不同类型信息系统之间的协调与配合。在这其中，政府的主导作用不同于一般的自上而下的发号施令或业务指导，而是以能量输入者和方向引导者的身份，创造上述不同公共部门间协同合作的环境，为其自主性、常规性协同的实现提供持久的动力。

公共部门与社会其他组织及个人的协同则是不同质要素的协同。相对而言，这种协同更为复杂。由于公共部门与社会其他组织及个人的性质、目标、社会使命、组织结构、行动方式等的差别，这类合作要形成协同效应的难度更大，其基础与整个社会本身的传统文化、经济发展水平、社会互信程度、社会自治程度、社会资本存量等密切相关。公共部门应以这些要素的分析为基础，找到适合社会发展现状的公共部门与社会其他组织及个人的协同之路。

二、社会公共安全协同供给的特征

基于以上对社会公共安全协同供给的理解，其特征包括以下几方面：

（一）整体性

社会公共安全协同供给是要对影响社会公共安全实现的各要素进行整合，促使社会公共安全供给组织体系内各子系统或要素发挥各自的适当作用，实现功能互补和协调一致，其目的是最终实现整体性的系统优化和社会效果。

（二）非线性

社会公共安全协同供给实现的前提是社会公共安全供给系统内各要素的密切联系，其功能的实现不是各要素功能作用的简单相加，而是通过复杂的系统化协同过程，实现非线性的系统功能倍增。这种非线性效应的实现是通过复杂的组织与层次设计，系统中各子系统与要素功能耦合的结果。如果系统中要素为 $X=\{x_1, x_2, x_3, \cdots, x_n\}$，系统功能为 $F(X)$，则可用以下表达式表示协同的效应：$F(X)>x_1+x_2+\cdots+x_n$。

（三）互动性

协同效应的实现有赖于各种要素的相互配合、相互促进而产生系统的状态变化。在社会公共安全协同供给系统中，社会公共安全协同主体间的信任关系、协同政策的制定过程、协同信息沟通等，都表现出明显的交互作用。缺乏要素间的互动性，社会公共安全协同系统将无法运转，社会公共安全供给的实际效果也难以保证。

（四）主导性

社会公共安全协同供给的主导性表现在：一是以政府为核心的公共部门

在社会公共安全供给过程中，承担主导性角色，以不断的能量或资源输入的方式促成协同子系统间的相互作用；二是社会公共安全供给主体间协同运作产生序参量，而序参量又主导着整个系统的运作，促使各要素在整体发展中协调、统一，促成系统进入新的有序状态。

三、社会公共安全协同供给的基本原理：支配、涨落与协同效应

由于社会公共安全问题的抽象性和复杂性，将协同学理论运用于社会公共安全协同供给，面临着巨大挑战。但就总体而言，社会公共安全协同供给过程的实质符合协同学的一般性科学原理，具体包括以下几方面：

（一）社会公共安全协同供给的序参量与支配原理

序参量是协同学最为核心的概念。哈肯曾形象地比喻："序参量好似一个木偶戏的牵线人，他让木偶们跳起舞来，而木偶们反过来也对他产生影响，制约他。"[①] 序参量的大小标志着系统的有序程度。对于社会公共安全供给的复杂系统，一般而言，从动态来看，序参量不止一个，且会不断变化。但在一段时间内，有一个慢弛豫变量——序参量起主导作用，支配其他快弛豫变量，但不久以后，他又失去主导地位，让位于其他序参量，这一状态不断出现，且无规律。

对社会公共安全协同供给的研究，是要在社会公共安全协同供给过程中，找到对整个社会公共安全状况的发展变化起支配作用或主导作用的序参量。这种序参量是宏观参量，是社会公共安全体系的各子系统协同作用的结果，同时也支配着各子系统的行为。由于社会领域协同现象的复杂性，序参量不止一个且不断变化，应该找到各种可能成为序参量的因素，进行分析，从而对社会公共安全良性协同供给。社会公共安全协同供给序参量的影响因素包括：社会公共安全协同权责体系与组织架构；社会公共安全协同供给的

① ［德］赫尔曼·哈肯．协同学——大自然的奥秘．凌复华译．上海译文出版社，2005：8.

政策体系；社会协同文化的形成；社会公共安全协同供给的信息化发展等。

用数学表达式来分析，假设社会公共安全供给系统中由四个子系统组成，分别用$F(1)$、$F(2)$、$F(3)$和$F(4)$表示，由于上述影响因素的影响与限制，四个子系统的变化用以下公式表示：

$$F(1)=48(e)(-7t)$$

$$F(2)=2(e)(-80t)$$

$$F(3)=60(e)(-2t)$$

$$F(4)=42(e)(-9t)$$

按照时间的变化，以上四个子系统的综合表现就是协同。而随时间变化，各子系统的衰减不一，$F(1)$、$F(2)$、$F(3)$和$F(4)$所反映出来的系统状况的变量即是系统的序参量，$F(3)$衰减最慢，可以预测，其对系统变化起主导作用。而这些变项系数，如48、2、60、42和–7、–80、–2和–9，则是控制变量，对序参量有导向作用。

从协同学的支配原理出发，在社会公共安全协同供给中，要认识其中的慢弛豫变量和快弛豫变量,从而掌握社会公共安全协同供给中的关键之所在。在特定的社会公共安全事件中，要使社会体系由无序转为有序，或从一种有序转为更为复杂的有序过程，必须从对序参量的分析出发，通过适当的能量输入实现子系统对序参量的伺服，进而实现整个系统自发的组织，实现社会公共安全发展的主方向的控制。

（二）社会公共安全协同供给的涨落原理

社会公共安全系统的涨落，是由于外部偶发案件、非正常事件、社会利益矛盾与冲突等产生的环境变化或内部子系统运动产生的社会体系局部剧变，使社会公共安全系统宏观瞬间值偏离正常平均值，表现为社会公共安全系统离开稳定态，产生危机。在这种情况下，可能出现两种状况：当涨落状态出现而得不到其他社会公共安全要素的响应,这种偏离状况会衰减得很快，使系统重新回到类似于原来的稳定状态；相反，当涨落状态出现迅速得到其他社会公共安全要素的响应，使系统的这种非稳定状态进一步激化，推动系统迈向新的有序状态。从协同学的理论出发，无论是上述哪种状况，这种社会公共安全系统的涨落都会干扰或破坏原来的社会平衡和结构的整体稳定与发展，使社会系统结构趋向相对无序化。但是当涨落与系统的整体驱动力相结合，可以迈向新的更高层面的有序与稳定。

以群体性事件为例，近年来中国群体性事件呈现多发态势，群体性事件的诱因多样，如征地拆迁问题、环境污染问题、因劳资纠纷、医患纠纷、交通事故、非正常死亡问题引发的矛盾、经济领域问题、民族宗教领域的不稳定因素等。这些因素导致偶发的外部环境的变化使社会公共安全体系偏离正常平衡状态，此时，如果这一偶发涨落得不到其他要素，如同类社会利益群体、社会舆论、社会资源等的响应，可能会在短时间内衰减，从而不易产生社会公共安全失序状态；如果这一偶发涨落得到了上述要素的响应，则可能在短时间内使非平衡状态进一步激化，形成群体性事件。根据协同学的涨落原理，面对这一局面，不能简单地将群体性事件看成“洪水猛兽”，在合理合法处置的基础上，也应该认识到，这是社会公共安全体系涨落的必然现象，从而分析其产生的深层次社会因素和背景，通过总结应对这一涨落过程中的经验与教训，完善常态化的社会公共安全供给体系，使社会公共安全体系进

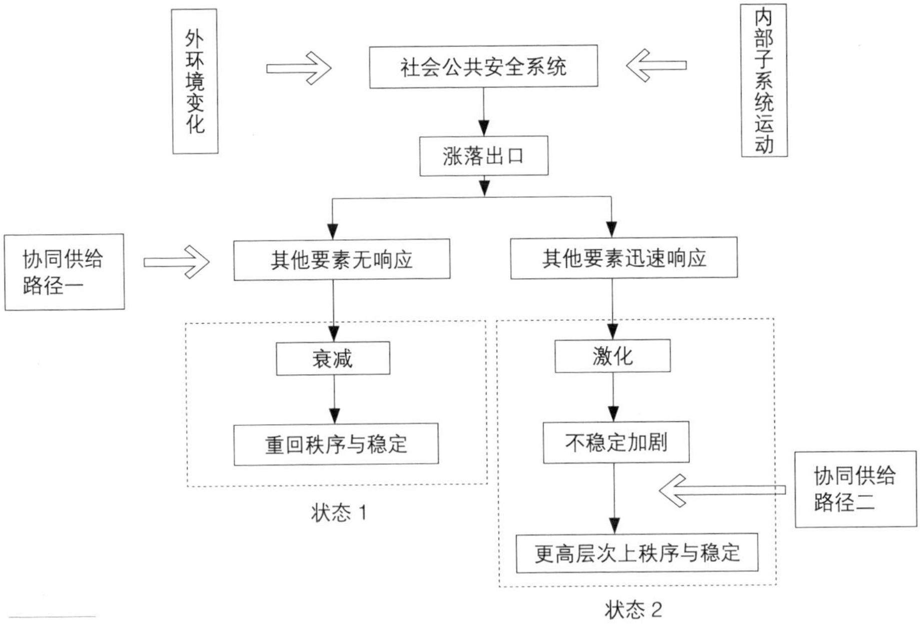

图3－2　社会公共安全协同供给的涨落原理

入更高层面的有序和稳定。

如图 3–2 所示，在上述社会公共安全系统的涨落过程中，通过社会公共安全协同供给实现社会秩序与稳定的路径主要集中于两个方面，一是通过全社会协同实现对其他要素的风险监测、控制和管理，进而促使涨落向图中的状态 1 发展；二是图中在状态 2 出现后，通过对危机的应急处置和社会资源的投入实现稳定。以往我们对社会公共安全的管理路径主要集中于第二种方式，从协同学涨落原理分析，相对而言，第一条路径才是资源投入更少、风险更小、社会效益更高的社会公共安全协同供给路径。

（三）社会公共安全协同供给的协同互动与功能倍增原理

社会公共安全供给的协同互动与功能倍增的实现主要包括以下三个方面：

一是社会公共安全供给系统各要素功能互补产生的整体供给能力的提升。首先，在社会公共安全供给系统中的一些要素，如政府能力，包括决策力、资源配置与整合力、政策供给力、执行力等，对整个系统起着至关重要的作用。相对于其他要素而言，对这些要素的建设投入产生的功能改善会对整个系统产生重大影响，也会影响其他要素功能的实现，从而产生整体供给能力提升。其次，正确分析现存社会公共安全供给系统中各要素的发展现状，对社会公共安全供给系统中相对薄弱的要素加以重视也会产生整体效应。一些要素，如社会自治能力、社会信任度等的相对薄弱，会制约整个系统作用的发挥。对这些要素的关注和改善也会使整体供给能力显著提升。最后，社会公共安全供给系统各要素功能有其各自的优势与劣势，如果相互补充，取长补短，形成整体合力，也会实现整体供给能力的提升。

二是社会公共安全供给系统耦合产生的整体功能放大效应。社会公共安全供给系统的耦合，是指通过协同供给减少社会公共安全系统的各要素、各子系统间的摩擦和内耗，通过机制创新缓和其利益矛盾冲突，实现一致行动和共赢效果，如公共部门各机构在社会公共安全领域的政策整合防止多头管理产生的资源浪费；信息系统兼容可以实现网络化互动；跨部门跨区域人员轮岗交流有利于加深相互信任与理解；基于全局视角的绩效评估可以防止狭

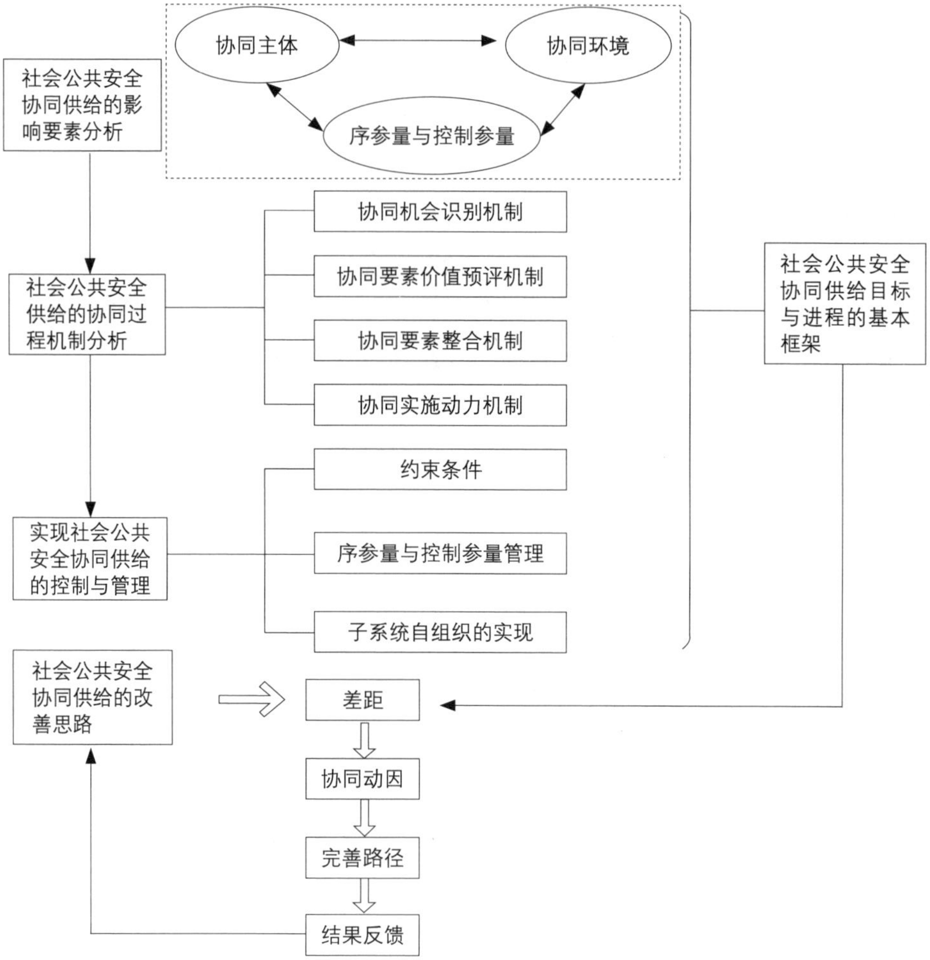

图3－3　社会公共安全协同供给分析框架

隘的部门利益观的产生，这些都可减少冲突与矛盾带来的资源损耗，实现社会公共安全供给系统整体功能的放大。

三是社会公共安全供给系统的主体间充分互动产生的整体社会和谐效应。社会公共安全供给系统的根本要素在于社会体系中的人及其组成的群体。协同供给的要义在于社会公共安全供给系统中各子系统的充分互动，特别是供给主体的充分互动，其哲学基础是后现代的建构主义。《剑桥哲学词典》对社会建构进行了如下界定，“社会建构论，它虽有不同形式，但一个共性的观点是，某些领域的知识是我们的社会实践和社会制度的产物，或者相关的社会群体互动和协商的结果”[①]。而社会建构主义强调非确定性的（非因果联系的）辩证的可能性，在这种途径下，目标、设计或问题解决方案转化为合法性的集体行动，其基础就是要求参与者分享思想观念和彼此体验。[②]社会公共安全供给只有在多元主体间充分互动基础上，通过协商、互助、谈判等方式，了解各自的立场与主张，化解可能存在的误解、不信任甚至敌视，在沟通中形成并不断调适、优化以实现社会公共安全为目标的集体行动策略，才能产生整体社会和谐。

四、社会公共安全协同供给的分析框架

社会公共安全协同供给分析的框架结构和研究逻辑如图 3-3 所示，包括四部分，依次分别为：社会公共安全协同供给的影响要素分析、社会公共安全供给的协同过程机制分析、实现社会公共安全协同供给的控制与管理、社会公共安全协同供给的改善思路。

（一）社会公共安全协同供给的影响要素分析

从协同学出发，社会公共安全协同供给影响要素主要从以下三方面展开：一是社会公共安全协同供给的主体，这是社会公共安全协同供给中“人”的要素，也是社会公共安全协同供给中的核心要素；二是社会公共安全协同供给的序参量与控制参量分析，这是社会公共安全协同供给中的“技术”要素，也是社会公共安全协同供给中的关键要素；三是社会公共安全协同供给的外部环境分析，这是社会公共安全协同供给中的“环境”要素。这三类要素的科学分析是社会公共安全协同供给的分析基础。

① Audi，Robert（ed.），The Cambridge Dictionary of Philosophy，Cambridge，Cambridge University Press，p.855.

② ［美］全钟燮．公共行政的社会构建．孙柏瑛译．北京大学出版社，2008：39.

（二）社会公共安全供给的协同过程机制分析

社会公共安全供给的协同过程机制是研究社会公共安全协同供给过程中的动态机制，从时间序列出发，社会公共安全供给的协同过程机制，首先是协同机会识别机制，在协同学分析中，协同机会一般出现在社会转型与变革期，社会公共安全形势处于“临界点”或不稳定状态下，以期通过协同供给寻求社会公共安全领域有序和稳定状态的实现。其次是协同要素价值预评机制，要对协同要素进行现有社会状态、宏观环境与工作环境下的现在状态、权重对比、变化趋势等进行科学化评估。需要说明的是，由于社会公共安全供给处于社会的复杂系统中，对其要素的评估不可能进行精确量化分析，但可以进行大体模糊评价，作为下一步要素整合的依据。再次是协同要素整合机制。社会公共安全供给的协同要素整合需要建立在充分信息沟通与社会协商的基础之上。作为公共部门应起到重要的引导与调控作用，但不能代替社会参与。最后是协同实施动力机制。在协同要素整合基础上，需要公共部门发出协同信号以促发协同的产生，并通过持续的能量输入保障和维护协同的自组织进程的顺利进行。

（三）实现社会公共安全协同供给的控制与管理

在社会公共安全协同供给过程中，为了使社会公共安全协同供给按照既定的目标顺利展开，需要对协同供给进行管理和控制。首先要找到社会公共安全协同供给的约束条件。在现实社会公共安全供给过程中，由于社会经济发展水平、社会文化、社会管理体制等多方面因素的限制，社会公共安全协同供给会遭遇多重挑战，对这些约束条件的分析有利于更深刻认识协同供给的社会现实条件与环境，在现在条件下最大限度地发挥协同功效。其次要加强对序参量与控制参量的管理。在社会公共安全供给体系中，序参量与控制参量本身会对供给结果产生至关重要的影响，把握序参量与控制参量的变化规律，特别是其处于“临界点”附近时，因势利导地发展或限制其相应的变化，有利于对整个社会公共安全发展趋势的预测和有效应对。最后是促进社会公共安全供给子系统自组织的实现。在社会公共安全领域，以人力、结构、信息、关系等为代表的社会公共安全供给子系统本身处于无序状态，通过协同论的运用，可以努力促使其相互协调配合，减少内耗与损失。虽然其子系统多处于“被组织”而非自组织状态，自组织状态的实现也极为困难，但从协同学规律出发找到其运行的动力机制，进而探讨其不同类型的运行机制，有利于寻找在一定程度上促使其向自组织方向发展之路。

（四）社会公共安全协同供给的改善思路

整合上述三个方面的分析，即形成对社会公共安全协同供给的目标与进程的基本框架性认识，将这一理论分析应用于实践。以中国为例，在对中国现实社会公共安全体系和供给状况分析，特别是对所涉及的各种要素与影响因素进行梳理的基础上，找出与理想协同状态的差距和不足，即形成中国社会公共安全供给协同的动因。由此进一步分析思考，通过协同完善社会公共安全供给的路径，并不断通过协同结果反馈形成社会公共安全协同供给的良性循环。

五、社会公共安全协同供给的运行模型

作为源自自然科学的理论，协同学在自然界有许多充分例证。这里列举两种自然科学领域的协同实例，以期对探索社会公共安全协同供给的运行模型有所启示。

实例一：蜥蜴断尾再生机制

蜥蜴断尾再生现象是长期自然选择的适应结果，这一过程在一定程度上体现了协同学原理。蜥蜴在遇到外界刺激，如拉、挤、压等时，尾部会自然断落。“胎生蜥蜴的断尾多发生在尾基部两个鳞片之间。断尾后，先是在残尾创面由组织液和血液凝结封闭伤口，然后是最后一节鳞片延长并向内凹，使之包住整个创口面……愈合几天后，伤口长出黑色的芽基，芽基生长早期呈黑色，并有金属光泽，芽基生长后期开始蜕皮，颜色灰白，最后长出

鳞片。”[①]可见，这种再生机制是遵循身体自身的一定指令与程序进行的。“芽基生长的早期，再生尾内并无再生椎骨，生长后期逐渐出现软骨管，次年再生尾与原尾相差无几时，软骨管正式形成。”[②]在整个过程中，血液、表皮、骨骼等系统都有相应的修复再生作用。

实例二：伤口愈合的自组织原理

人体伤口的自然愈合过程是一个典型的自组织协同过程。人体一旦由于各种外力受伤出现伤口，这时在神经系统的控制与作用下，首先血小板凝聚伤口止血，即具有黏性的血小板附着在胶原蛋白上，以在破裂的血管上形成血栓。接着出现炎症反应，通过血管舒张，白细胞进入抵抗感染而导致血流减少，后转为巨噬细胞产生体液免疫和细胞免疫功能，阻止病毒和细菌入侵，其后，人体有创伤的指令由各种形式被人体检测到，伤口附近细胞开始有丝分裂，以自身DNA为模板和指令，生长出新细胞，严重的则是通过由新生的富于毛细血管的纤维结缔组织（即肉芽组织），代替伤口内的疤痕和碎片开始进行自我修复。最终伤口愈合。在这一过程中，一方面，巨噬细胞是整个伤口愈合的指导者和管理者，使伤口愈合在一个少污染或无污染的环境下进行；另一方面，胶原蛋白在优化伤口愈合中起重要作用，伤口内胶原蛋白的含量不断增加，使伤口强度也不断增加，促进肉芽组织的形成与生长，才能最终实现伤口愈合。

人体伤口自愈的协同过程的若干环节分析只是一个简约的运行过程，尚不足以构成协同学通用运行模型。由于协同学已经广泛运用于社会科学研究领域，为充分反映协同体系与外环境间的关系及人类社会协同的主观能动性，因此在归纳协同通用运行模型时，特别将外环境与主体要素列出。协同学把系统的有序称为自组织，子系统间的随机波动而导致系统宏观量的瞬时值偏离平均值的现象称为涨落；把影响系统有序的关键因素称为序参量。如图3–4所示，多元主体协同的运行经历以下六个阶段：

---

① 董丙君，赵文阁，刘志涛，刘鹏，陈辉．胎生蜥蜴断尾及再生研究．四川动物，2007（2）．

② 董丙君．蜥蜴断尾及再生研究．生物学通报，2009（1）．

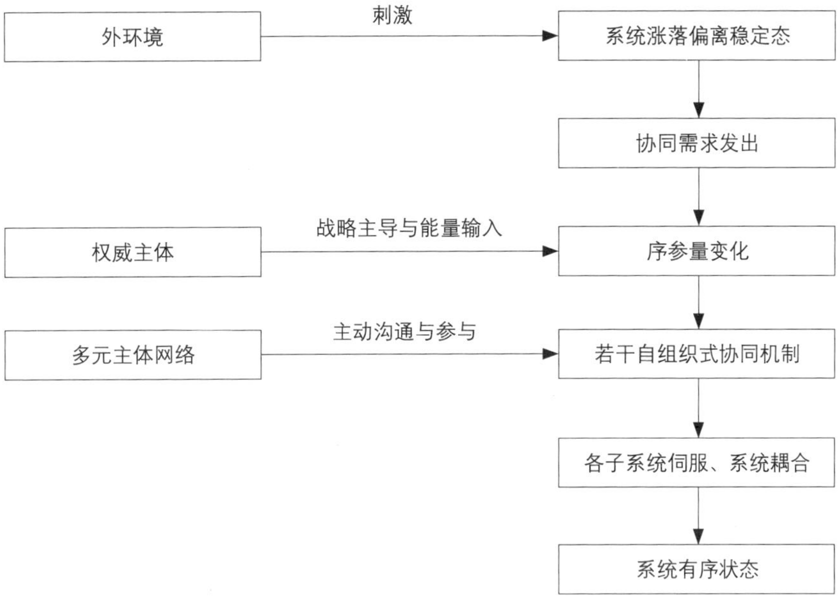

图 3-4　基于协同学的多元主体协同运行模型

第一阶段，是外环境刺激作用使系统某一或某些要素出现涨落，如果涨落迅速得到其他要素的响应，其结果是系统迅速偏离原先的稳定态，导致系统偏离稳定态出现无序，这类似于人体伤口的出现。

第二阶段，当系统涨落偏离稳定态后，系统自身通过外显或内生的方式发出协同需求，呈现出调动相关主体利用可能的资源应对偏离稳定态的失序状态的急切形势或迫切愿望，这类似于人体伤口出现后神经系统产生的控制及相关作用。

第三阶段，系统失序出现会使与之相关的若干主体中的权威主体迅速做出反应，其主要行动是应急性修复。这种应急性修复过程可能由单一主体完成也可能需要多个主体共同参与，所有参与都是在权威主体的战略主导和能量输入作用下实现。“在政治或经济决策中，常常只是一个小小的涨落，比如一个意外，就将最终决定事件的主要发展方向。”① 故权威主体所发挥的战略主导和能量输入作用十分关键。与此同时，类似于巨噬细胞的免疫功能，受无序状态直接影响的主体及其相关主体会即时做出保护性反应。应急性修复和免疫性保护主要是通过影响系统序参量实现协同作用并进一步推进协同向下一阶段运行。

第四阶段，在序参量影响下，多元主体主动沟通参与，共同构筑起协同网络。这一过程需要各主体在引导下的主动行为，才能形成一种或多种自组织式协同机制，类似于实例中围绕伤口愈合人体的各种功能作用。

第五阶段，协同机制的产生促进子系统对协同的伺服作用的实现，有利于协同互动与功能倍增，主要表现在三个方面：一是多元主体功能互补产生的整体供给能力的提升。二是系统耦合产生的整体功能放大效应。这里的系统的耦合，是指通过协同减少系统各要素、各子系统间的摩擦和内耗，通过机制创新实现共赢效果。三是多元主体间充分互动，不断调适，形成整体建构，实现整体和谐。这些都是一个相对长时间的自我修复过程。

第六阶段，自我修复逐渐完成，系统即逐渐向稳定态过渡，最终实现系统的有序状态。

以上述通用运行模型的分析为基础，笔者尝试分析在更为复杂社会公共安全领域中公共安全供给的协同运行，并对照协同学理论基础上的运行模型设计寻找我国当前社会公共安全供给协同的运行中存在的障碍。社会公共安全的协同体系包括主体及其相互关系的主体要素、其他要素（如物资、信息、制度等）和不同环节构成的“过程要素”三个方面。在社会公共安全领域中，协同的权威主体是以政府和公安机关为代表的公共部门，相关多元主体包括市场化私人组织、公益性社会组织、公民个人等，其主体间关系应是在具权威性的安全协同供给的战略主导者与能量输入者——政府的设计与组织下，与其他相关主体充分沟通互动，广泛动员自组织式合作，共同实现制度化协同。主体要素是协同的基础，公共安全主体间权责关系为安全协同的运行奠

① ［德］赫尔曼·哈肯．协同学：大自然构成的奥秘．凌复华译．上海译文出版社，2005：31.

定坚实基础。协同体系的其他要素包括物资基础、信息交流与信息化发展、组织结构与制度政策等,这类要素是协同的控制要素在协同过程中起到媒介、催化剂或保障的作用。由不同环节构成的"过程要素"则是公共安全协同运行的关键要素，它以动态方式整合另外两类要素，决定了协同过程的发展方向，并直接影响效同效应的实现。

社会公共安全协同供给的运行模型如图 3-5 所示。在社会公共安全协同供给中，外界环境刺激使社会个体或组织行为偏离正轨，威胁社会公共安全系统，引发社会公共安全失序状态。其所带来的安全常态的改变，也就是其影响或后果被社会各方觉察和认知，即标志着协同需求的发出。政府通过

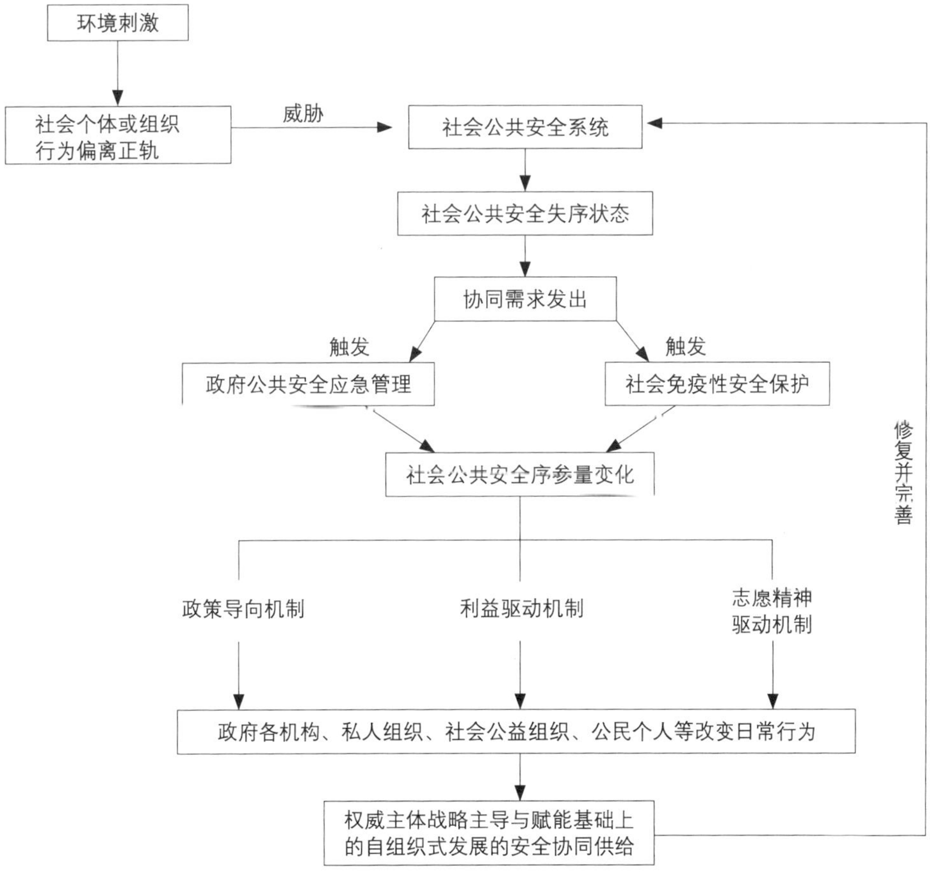

图 3-5　社会公共安全协同供给的运行模型

社会公共安全应急管理迅速进行反应，如以警察为代表的公共机构及其相关人员快速到场、现场处置、开展侦查等一系列活动即是其重要表现。另外，社会免疫性安全保护也立即展开，这主要表现为与受威胁的群体相关的社会组织或人员，如直接受安全常态改变影响的群体及其亲属、朋友、邻居等其社会关系网中的相关人员或组织开展自发行动，尽最大努力为受社会公共安全失序或危机威胁的群体提供可能的帮助，阻止危机的扩散或减少安全失序所带来的不良后果。然而，仅有以上应对行动只是安全协同供给的初期应急管理，上述行动要通过权力重置、政策措施、信息传递、行动倡导等途径影响社会公共安全序参量。社会公共安全序参量变化，通过激发政策导向机制、利益驱动机制或志愿精神驱动机制三种不同的协同机制，指示、引导、影响或激励社会中尚未关注危机或尚未因危机改变其行为的主体，如政府其他机构、私人组织、社会公益组织和公民个人等改变日常行为，实现权威主体战略主导与赋能基础上的自组织式发展的安全协同供给，最终通过全社会不懈努力修复并完善社会公共安全系统。

第四章

社会公共安全协同供给：影响要素之考察

第一节　社会公共安全协同供给主体及其权责体系

第二节　社会公共安全协同的序参量与控制参量：可能成为序参量之因素

第三节　社会公共安全协同的外环境

社会公共安全协同供给体系的复杂系统受到多维要素的影响。需要说明的是，由于社会生活的复杂性和社会科学领域研究的局限性，在对这些要素的考察中，尽管可以列举较为核心的要素，但不可能与自然科学相关研究一样穷尽所有要素。从严格意义上说，社会公共安全管理领域的所有管理要素都是社会公共安全协同供给的影响要素。这里重点从协同学的研究视角出发，分别从"人""技术"和"环境"来讨论其对社会公共安全协同供给的影响，从中也可了解协同供给与一般社会公共安全管理在理念上的重要差异。

第一节

社会公共安全协同供给主体及其权责体系

作为一种公共物品，按照新制度主义的划分，社会公共安全应与国防、社会治安等类似，是一种主要由国家与政府提供的公共物品。然而，由于现代社会公共安全形势日益复杂，且不确定因素激增，单纯由国家与政府单一类型的组织提供这种公共物品已不能适应日益增长的社会公共安全失序的挑战及多元化的社会公共安全需求，必须从现代治理理念出发，对社会公共安全供给的主体及其权责体系进行重新思考。

一、社会公共安全协同供给中的相关主体

现代治理理论认为，随着公民社会的兴起及民主化进程发展，社会治理主体逐渐转变。政府不再是社会中唯一的权力中心，公共事务管理与公共服务的提供需要依赖政府与公民社会的合作共治。这意味着现代公共管理由传统的政府这一单一主体的管理模式，转向由"政府—市场—社会"的三元划

分为基础的治理格局。与传统“统治”与“管理”相比，治理的内涵更为丰富，其中既包括政府体制，也包括非政府与非正式制度与机制。罗茨（R.Rhodes）概括了“治理”的四个基本特征：（1）组织之间的相互依存。治理比政府管理范围更广，包括非国家的行为者。改变国家的边界意味着公共的、私人的以及自愿部门之间的界限变得灵活、模糊。（2）相互交换资源以及协商共同目的的需要导致网络成员之间的持续互动。（3）游戏式的互动以信任为基础，由网络参与者协商和同意的游戏规则来调节。（4）保持一定程度的相对于国家的自主性，网络不对国家负责，它们是自组织。①

管理协同设计了一种典型的边界模糊、持续互动的网络化自组织管理机制，从这个意义上说，协同论回应了治理理论的理念诉求，为治理的实现提供了科学化路径。管理协同为市场与社会主体参与社会公共安全供给提供了强有力的理论基础，从根本意义上说，社会公共安全的供给需要依靠全社会力量，只有在社会多元主体的协同合作背景下，才能真正实现社会公共安全的良性供给。社会公共安全协同供给的主体分为公权力型、市场化、公益性和综合型四种类型。

（一）公权力型社会公共安全供给主体

第一类是以公安机关为代表的社会公共安全公权力供给主体。这类社会公共安全供给主体是依托公共权力，以强制力实施为主要手段进行社会公共安全供给的公共部门及其工作人员，具体包括：公安机关、安全监管机构等。这类社会公共安全供给主体的优势在于权威的广泛性、合法的强制力和极强的动员能力。这类主体的权威建立在政府合法性基础之上，以国家强制力为后盾，其权力的行使对社会具有普遍约束力，可以在短时间内调动和整合各类社会资源满足安全需求，有利于提升执行力与行动效能。相对于其他主体，这类主体也有劣势：对这类主体权威的过分强调会造成政府规模的急剧膨胀，造成高昂的预算支出与社会成本透支；对这类主体权力滥用、权力寻租等若

① ［英］罗伯特·罗茨．新的治理 // 俞可平．治理与善治．社会科学文献出版社，2000：96.

缺乏有效监督，会导致公民及其他社会主体的合法权益受到侵犯；这类主体在社会公共安全协同供给中拥有相对权威的地位，一旦出现决策失误，可能会加剧社会公共安全失序，甚至给社会造成毁灭性后果。

在社会公共安全协同供给体系中，公权力型社会公共安全供给的主体，应是社会公共安全协同供给的战略主导者与能量输入者。在这类主体中，警方已成为日益扩展的安全治理网络的中心，而跨越组织边界的决策者应成为社会公共安全的决定因素。其功能定位具体应着眼于以下几方面：塑造科学安全观与维稳观，为社会秩序与社会稳定奠定信任与信念基础；建立社会公共安全协同供给的组织机构，为社会公共安全协同供给提供现实平台；建立健全社会公共安全法律、法规体系，实现对社会公共安全供给的有效规制；制定社会公共安全协同供给的相关激励政策，并为其提供所需的物质与制度保障；建立与完善社会公共安全供给的信息网络与平台，促进社会公共安全信息收集、综合研判、反馈等一系列流程体系的形成。

（二）市场化社会公共安全供给主体

第二类是以保安组织为代表的市场化社会公共安全供给主体。这类主体包括市场体系中一切以营利为目的提供社会公共安全服务的组织，如经营性保镖与保安公司、小区物业管理公司、安全设施生产制造企业、安全技术开发公司等。这类主体以营利为目的，生产、提供社会公共安全产品与服务，而政府、社会组织或个人以采购、购买、付费等方式实现社会公共安全产品与服务的供给。这类社会公共安全供给主体的优势在于，其所提供的社会公共安全产品与服务具有灵活性和有效性。在市场环境和经济利益的刺激下，这类主体所提供的社会公共安全产品与服务更贴近社会公共安全需求，且注重成本—收益分析，灵活多变，更具精细化和高质量。这类主体的劣势包括：在社会公共安全产品与服务供给过程中，由于市场主体的逐利性特征，会造成因社会主体贫富不均引起的社会安全供给不公的现象；由于信息不对称和社会责任感的缺失等原因，这类主体所提供的公共产品与服务，特别是对于技术性较强的社会公共安全产品和服务，可能存在安全缺陷而不易被发现，这样会造成更严重的社会公共安全隐患；由于利益驱动，这类主体所提供的社会公共安全产品与服务往往只针对利润丰厚的领域或目标群体，对于大量无法获利或利润低的社会公共安全领域和服务对象，这类主体往往不愿涉足提供安全服务，造成社会覆盖面不足。

在社会公共安全协同供给体系中，市场化社会公共安全供给主体是重要新生力量，其作用日益增强。这类主体丰富了社会公共安全供给的内容，成为社会公共安全供给的“质量标杆”与创新的源泉。“私人保安业在维护私人场所（一般为公司）内社会秩序的同时，对国家宣称对秩序垄断的概念也形成了挑战。”① 可见，公权力型社会公共安全供给主体由社会公共安全供给的主导力量，变为众多社会公共安全供给主体中的一员，发挥引领、指挥与能量提供的作用。而市场化社会公共安全供给主体所提供的安全产品与服务，也日益从“奢侈品”变为“大众消费品”。这类主体作用的提升，反映了公众对社会公共安全这一公共物品数量与质量需求的不断提高。随着这类社会公共安全供给主体服务场所与对象范围逐步扩大，私人场域（如在家）、地方范围场域（如住宅小区、公司等）与公共生活场域（如城市购物中心等）更密切地联系起来，开拓了用商业性服务的方式降低公众与企业不安全感的路径，其结果是通过场所与个体“各个击破”的方式，缓解了公权力社会公共安全供给主体在社会公共安全供给过程中所面临的社会重压。

（三）公益性社会公共安全供给主体

第三类是以志愿巡逻队为代表的公益性社会公共安全供给主体。这类主体是社会体系中介于公权力型与市场化社会公共安全供给主体之间，以公益性、自发性、不以营利为目的为基本特征的，维护社会治安，提供社会公共安全服务的非政府的组织及个人，如社区志愿巡逻队、安全志愿宣传员、慈善互助组织等。这类主体通常是民间的合法非营利性组织，其社会公共安全供给往往具有一定独立性、自治性和自愿性。这类主体的优势在于，贴近民众，具有良好的回应性与信誉度。基于这类主体源于社会公众群体的“草根”

① ［英］Alison Wakefield. 社会发展与警务变革——公共领域的社会化警务 . 郭太生，等译 . 中国人民公安大学出版社，2009：5.

性与发扬公益精神的道德感染力，其具有天然的“亲民”色彩，观念、主张与行为易获得社会信任、认同与支持，对社会伦理道德体系的建设性作用有助于形成社会公共安全的软性供给力量。此外，这类主体与公众生活关系密切，也使其可以第一时间发现和关注社会公共安全体系外环境的细微变化，并及时调整工作方法和行动计划，以积极应对可能面临的挑战。这类主体的劣势在于，由于其自身在资金、人才、权力等方面资源的局限性，其社会公共安全产品与服务供给只能以分散的形式在小范围展开，可能造成社会公共安全需求与供给不平衡状况的出现。故从整体而言，公益性社会公共安全供给主体如果得不到良好的引导、组织和规范，其优势发挥易受阻，甚至可能加剧人们的心理失衡，带来社会公共安全领域的新隐患。

在社会公共安全协同供给体系中，公益性社会公共安全供给主体，既是公权力型与市场化两类社会公共安全供给主体间的桥梁，也是社会公共安全供给的重要补充。公权力型主体不仅只能提供单一化的社会公共安全产品和服务，且这种单一化产品和服务会因缺乏监督而走向极端，影响对社会秩序与社会治安维护的公平性与有效性；市场化主体虽然能满足人们对社会公共安全的多元和个性化需求，却只能满足部分公众的需求，其范围与力度受到局限。鉴于社会公共安全这种公共物品的特殊性，其内在的价值冲突与社会利益矛盾更多需要公益性社会公共安全供给主体的部分或完全介入，发挥“催化剂”作用，产生功能倍增效应，与其他类型主体共同完成社会公共安全供给。

（四）综合型社会公共安全供给主体

综合型社会公共安全供给主体，不具备公权力型、市场化和公益性社会公共安全供给主体中某一类供给主体的明显特征，因条件、环境的不同，一方面可能是在不同类型的社会公共安全供给主体的角色间变换的主体，另一方面则可能是由不同类型社会公共安全供给主体共同构成的综合作用的主体。较有代表性的综合型社会公共安全供给主体分为两种：一是以辅警队伍为代表的辅助警力。辅警在社会公共安全供给过程中，依托公权力背景，但并不具有法定的社会公共安全执法权，因此并非完全意义上的公权力型主体；其获得一定的工资报酬，但其社会公共安全供给行为并非以营利为目的，故不是完全市场化主体；其社会公共安全供给过程中的行为可能有自发的色彩，或受社会伦理道德体系支配，因此也带有公益性社会公共安全供给主体的一些特征。由此，将其归为综合型社会公共安全供给主体。二是第三方社会公共安全监督或评估组织。第三方社会公共安全监督或评估机构可能由公权力型、市场化或公益性社会公共安全供给主体多方共同组成，针对特定社会公共安全问题或社会公共安全项目展开工作。在其社会公共安全供给过程中，受到公权力、市场力量和社会志愿精神的共同影响，故成为综合型社会公共安全供给主体。

综合型社会公共安全供给主体在社会公共安全供给中的优势是，这类主体的行为更具灵活性，有更为宽松的自由裁量权，可以根据不同的安全情境选择适当的行动方式与路径。其劣势在于，这类主体会缺乏较为明确的规范性制约力量，导致对其社会公共安全供给过程的程序性规范不足，会影响其在社会公共安全行动的效力与效能，此外，对其社会公共安全供给行为过程的监督也较为困难。

二、社会公共安全协同供给中的授权与自治

面对非传统的社会公共安全环境，以“治理”为核心的社会公共安全管理要改变传统的单纯以实现秩序与正义为核心的强制性或管制性活动为主的模式，实现有意识的设计、激活社会公共安全供给网络的模式。在社会公共安全协同供给网络中，不同主体间权力的配置关系十分重要，是实现社会公共安全良性供给的基础。

（一）社会公共安全协同供给主体间授权：由契约授权转向赋能授权

从政治结构和法律体系的视角，“权力”（power）是与“权利”（rights）相对应的概念。从政治授权角度上说，人类历史上经历了古希腊时期的直接授权—封建社会的超意志力量授权—代议制基础上的间接授权等若干阶段。这种代议制间接授权在公共部门内部及公共部门与其他社会组织之间普遍蔓

延，其实质是契约授权。这种契约授权是建立在“委托—代理”关系为契约精神的基础之上，并形成以法律、法规制度为主要形式，以行政职权来源机关的同意和许可为前提的权力授予及其产生的权利与义务关系。

当今风险社会背景下，人们对个体或所在群体的权利行使的范围、方式、结果等产生不确定感和不安全感的程度加深，形成一种焦虑的心理状态，这种心理状态的蔓延和发展带来的结果是利益冲突和由此引发的社会冲突。从更深层次上说，这种社会冲突往往透视着公共权力与个人自治之间的紧张与矛盾。“当代政治学研究的热点愈来愈由国家的研究扩展到对社会的研究，由政治权力的研究扩展到对社会权力的研究，由政治制度研究扩展到对社会资本的研究”[①]。随着世界范围内民主化进程的发展和全球范围内的“社团革命”的悄然兴起，公共管理兴起的实质是将对公共事务研究的焦点由“政府”转向“社会”，治理理论呈现出的是多中心复合授权的愿景。在社会公共安全供给中，良好的权力配置关系的建立和适当授权的必要性体现在以下三方面：

1. 社会公共安全供给中的授权是完成安全目标与责任的基础。社会公共安全供给不足易引发一系列的灾难性后果，故在安全供给中权责一致显得尤为重要，应作为授权的前提。

2. 授权是实现对基层工作人员的激励和能力开发的重要途径。社会公共安全不同于一般公共物品，其主要供给者处于基层一线，且供给的效果有赖于与社会互动的结果。适当授权可以扩大基层工作人员对社会公共安全供给工具的选择面，增强其信心与积极性，锻炼其更全面的群众工作能力。

3. 授权是增强相关主体对社会公共危机应变能力的基础性条件。风险社会情境下社会公共安全管理环境多变，要求社会公共安全供给组织系统及其人员有更强的适应性与应变能力，而其基础性条件是在法律、法规允许的范围内适当扩大其危机处置的自主权与自由裁量权。

就社会公共安全供给中的授权而言，应从单纯契约授权向更具灵活性的契约授权与赋能授权相结合的方式转变。契约授权因其规范性、专门化、稳

① 祝灵君．政治授权：理论与实践．政治学研究，2005（2）．

定性和可预见性更易被公共部门所接受，但在管理实践中，也易出现刻板、过度控制、适应性等方面的问题。管理学中赋能授权（也称灌能）的理论源于对企业中管理方式的研究，是指改变“命令—控制”式的管理方式，通过以结果为导向的权力下放，赋予员工额外的权利参与决策，以消除妨碍工作的种种障碍。这种赋能授权的目的是通过有计划的、逐步推进的指导，使员工逐渐减少对管理者依赖而独立完成任务，并在这一过程中产生相应的使命感与成就感。在社会公共安全供给体系中，赋能授权的实质是使社会公共安全供给主体，特别是最基层的公共安全供给组织及其人员有按照社会公共安全需求自主组合团队式安全服务的可能性。作为社会公共安全最核心主体的政府，其在社会公共安全供给中的主要作用应是多类型社会公共安全供给的设计者与组织者，并在供给过程中提供持续稳定的资源与能量，并不断更新管理理念。通过制度与政策支持机制，在互动中使多元而广泛的社会公共安全供给主体参与到安全决策与管理，并在这一过程中提升各自的安全供给使命感与安全供给实践能力，进而达到全社会范围内协同供给的目的。

（二）基于赋能授权的社会公共安全供给网络类型

美国学者斯蒂芬·戈德史密斯与威廉·D. 埃格斯将政府所使用的网络类型分为六种，分别为服务合同（政府利用契约条款作为组织的工具）、供应链（为政府递送一项复杂的产品）、专门类型（因为一种特殊的情境而激活一个网络）、渠道性伙伴关系（公司和非营利组织以相同的方式代表政府进行交易）、信息传播（政府与拥有网络等资源的非营利和营利组织结成伙伴关系，以使信息尽可能传播得更远）、联结交换台（政府利用其更宽阔的视野联结不同的组织，产生重要的公共成果）。[①] 这六种网络类型政府的参与程度的差别如图 4-1 所示。[②]

---

① [美]斯蒂芬·戈德史密斯，威廉·D. 埃格斯. 网络化治理——公共部门的新形态. 孙迎春译. 北京大学出版社，2008：62-64.

② [美]斯蒂芬·戈德史密斯，威廉·D. 埃格斯. 网络化治理——公共部门的新形态. 孙迎春译. 北京大学出版社，2008：64.

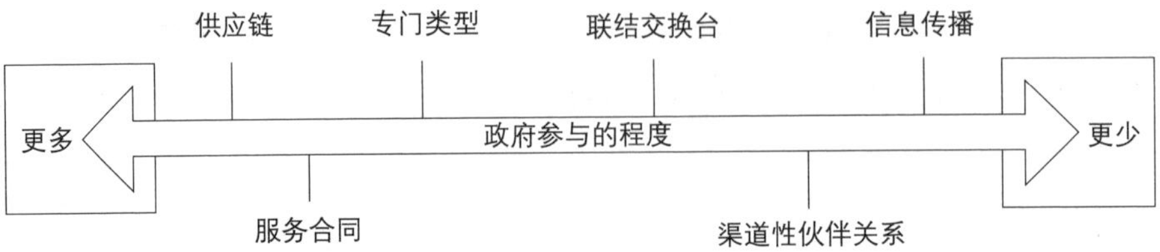

图4 －1　公私网络类型

基于赋能授权的理论构想，社会公共安全供给网络可划分为以下三种类型：

一是危机处置式安全供给。这类供给网络的特点是应急性。这类社会公共安全供给通常适用于紧急情境下，如发生群体性事件、网络舆论危机、接连发生重大恶性刑事案件等。这类供给应有预设专门网络，如由公安机关、武警部队、基层政府、社区自治组织、相关利益群体公众组成的网络，由公权力型供给主体在特殊情境下激活网络，启动应急预案，并进行全程跟踪指挥，掌控局面。这种网络类型中，公权力型社会公共安全供给主体完全占据主导地位，其他类型社会公共安全供给主体在可能的情况下参与网络，并服从公权力型主体的指挥和调配。

二是合同式安全供给，即公权力型社会公共安全供给主体作为社会公共安全产品和服务的供给者却非生产者，社会公共安全产品和服务，如复杂的安全技防产品、个性化安全服务等，主要由市场型和公益性社会公共安全供给主体生产，并通过与政府签订购买合同、合作协议、责任书等契约方式明确社会公共安全产品与服务领域的权责关系。公权力型供给主体提供产品与服务生产所需要的制度性支持，为生产者的有创造性和灵活性的实践活动提供良好环境，共同实现社会公共安全供给。

三是委托式安全供给，即公权力型社会公共安全供给主体通过信息化渠道或直面公众的社会工作者，将一些非管制性社会公共安全供给委托其他主体供给，如通过社区进行互助式邻里守望、社区志愿者安全宣传、与商业性信息系统建立伙伴关系进行社会公共安全数据的收集和研判、建立社会矛盾纠纷网上调处机制等。这类安全供给的特点是公权力型社会公共安全供给主体只搭建平台和日常维护，具体的供给实践由市场化与公益性社会公共安全供给主体借助计算机网络和社会自身网络完成，最终的供给结果既取决于公权力型主体的平台设计和组织的适当性，也取决于其他主体的安全供给积极性与能力，通过对供给的形式、渠道、方法等的不断探索与完善，构建和完善社会公共安全供给共同体。这三种类型安全供给中政府参与程度如图 4–2 所示，由高到低分别是危机处置式、合同式和委托式。

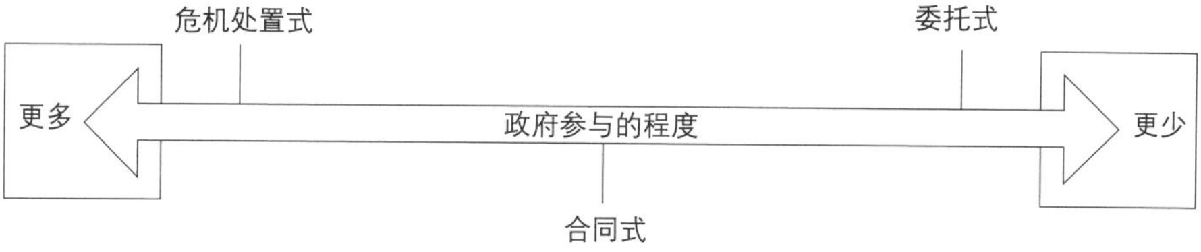

图4 －2　社会公共安全供给网络类型

（三）社会公共安全协同供给中的主体间关系与授权：以中国城市社区公共安全供给为例

社会公共安全协同供给中的权力体系十分复杂，以最基层的安全供给为例，根据《宪法》第 111 条第 1 款规定，居住在国内的公民，他们首先是其居住地中最小社会单元的成员，这些社会单元在城镇称为居民委员会。中国于2000年发布的《民政部关于在全国推进城市社区建设的意见》中指出，“目前城市社区的范围，一般是指经过社区体制改革后规模做了调整的居民委员会辖区”[①]。中国当前城市社区公共安全供给主体包括上级公共权力部门、执政党社区基层党支部、社区居委会、公安派出所、社区物业管理公司、社区群众性义务巡防队等，具体人员包括上级公共权力部门公务员、执政党社区基层党支部书记、社区居委会主任及其他工作人员、公安派出所所长、教导员及民警、辅警、物业管理公司经理及员工、社区治安积极分子等。从社会公共安全供给的主体间关系着眼，我国目前还属于传统的管控模式，即政

① 中共中央办公厅，国务院办公厅．民政部关于在全国推进城市社区建设的意见．[2013–07–02] .http：//zqs.mca.gov.cn/article/sqjs/zcwj/200912/20091200044439.shtml.

府垄断基础上的偶发型、分散型合作。

首先，从主体间结构上看，目前我国社会公共安全供给的主体间关系主要是管制式，即以政府为绝对主导，通过自上而下的社会公共安全决策、指挥与监督，发出指令要求其他相关主体配合以实现安全供给。具体来说，以社区为例，当前我国社区自治难以真正实现，其行政化导致社区选举形式化，社区居委会与社区工作站的“居站分离”及社区组织“议行分开”的改革尝试均未能摆脱社区行政化的困境。[①] 有学者实证研究表明：社区居委会的权力来源于国家，来自一部分居民对国家控制管理社区的认同和支持，而非居委会成员个人的能力和居民的授权。[②] 在涉及安全领域，其权力则主要来源于国家。我国当前社区公共安全供给体系中，政府及相关公共部门，特别是地方基层政府与公安机关处于绝对主导地位。我国当前城市社区公共安全供给中的主体间关系如图 4–3 所示。

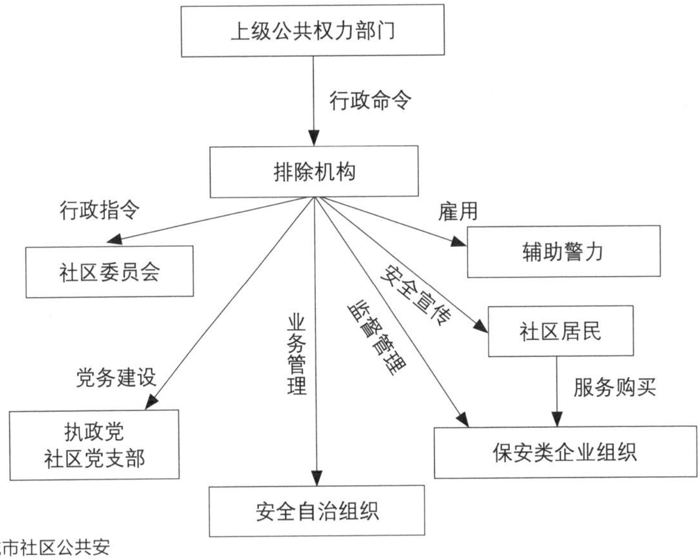

图4 －3　城市社区公共安全供给中的主体间关系体系

① 徐志国，马蕾．难以摆脱的行政化——城市社区自治改革的困境初探．云南行政学院学报，2013（6）．

② 郭圣莉．国家的社区权力结构：基于案例的比较分析．上海行政学院学报，2013（6）．

上级权力部门包括上级政府及公安机关、司法机构、安监部门等，其在社会公共安全供给中的职责主要是安全决策与指挥、安全资源供给等。具体由其派出机构（街道办事处综治部门、公安派出所等）实施，派出机构同时对执政党社区党支部与社区委员会进行安全领域发出指令，共同为社区居民提供社会公共安全服务。社区居民委员会是基层群众性自治组织，其自治权限与相关事项由《居民委员会组织法》加以细化。社区委员会理论上由社区居民选举产生，对安全自治组织进行业务指导，而执政党社区党支部承担对社区委员会及下设安全自治组织的政治思想建设工作。社区委员会与执政党社区党支部具体向社区居民进行安全宣传，对保安类企业进行监督管理。而以上社区委员会与党支部工作的实质都是组织实施上级权力部门及其派出机构的决策与管理,故本质上其管理行为是由上级权力机构及其派出机构发出，其社区安全主体间关系从总体上看是自上而下的管理模式，这一模式中可能出现偶发、分散的协作也都是建立在公权力主体绝对主导的前提之下。

其次，从政府角色上看，当前社会公共安全主体角色主要是科层制体系的延续，公共安全管理的相关资源主要为公权力垄断。由以政府及公安机关为代表的社会公共安全公权力供给主体作为安全供给的发起者、决策指挥者及资源控制与支配者，其在安全供给中处于绝对主导地位，其他类型的供给主体则主要是被动接受指令，不定期地适时参与安全供给。以社区公共安全供给主体为例，在我国，上级公共权力部门（上级政府及公安机关）、公安派出所、社区居委会等都是公共安全公权力供给主体，其中社区居委会比较特殊，虽然在组织性质上是群众性自治组织，但因组织传统、社区党支部的重要作用等因素，在实际运行中，特别是在公共安全领域，其只是安全指令的执行机构，而社区物业管理公司、安全技术产品生产商、社区群众性义务巡防队等其他类型主体则在安全供给中只起基于统一管理的被动支持辅助作用。

最后，从安全管理的赋权方式上看，我国当前安全供给是以契约授权为基础的“命令—控制”式赋权。从政治授权角度上说，人类历史上经历了古希腊时期的直接授权—封建社会的超意志力量授权—代议制基础上的间接授权等若干阶段。这种代议制间接授权在公共部门内部及公共部门与其他社会组织之间普遍蔓延，其实质是契约授权。这种契约授权是建立在“委托—代理”关系为基础的契约精神的基础之上，并形成以法律、法规制度为主要形式，以行政职权来源机关的同意和许可为前提的权力授予及其产生的权利与义务关系。与这种授权方式相对应，形成管理领域的“命令—控制”式管理方式，即按照既定的制度安排，其他相关主体在没有得到公权力主体的许可或指令的情况下，不能自发组织社会公共安全领域的行动，且即使获得许可或指令，其安全行动的全过程也要在公权力主体的完全监控下实施。

三、社会公共安全协同供给中的责任困境

从总体上说，社会公共安全具有纯公共产品的特征，但与国防等纯公共产品不同，由于社会公共安全的复杂性，不可能由政府大包大揽全部应对，现实社会公共安全协同供给中，涉及多类主体，其在社会公共安全供给中的目标、角色扮演与最终目标不同，在复杂的协同供给环境中，可能出现权责不一致、责任不到位、责任追究困难等责任困境。

对于社会公共安全协同供给中的责任体系构建，一般可遵循以下三条思路：

第一，按照韦伯所述的官僚制体系进行等级制权责安排。同一主体与机构的官僚制组织结构中，官僚的自主权受到限制，通过对上级指示或命令的执行和职权范围内的“自由裁量权”管理公共事务。这一过程在相当程度上体现了权力与责任的统一。然而这一思路用于不同类型的上下级主体协同中会出现权责不清晰与不一致的情况。在社会公共安全协同供给中，安全供给主体呈现多元化，且属于不同类型，对责任担当更加复杂，却常常无法明晰，特别是在社会公共安全业务上有上下级指导关系，却不属于同一类型的主体间，易出现有权无责、有责无权、权威缺失等情况。

第二，按照多主体与组织条件下的合同关系中进行责任承担形成的合同式责任安排。这种思路是按照法治化的轨道，通过有法律效力的合同签订明确协同供给中不同主体的权利与义务关系，由此明晰各方责任担当。这一思路用于社会公共安全供给中，即将公权力型社会公共安全供给主体与其他主

体间的基本关系视为委托代理关系，继而形成责任划分。然而在社会公共安全供给实践中，由于安全产品和服务性质的特殊性，公权力型社会公共安全供给主体与其他主体间的关系绕不开政治关系与行政关系，使“委托人”与“代理人”的身份难以明确，更无法形成真正意义上的“伙伴”关系，由此无法进行责任分配。

第三，按照自治性组织结构的特点形成的自愿性责任担当。这类组织本身结构的松散性特点决定了对其约束与控制的困难，其责任担当主要依靠其自身的使命感、社会责任感及道德约束。而在基层社会公共安全协同供给中，虽然自治性组织日益发挥重要的作用，但这种自愿性的责任担当显然无法满足社会公共安全领域严谨细致的权责体系的要求。

上述理论中的责任困境会在现实中遭遇更复杂的难题，以前文所示的中国城市社区社会公共安全权力体系为例进行分析，在现实社区公共安全协同供给中，在城市社区范围内具体表现在以下三个方面的责任困境。

（一）执政党社区基层党支部与社区委员会的权责困境

在中国城市社区公共安全权力体系中，公权力型社区安全供给主体中包括政府及公安机关、司法机构、武警部队、安监部门等多方面的协同行动者，由于其主要以派出机构为主体实施社区安全供给，即在执政党社区基层党支部与社区委员会之上，有多个协同行动者从多个角度对其进行安全领域的资源供给和业务指导,而这些行动者间却不是简单的二元链条或双层互动关系。执政党社区基层党支部与社区委员会既要服从上述主体的多重任务安排，又要为本社区向上述主体争取更多的资源。执政党社区基层党支部与社区委员会在承担大量社区公共安全供给的事务性工作的同时，却没有独立的权责能力，使其与物业管理公司、群众性安全自治组织等其他社区安全供给主体交互过程中，既不能完全作为公权力的代表，也不是完全的自治性组织，这种角色不清与地位尴尬易导致责任难题。

（二）聘用制辅助人员的公共安全责任承担

在作为社区公共服务供给主体的政府与公安机关派出机构中，通过聘用制的方式聘用辅助人员，从而实现更完善的社区服务供给，是解决公共部门在社区服务供给中人力资源不足的有效途径。但由于社区公共安全供给领域的特殊性，供给人员的工作往往会涉及执法、监管等行动，在这一过程中也可能遭遇责任困境。以公安派出所中的辅助警力为例，在中国，辅警无论在理论上还是法律上尚无“执法权”，其所拥有的协助警方完成各项任务的权力依据只来自普通公民权。而在现实中中国警力不足的困境又使辅警常常处于民警带领下参与执法，按民警的指令开展工作的状态。在实践中，民警“带领”的范围界定不清晰，参与执法的方式、限定条件、程序模糊，当由于辅助警力素质不高在辅助执法过程中造成不良后果时，其责任问题就很难认定。①

（三）群众性安全自治组织的自主性不足

在现实社区公共安全权力体系中，群众性安全自治组织，如社区义务巡防队、社区安全联络员、社区安全宣传队等虽然大量存在，且发展迅速，但就中国总体而言，这类组织的产生、管理等主要依靠公权力型社会公共安全供给主体的动员和组织，如依靠社区民警、社区委员会工作人员的宣传、发动与带领，并通过适当的管理方法激励其成员更积极地参与社区安全供给。这一状况决定了其自愿性责任担当中的使命感与社会责任感相对不足，组织运行的自主性也受到限制，其责任担当主要还是依靠公权力型安全供给组织，无法独立承担安全供给责任。

---

① 钱洁．创新社会管理中构建中国特色辅警队伍的探索．公安学刊，2012（2）．

第二节

社会公共安全协同的序参量与控制参量：可能成为序参量之因素

影响社会公共安全协同供给的是管理序参量，它是社会公共安全供给主体、客体、供给目标、供给环境等子系统协同运动的表征。由于社会公共安全协同体系的复杂性，在不同社会背景的协同系统中及同一系统的不同时间点，管理序参量不断发生变化。但总的来说，社会公共安全协同的序参量涉及公共服务质量与公民的社会融入状况两个领域。具体而言，依据管理的基本要素，从对协同产生影响的社会公共安全管理中的技术、组织、制度、文化等方面要素进行考察，可能成为社会公共安全协同供给的管理序参量的因素主要有：社会公共安全供给的信息化发展、社会公共安全协同权责体系与组织架构、社会公共安全协同供给的政策体系、社会协同文化的形成等。如果能较好地控制这些因素，就能促使社会公共安全协同供给系统向有序方向良性演进。

一、社会公共安全协同的信息化基础

社会公共安全信息收集与管理是实现社会公共安全协同供给的基础。随着现代信息技术的发展，使数据与信息的实时传输成为可能，以信息情报为导向的社会公共安全管理使人们对安全有了不同于以往的理解：传统被动反应式的社会公共安全维护已不能适应后现代风险社会环境下的社会控制需要，安全管理应把主要精力放在以社会公共安全情报收集与分析为基础的预防性主动调查式风险估计与预测上。由于社会各类信息的分散性，信息的收集、分析、研判不可能由单一机构实现，这需要政府、警察机构与社会其他部门的共同合作才能实现，与此同时，而信息技术有助于推倒组织之间的壁垒，实现跨组织的有效合作，故社会公共安全协同必须建立在全社会公共组织信息化建设与发展的基础之上。

（一）社会公共安全的全局战略建立在社会风险信息研判基础之上

21世纪是一个充满不确定的、信息丰富的时代，警方通过刑事司法信息开展日常的警务活动，但对社会公共安全的管理却有赖于对社会各种信息的收集与汇总，在此基础上进行社会风险信息研判。现代警务机构责无旁贷地在社会公共安全供给中占据主导地位，而信息机构对社会风险信息的掌控也是其他公共机构不可比拟与替代的，是社会公共安全信息的枢纽。“警察管理人员需要通过某些形式的流程或方法论来更为客观地规划工作重点和战略，更有序地管理他们手头的现有信息，并应用这些信息服务其行动战略决策。”[①]从全局战略思考社会公共安全供给，需要在不涉密情况下，建立对以数据信息共享为依托的社会治安局势、社会稳定状况的模型分析与预测，实现对犯罪的预防、对社会治安的驾驭和对社会稳定的维护。

（二）社会化信息采集是社会公共安全协同供给的重要保障

社会公共安全协同供给涉及公众个体、社会组织、公共与私营部门等不同主体的共同利益，也是通过常态化的管理实现犯罪预防和社会稳定的策略选择。社会公共安全信息的社会化采集，是指除警务机构外，各政府职能部门、社会公共组织、第三部门等共同承担与社会公共安全相关的信息收集、登记和汇总作用。目前在社会公共安全协同供给过程中，刑事司法信息、个人信用信息、行动信息（如车辆、交通工具等信息）、技术侦查信息、社会经济信息、网络安全信息等都是重要的社会公共安全信息，与社会公共安全相关的物理条件、社会环境、高危人群、社会心理等都是社会化信息采集的重点。

社会化信息采集是社会公共安全协同供给的重要保障，其原因主要是：首先，面对现代社会警情剧增和警力不足的现状，警务机构已无力单独承担

---

① ［英］杰瑞·莱特克里菲．情报主导警务．崔嵩译．中国人民公安大学出版社，2010：15.

日益复杂的安全信息采集任务；其次，社会公共安全信息日益呈现多样化的趋势，更广泛的社会化信息采集可以更好地设计和准确考量影响社会公共安全的变量，考察变量之间的相互关系，形成较为全面的社会公共安全预测分析体系；最后，社会化信息采集可以深入了解社会动态，广泛动员一切社会力量，实现社会公共安全协同供给，增强对社会安全构成威胁的要素的管控力。

（三）信息化平台建设直接影响社会公共安全协同供给的进程

区域社会公共安全信息共享系统的建立为一定区域内社会公共安全协同提供重要支持。该系统的建立需要技术层面的综合平台与数据库建设，减少“各自为政”的不同信息系统，提升现存不同部门、领域信息系统的兼容性，打破数据共享的技术障碍，使社会公共安全信息全面入网和共享。

美国计算机技术已全面进入警务执法活动，信息成为相关执法活动的“生命线”。在“9·11”恐怖袭击事件后，安全协同被提升到重要高度，全美警务战略与执法运作受此影响，信息共享中心与区域情报行动中心对掌握治安局势的规律和趋势，在提供满足用户需求的信息产品和预测分析中起重要作用，并以此为依托完善地方层次的安全政策、策略与行动。在中国，信息技术已成为引领各领域警务工作全面发展的龙头与支柱，警务信息平台已成为安全管理的根本依托。而社会公共安全协同供给的技术基础是以警务信息平台为中心，可延伸至各类社会公共安全信息的综合信息网络。信息网络平台建设状况直接影响到社会公共安全协同供给的进程。

二、社会公共安全协同组织架构

社会公共安全协同组织架构建立在对原先官僚制组织体系的突破基础之上，马克斯·韦伯的官僚制理论建立在理性化与合法化基础之上，是对以效率为核心与首要标准的组织结构及行为倾向的构想，其主要特征包括：合理的分工、层级节制的权力体系、依照规章办事的运作机制、形式正规的决策文书、组织管理的非人格化、适应工作需要的专业培训机制、合理合法的人事行政制度。[①] 但这种垂直式专业化的单向指挥系统会强化公众的非专业化，加深对公众的细节管制，因此这种组织结构在社会公共安全体系中可能遭遇大众的抗拒，进而增加对社会公共安全的威胁。

（一）网络化安全协同：突破官僚制管理范式的组织设计

社会公共安全协同网络化架构，是从自上而下的（甚至是准军事的）官僚制体制向更为发达而灵活的团队合作体制变迁的过程；是从大包大揽式的社会管控的安全格局向增强自主性与责任感的社会网络建设的过程；从处置性的集中力量被动应对向常态性主动预防式分散布控的网络化变革的过程。

如果仅将社会公共安全视为严肃的政治命题，则必须在自上而下的甚至是准军事的管制式官僚体制下进行管理。然而随着现代社会组织规模的扩张和安全领域问题的日益复杂，官僚制组织设计的结果是，社会公共安全管理中的“单一权力”控制，即以政府、警察、安全、司法部门在全社会各领域，政府各职能部门的权力扩展，以及与安全相关的管制范围越来越广，安全管理逐渐全面渗入社会生活。由于官僚制组织扩张的本性、日益加深的专业分工及监督控制的加剧，与社会公共安全供给相关的规则体系会越来越繁杂和细化，其结果是官僚制组织内的快速行动能力与创新行动能力减弱，官僚制组织外的社会的活跃度和反应力也受到影响。国家与社会管制力度过大，可能使社会正常生产生活受到遏制，甚至影响社会信任与社会安全感，引发社会不满，造成更大的社会公共安全威胁。

可见，在当前风险社会背景下，遵循上述思路的社会公共安全供给结构存在社会公共安全隐患，社会公共安全供给的组织设计应是在对现有官僚制突破基础上的网络化建构。这种组织设计基于以下三种假设。

假设一：相对于正式组织，个体在所属群体（通常是非正式组织）中的安全感及使命感有助于减少社会公共安全供给中的协作成本。

“大型组织的固有本性产生了大量妨碍实现有效协调的障碍。这些障碍

① 丁煌．西方行政学说史．武汉大学出版社，2004：75-77.

主要包括两大类：利益冲突和技术性限制。”[①] 上述障碍会加剧这类组织的行为不协调，或大大增加协作成本。网络化建构指通过培育非正式组织机构减少因等级权威结构产生的资源配置与信息沟通障碍。通过在正式官僚组织结构的基础上，扩展形成组织内非正式协作系统和非政府社会公共安全组织，共同构建和谐非正式组织文化、扁平化信息沟通网络和社会公共安全的社会化供给网络。

假设二：非正式或非政府安全网络的存在能提升社会资本存量，增强社会信任，提高与安全相关的社会职能的执行效率。

如图 4–4 及图 4–5 所示，在官僚制结构下，社会公共安全供给目标系统可分为终极目标（社会公共安全的实现）、社会行为目标（社会基本秩序）、官僚组织社会职能目标（社会公共安全供给）、官僚组织政策目标（社会公共安全总方针政策）、官僚组织某一特定公共安全政策目标五个层级，其中后三个层级的目标直接引导官僚组织安全行动方略，而个人基本目标（个体与所在群体安全）基本处于被动接受状态。当非正式或非政府安全网络出现

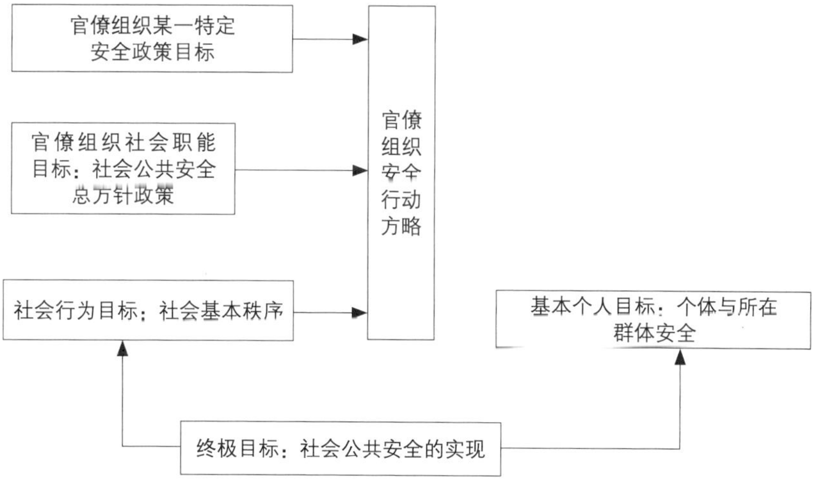

图 4 – 4　社会公共安全供给目标层次

① ［美］安东尼·唐斯．官僚制内幕．郭小聪，等译．中国人民大学出版社，2006：55.

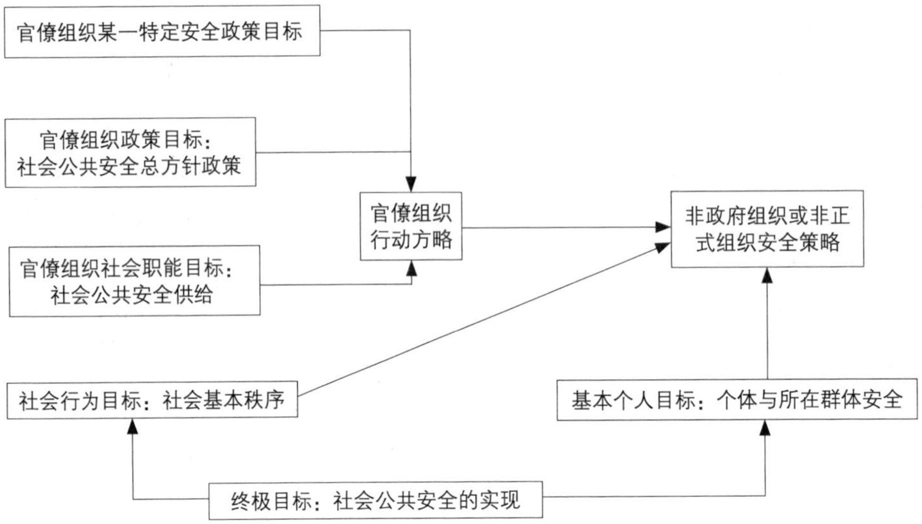

图4－5 社会公共安全供给目标网络建构

后，个体安全及所在群体安全可以在非政府组织或非正式组织安全策略中得以落实，非政府组织或非正式组织安全策略可与官僚组织安全行动方略实现交互作用，这种双向沟通与交互方式改变了社会公众在安全供给中的被动状态，有利于增强社会个体与组织间、社会不同群体间及公众与政府间互信合作，同时也有利于社会公共安全政策与行动方略的有效实施。

假设三：网络化社会公共安全制度安排可以实现这样的愿景：个体对安全的渴望与维护安全的动机引导其为确信的社会公共安全利益行动，即通过适当的社会制度安排，从个体安全的动机出发的行动能够实现社会公共安全结果。

网络化社会公共安全制度安排的作用主要体现在以下三方面：

一是加强了个体信息沟通。在官僚组织中，个体信息沟通几乎被认为是正式指示以外的传闻，不被信任与重视。随着现代网络社会的发展，社会公共安全的信息已触及社会的最细微领域，个人信息及其网络本身成为安全信息的重要组成部分。网络化社会公共安全制度安排将个体信息沟通作为十分重要的要素加以重视，与社会公共安全产品的特征和供给目标相契合。

二是使个体对安全的渴望与维护安全的动机有了会集通道并科学聚合。

由于官僚组织自身的严密性和控制力，其社会公共安全供给目标与政策体系都是从社会秩序的整体出发。而公众个体对自身和所在群体的安全需求很难与官僚组织实现对接，网络化社会公共安全制度安排有利于缓解这一矛盾，使个体需求通过组织化渠道与公共安全目标更好地契合。

三是构建个体参与社会公共安全利益实现的平台。在官僚体制下，个体的安全需求表达、利益诉求、安全权的维权行动等一直是以松散的状态呈现，如网络表达、向政府相关机构申诉与上访、通过个体极端行为引起社会关注等。网络化社会公共安全制度安排会为个体、社会组织、政府相关组织搭建更好直接沟通与交流的平台。通过这一平台，众多公众个体实施维护自身安全的行动，其结果是达到了实现社会公共安全利益的社会效果。

（二）纵向协同：战略与规制

从纵向视角看网络化安全协同，是以权威机构战略性主导为前提，科学运用各种资源，合理设计和规制合作途径并持续推动协同进程以实现社会公共安全目标的过程。这种纵向协同需要通过基于战略眼光的纵向规制得以实现。社会公共安全供给是政府各个部门的职责所在及全社会的共同使命，仅依靠政府主导的警务部门的力量无法实现供给的及时、高效与和谐，成立基于社会公共安全领域的综合性协同中心机构，负责与其他各部门的信息交流与协作对接，是纵向协同的首要任务。

在官僚科层制组织命令上传下达过程中，自上而下的多层级官员目标分歧与自由裁量权的存在，易造成权威的流失与执行力不足，影响组织中个体的正常履职，导致组织的控制力降低，也难以达到最初设想的目标。社会公共安全领域的综合性协同中心机构要改变这种组织状况，区别于一般官僚组织，尽可能减少组织层级，组织机构按照功能划分进行整合，主要扮演协调沟通的角色，用战略规划代替行政命令，注重参谋咨询机构的建设，致力于发展正式与非正式结构的网络化安全体系。

基于以上组织准备，社会公共安全领域的综合性协同中心机构具有以下特点：（1）技术导向性，即这一机构致力于通过技术与管理革新实现安全协同效应而非通过行政强制实现安全局面，通过引入科学化咨询机制，充分发挥其“智库”作用与激励功能，以促进公共安全全社会共同供给。（2）信息中心与枢纽，即这一机构成为覆盖全社会的社会公共安全的信息中心，成为公共组织间及公共组织与其他社会组织间的联络者与协调者，实现信息的“无缝隙”转换与对接。（3）扁平化授权。通过减少组织层级保证信息质量和沟通效能，形成灵活而高效的组织运作，并通过战略性项目规划与协商式沟通合作实现社会公共安全领域的资源整合。

美国马里兰大学组织的研究小组进行了长期的研究分析认为：成功的战略管理手段能够使那些频繁持续作案的犯罪分子丧失犯罪能力，从而实现发案长期降低。其中较为有效的非警务执法手段包括：由临床人员开展违法青少年及违法倾向青少年的家庭疗法，对释放的年长男性前科人员进行短期职业训练，对涉毒犯罪分子进行监狱及社区康复治疗等。[①] 社会公共安全领域的综合性协同中心机构的纵向协同作用通过战略性规制得以实现。纵向协同的战略性规制是以信任和务实为主旨，通过价值重塑、网络建构、激励创新等精心规划与设计，建立和完善促使全社会在社会公共安全供给领域达成共识、实现协同合作、实现共赢的一系列制度体系。具体而言，包括以下三方面：

1. 建立共同的价值目标与愿景。在社会公共安全供给中，共同的价值目标与愿景即根据社会环境与社会发展需要，通过广泛征集和民主化评估提出当前最迫切需要解决的社会公共安全问题，确定社会各方普遍认同的所要实现的整体性安全价值，明确所要达到的社会公共安全目标，预测可能产生的社会效益等。建立社会公共安全共同的价值目标与愿景的前提是全社会对社会公共安全及安全协同的重要性、实现模式与路径、期望的社会公共安全目标等达成共识。综合性协同中心机构要关注整个社会舆论动向，努力寻求社会公共安全领域的“草根”信息，特别是网络信息，形成既贴合民意又科学合理的安全价值目标与愿景。

2. 协同平台与凝聚力建设。协同平台包括技术平台、项目平台、协商

① ［英］杰瑞·莱特克里菲．情报主导警务．崔嵩译，中国人民公安大学出版社，2010：158.

平台等。协同平台建设的目的是加强各方社会公共安全协同主体的沟通与信任，建立平等、互信、合作的协同环境，提升协同效能。相对于信息网络建设、项目设计与规划、协商机制建立等协同平台的硬件建设，协同平台的“软件”——凝聚力建设更为重要，其核心是注意力资源建设，即提升协同各方全社会对相关社会公共安全的关注与参与热情。在当今信息爆炸的时代，信息的无限扩展与人的注意力有限的矛盾，使注意力成为一种新兴稀缺资源。“注意力是指在外界的激励条件下，主体对客体进行一定强度和持续度关注的能力。”[①]作为一种主观的可再生资源，注意力的消耗可以带来信息的获取、甄别，从而降低不确定性。类似于农业社会的“土地”，工业社会的“能源”资源，注意力成为信息社会的核心资源。从心理学视角看，注意力资源是人基于经验和知识思考运作的一种被激活的心理指向。从决策学视角分析，行动与否的决策考虑可以说明对相关问题的一定程度的注意。从政治学的视角来看，决策注意力资源实际上是由具有象征意义的问题表述或焦点事件、危机引起的社会的关注意愿。综上所述，综合性协同中心机构要通过社会公共安全领域的宣传，保持安全信息的密集程度，并用适当方式建设注意力资源。

3. 协同过程的规制与激励。为了保证协同的启动和有序进行，需要在技术标准、程序步骤、协作框架等方面有统一性规范，综合性协同中心机构要在协同过程中对各方主体进行规制，对协同组织间联结关系进行管理。对安全协同的合法性基础、可能产生的风险、资金压力等进行充分评估和合理预测，对安全协同的组织形式、责任担当、运作过程、方法路径等进行政策界定和规范监督。同时，在资金、人才、信息、技术工具等方面增加投入，以“经营”的理念激活和发展现存社会公共安全供给网络，或开发和建立新兴网络，促进协同过程的高效运转。要建立社会公共安全领域人才的吸收、培养、激励等并有效防止人才外流的管理体系建设，主动吸收全社会有价值的安全智力成果，消除其制度障碍，培育更为开放的协同环境。

① 王宗胜，李腊生．注意力配置的经济学分析．中国工业经济，2007（9）．

（三）横向协同：项目合作与资源整合

社会公共安全问题涉及艰巨而又复杂的领域，是需要社会共同解决的问题与议题。政府要跳出社会公共安全“生产者”的局限，真正成为社会公共安全的“供给者”与“服务者”。协同不同于协作的根本特点是随着协同主体相互依赖关系的加深所形成的自组织协同体系。但协同仍然需要初始动力，即由涨落所产生的相变。在协同体系中，作为在协同进程中起重要作用的权威机构，综合性协同中心机构的运作对协同的涨落产生重要影响。而这种影响主要通过项目合作与资源整合实现。

通过项目合作与资源整合的形式展开的社会公共安全协同供给，是指政府为不同区域、不同职能的公共部门及社会组织提供寻找社会公共安全领域协同资源流动的机会与信息平台，以实现相互间的资源互补，通过项目合作共同应对社会公共安全失序。政府作为安全协同创新的重要力量，在项目策划、项目组织、项目管理等方面承担重要使命，通过设计机制实现出色的“掌舵”，而非亲力亲为的“划桨”，项目的具体运作和执行则可以由各类公共部门与社会组织共同承担。以社区公共安全供给为例，在社区内设立综合性安全协同中心机构，通过以下流程与步骤实现项目合作与资源整合。

1. 寻求社区公共安全信息。了解本社区内与社区安全有关的信息，并与其他社区交流信息，了解存在的主要问题，向本社区各类组织与个人征求意见，评估社区公共安全供给当前缺乏的主要资源及相关建议与改进设想。这一过程的实质是发现不同组织或群体间安全领域的资源依赖关系与社区公共安全协同的潜在机会，综合性安全协同中心机构以召集者的身份为社区安全自组织的形成提供原动力。

2. 项目建立与指导。以社区内的政府派出机构为核心，向社区征集社区公共安全协同创新方案，以项目的形式加以确定，上述相关部门负责就项目资金、技术、标准与规则、协议签订与实施保障等方面相关问题，向以政府为核心公共组织、非政府组织、企业、专业人士等寻求资源（资源应通过无偿捐赠、交换、谈判等多种形式获得），以实现社区内及社区间的互助合作。

3. 项目管理与调整。不同于一般意义上的协作，在协同供给中，社区对社会公共安全项目的管理不是传统意义上简单的拨款或管制，而应有更丰富的内容，如提供协同双方或多方的磋商谈判平台，最大限度地减少或清除因本组织保护主义造成的协同障碍以降低交易成本，提供规则支持以帮助各方不断调整协议和完善协同权责体系，建设平等、互信的文化环境以促进合作，监督各方协同进程中的知识共享与风险共担以提升协同的效力。

三、社会公共安全协同的政策体系：以警务政策为例

健全、合法、有效的社会公共安全协同政策体系是社会公共安全协同供给的前提和基础。政策体系以现存警务政策为基础，主要包括一系列与安全协同相关的制度、规范和措施以及由此形成的覆盖全社会的政策网络。

（一）社会公共安全制度化协作的历史轨迹

前现代社会，国家的统治主要基于对统治权的维护，以社会控制为主要目的，倾向于对犯罪分子施以公开而残酷的惩罚，同时期望实现威慑作用。“公共政策的执行不能仅理解为一种维护社会公正的司法行为，同时它也是一种政治统治手段，即使在很小的案件中，这种作用也是存在的，它是彰显权力的一种仪式。”[①] 在前现代社会的严厉惩罚体制下，西方虽然已经出现初级警察系统，但与现代职业警察系统相去甚远。旧警察机构仅仅是统治者的执行者，由于没有受规制的专业化机构，社会基层社区基本处于自我管理和“民营”状态，社区主要成员，不管是私人力量还是业余人士，都会因被雇用而履行社会公共安全管理职能。而在东方社会，受传统文化影响，社会底层以家族势力和“家法”为主要依托，维持基本的社会秩序，统治者则以严刑酷法维持对社会的控制。这一时期只有社会控制，不存在社会公共安全的供给，也不存在专门意义上的“警务政策”。

现代社会工业化和城市化的发展带来日益增长的贫富差距和日益增多的社会矛盾与社会问题，犯罪率急剧升高，与此同时，自由市场经济对政府管理的效率提出了更高的要求。这些因素促使现代职业警察的产生。自此，

① Foucault，Michel（1997）.Disciline and Publish，Harmonds worth：Penguin，p.47.

公共警务与社会公共安全供给才以制度化形式呈现。以英国为例，1829年，英国议会通过了《大都市警察法》，之后伦敦首都警察力量正式成立，伦敦大都市警察局——“苏格兰场”的建立成为现代警察制度诞生的标志。虽然现代警察制度并非一日形成，但与旧体制中的公安人员、守夜人及业余法官相比，这支统一着警服的正规职业警察部队有以下特征：从合法性层面看，大都市警察的权力领受于法律，并向地方当局负责；从组织结构层面看，大都市警察标志着非专门化警察时代的结束。它成为一支受到专门训练的，有统一制服的，以一种组织哲学和以预防犯罪为主的警务思想武装的文职力量；从功能层面上看，它已经完全从司法、社会福利中分离出来，特别是与军队脱离，成为一支专职的以警察工作为职业的非武装力量；从示范和影响上看，英国警察模式伴随英国的海外扩张成为后来各国纷纷效仿的楷模。[①] 由此，现代警察制度的诞生从以下三个方面实现了社会公共安全制度化供给：首先，以法律、法规为依据，规范界定公民权利与警察权力的关系，科学界定中央与地方政府在警务管理的职能和社会公共安全供给中所起的作用，初步形成规范化社会公共安全供给体制。其次，伦敦警察局内部分为四个业务局：行政管理与行动局，交通和技术援助局、刑事侦查局、人事和训练局，社会层面分为24个警辖区，16个派出所，初步实现了警察体系内部的专业化分工的组织架构，形成分工协作的科层体制，通过专职人员进行社会公共安全供给。最后，将预防犯罪，维护社会治安作为一项专门的政府重要职能，由政府统一进行指挥控制、决策部署、资源供给和组织协调，逐步完善相关机制，形成社会公共安全制度化体系。

警察的最初角色设定是侦查和确定犯罪分子，即警务的基本任务是降低犯罪率和提升破案率。随着现代社会需求的不断提升，警务的功能已不能简单概括为犯罪控制，除了对社会秩序的紧急维持以外，大量警务工作围绕着协调社会矛盾冲突以维护基本社会秩序的秩序管理，以及通过化解风险以减少公众置于危险情境的可能性的安全管理展开。基于上述两方面的警务职能，警务政策的重要性凸显，世界范围内较为突出的警务政策有社区警务、

① 王大伟．英美警察科学．中国人民公安大学出版社，1995：159.

"零容忍"警务、情报主导警务等，可被视为社会公共安全供给的制度化协作的探索。

社区警务（Community Policing）政策提出的初衷是建立警察与公众的联系，其前提是认为警务是处理社区日常事务，即一般意义上的社区安全管理。为了扭转现代科技发展带来的警务工作过于依赖技术手段，忽视与公众交流的局面，西方国家提出社区警务，并相应提出多种警务改革措施，如重返警察步行巡逻模式，促进社区内公众与警察的互动等，其核心是改善警民关系。而中国的社区警务策略则是将警务深入基层社区，探索警察权力下放，促进社区公众对安全管理的参与。总之，这一政策希望展现以下图景："公民就一些社区面对的事务与警察共同工作。这些事务包括犯罪预防、侦查和逮捕罪犯、维持社区祥和、法律实施、保护生命和财产安全、社区安全以及降低居民对犯罪的恐惧感"[①]。这一政策体现了警察为公众服务、与公众协作的积极态度与明确取向，从公众的安全需求与利益出发，建立警察与社区间合作伙伴关系，通过社区安全会议、警民恳谈、公众满意度评估等多种制度实现警民间常态化互动与协作。

"零容忍"警务（Zero Tolerance Policing）政策是将强有力的执法措施应用于轻微犯罪，从而达到预防更严重的犯罪，以期降低犯罪率的警务策略与措施。其包括以下做法：（1）对犯罪采取强硬态度（Being Tough On Crime）。这主要是从认识层面探讨同犯罪做斗争的问题，它要求所有的法律都得到执行，所有的犯罪分子都予以拘捕，绝不能让其逍遥法外，犯罪分子一旦被定罪，均应面临严厉的惩罚。（2）严格的而非任意的执法（Strict, nondiscretionary law enforcement）。警察一旦发现犯罪，不论其严重程度如何，均逮捕或告发犯罪分子，而不用预先发出警告。也就是说，警察采取的是一种攻击性的警务执法方式，不管所犯罪行的类型、轻重，也不管其是在什么情况下发生的，均毫不例外予以惩处。（3）针对轻微犯罪和社会失序的警察行动（Police action against off ences and disorder）。警察不仅不会忽略轻微犯罪和社会失序，反而特别关注所谓的"亚犯罪"（sub-criminal offences）

① ［美］全钟燮．公共行政的社会构建．孙柏瑛译．北京大学出版社，2008：39.

或“生活质量型犯罪”（quality of life offences）。[①] 尽管这一政策是通过明确的、强有力的秩序管理预防犯罪，其实际效果在理论上尚值得商榷。[②] 这一政策中同时蕴含了协作的重要性：一是警方与媒体的协作。零容忍警务之所以可以发挥作用，与“防患于未然”，努力发现潜在不安全因素有关。而这种政策的实施效果往往与传媒的宣传与威慑作用有不可分割的联系，需要警方与传媒主体之间的密切合作。二是警方与其他社会组织的协作。警方对轻微违法犯罪行为的发现、惩治和矫正往往要依靠社区及相关社会组织的合作才能实现。三是公众对这一政策的理解与认同。尽管这一政策的最终目的是减少轻微犯罪，预防更为严重的犯罪，但这一目的是以警方更为严厉的秩序管控为主要手段，如果公众不能充分认识这一政策的初衷和最终目的，可能产生误解甚至出现抵触情绪。所以应与公众充分互动和相互配合，才能使这一政策达到预期的政策效果。

情报主导警务（Intelligence-Led Policing）政策主张用主动调查代替被动反应，以信息收集、交换、研判为基础，实现对未来风险评估与预防。这种警务策略和方式是以犯罪情报为基础进行战略策划与资源配置，以确保对犯罪的有效预防和精确打击。“情报主导警务的一个特别之处，是使以往仅服务于个案的、短视的犯罪控制工具成为一项战略性资源，从而实现更科学的、具有针对性的管理决策。”[③] 这种战略性管理决策通过战略性思维发现犯罪规律，需要以各种协作为基本方式和手段，如对不同层次机构犯罪情报范围和专业化情报分析工作的设计，情报部门与其他部门同行合作开展工作，通过大量非警方力量的参与提供辅助性数据以影响决策者，大众参与犯罪信息提供以预防犯罪活动等。

---

① 曾忠恕. 美国警务热点研究. 中国人民公安大学出版社，2005：237.

② 有学者认为，这一政策的实施并非纽约犯罪率大幅度下降的唯一因素，且可能使犯罪转向其他地区等。

③ ［英］杰瑞·莱特克里菲. 情报主导警务. 崔嵩译. 中国人民公安大学出版社，2010：7.

（二）社会公共安全协同供给的政策基础及政策工具选择

多元化警务政策是社会公共安全协同供给的政策基础。这一政策源于多中心治理理念的提出，美国著名学者埃莉诺·奥斯特罗姆（Elinor Ostrom）经过对警察服务长达15年的研究，提出操作化的多中心治理的概念框架，从公益物品和服务的视角出发，认为警察服务的生产不再是单中心地将公共物品和服务提供给被动的对象，还应包括接受服务的消费者的积极投入，以增强警察服务的有效性。[①]当前，随着安全领域与议程的日益扩展，安全供给不再是警方的专利，而是国家与非国家团体共同的使命，甚至是有安全意识和责任感的每个公民的权利，这为社会公共安全协同政策体系的建立和完善提供了前提。许多学者从这一理念出发，认为当前警务应该是包含公共的、私人的和第三部门的多种机构的多维活动。例如，劳德（Ian Loader）认为除政府体系本身的警务外，警务还可向以下四个方面扩展：（1）通过政府授权的警务：这种警务虽然被政府机关认可，但执行者却是非政府人员；（2）居于政府之上的警务：包括一些各个国家之间或超越国家之上的机构或组织，如欧洲或世界的警务机构，这些结构正在发挥越来越重要的作用；（3）居于政府之外的警务：包括在商业市场运作之下所产生的一些与安全和保安系统有关的各种形式的公司、组织和机构；（4）居于政府之下的警务：包括一些居民基于对自身状态的监督而产生的一些活动，如“邻里守望”、偶尔维护治安以及市民巡逻制度的出现。[②]风险社会情境下，多元化警务应立足于社会公共安全协同“网络”建设。虽然西方学者所提出的政府及警务组织与其他组织处于平等地位的观点，在短时间内并不可能实现，但政府在社会控制中的垄断地位的衰退却是风险社会中的必然趋势。政府必须直面这一趋势并努力完成角色转变，即从发令者、监控者和管理者变为战略主导者和资源供给者，发挥社会公共安全协同供给中的统筹规划和战略部署作用，

① ［美］埃莉诺·奥斯特罗姆等．公共服务的制度建构——都市警察服务的制度结构．毛寿龙译．三联书店，2000：9–13.

② Loader，Ian（2000）.Plural policing and democratic governance，Social and Legal Studies，Vol.9，No.3，pp.323–345.

成为“掌舵者”，并努力实现不同类型“划桨者”的协同效应。

政策工具（或器具）是政府实现公共目标的支配机制或技术。[①] 作为警务政策推行的手段，在政策工具的选择上，多元化警务政策特别要求政策工具的多样化。按照政府介入程度的由低到高，加拿大学者豪利特和拉米什将公共政策工具分为自愿性政策工具（家庭和社区、自愿性组织、私人市场），混合性政策工具（信息和劝诫、补贴、产权拍卖、税收和使用费），强制性政策工具（管制、公共事业和直接提供）。[②] 在以往警务政策中，较为常用的工具主要是强制性工具。由于警务工作的特殊性，在打击犯罪、维护社会秩序等领域必须依靠强有力的手段，这使管制成为最主要的政策工具。此外还有对于公共投资这种直接提供的政策工具,如投资兴建公共安全防护设施,安装监控设备以改善公共安全服务等。在社会公共安全协同供给中，由于政府及警务组织的角色转变，充分重视并发挥自愿性与混合性政策工具的作用显得十分重要。政府及警务组织一方面需要通过激励性导向及举措促进自愿性工具的发展，让社区、自愿性组织与私人组织承担起部分社会公共安全供给职责，并形成良好的运行机制，如为上述组织或机构参与社会公共安全供给提供资金、规则、技术等方面的支持，鼓励其对社会公共安全领域的关注与各种投入等。另一方面，政府及警务机构要通过劝诫、补贴等混合性工具塑造良好的安全“软环境”，如扩宽对社会公共安全的网络宣传途径，实现畅通的警民互动；加强对参与社会公共安全供给并取得一定绩效的各类组织给予税负减免或税金增额融资等。

（三）社会公共安全体系内的政策冲突及其应对

在社会公共安全体系内，社会公共安全供给目前尚存在一些政策冲突，

---

① Howlett，Michael（1991）.Policy Instruments，Policy Styles，and Policy Implementation：National Approaches to Theories of Instrument Choice，Policy Studies Journal，Vol.19，No.1，pp.1–21.

② ［美］迈克尔·豪利特，M. 拉米什 . 公共政策研究：政策循环与政策子系统 . 庞诗，等译 . 三联书店，2006：144.

这些冲突不利于协同的产生和持续发展，政策冲突主要表现在以下三方面：

1. 社会公共安全协同中预防与打击的政策冲突：政策倾斜的必要性。从当前社会公共安全政策体系看，相关政策主要集中在对犯罪的打击与预防和危机的应急处置等方面，就社会总体而言，政策制定者在政策制定过程中对社会公共安全供给方面的热情远不及对打击犯罪和应急处置的热情，其主要原因在于在社会公共安全供给中，对于犯罪的预防工作的比重占绝对多数，相对于打击犯罪和应急处置中立竿见影的效果，产生不了明显的“政绩”。犯罪预防与打击犯罪与危机应急处置之间的区别主要在于：首先，打击犯罪与危机应急处置可以在短时间内取得明显效果，而犯罪预防是一个长期的过程，其效果需要相当长一段时间才能逐渐显现。其次，打击犯罪与危机应急处置属于易计量的工作，如破案率、抓捕、起诉、惩罚数、应急处置结果等都可以用较为量化的方式得以呈现，而相比之下犯罪预防是整体性状态，由于较难用数字直接测度而易被忽视。最后，打击犯罪与危机应急处置易成为媒体的焦点而备受全社会关注，更易产生轰动效应，而犯罪预防即使十分成功且产生深远影响也会成为默默无闻的工作，导致公共部门及其人员在“功利”观念诱导下对其不够关注。综上所述，这就要求政策制定者在政策制定过程中，注意政策体系的倾斜度，在宏观安全战略、公共部门绩效评估、区域社会公共安全评价等方面，政策导向应向有利于犯罪预防、重视社会公共安全供给、鼓励全社会对社会公共安全特别是犯罪预防和安全预警加大投入等这些方向倾斜，以缓解上述冲突。

2. 社会公共安全协同政策评估中的冲突：评估社会公共安全的不同维度。由于社会公共安全本身的复杂性，公共安全诉求本身存在诸多价值冲突，使社会公共安全协同政策的评估变得更为困难。政策评估中的冲突主要表现在以下三个方面评估维度的冲突：首先，政府视角与社会视角下公共安全间的冲突。政府视角下的社会公共安全主要以社会秩序的维护为核心，更强调社会稳定与和谐，而社会视角下社会公共安全则要更关注社会公共安全感、社会治安的良好局面、社会发展的环境因素等。其次，社会整体公共安全与区域公共安全间的冲突。由于犯罪的流动性特点与社会公共安全管理区域割据的现状，及不同地方对本区域社会公共安全的保护主义，在信息共享、资源互助、规则兼容等方面的协同基础较难实现，影响社会整体社会公共安全的供给。最后，短期秩序与长远安全间的冲突。受不良“政绩观”与功利主义的影响，在社会公共安全供给中常常出现为了实现短期秩序强化刚性“管控”的现象，这种维稳导向会通过短期的表面秩序掩盖更深层次的社会矛盾与不稳定因素，不利于长远社会公共安全需求的实现。以上冲突对政府在社会公共安全政策制定与评估中提出了更高的要求，即要全面协调上述矛盾，从社会的根本利益出发，立足于社会公共安全整体通过政策引导促进不同区域间协同的实现，注重长远犯罪预防与社会公共安全供给绩效，做到统筹兼顾，不能偏废。

3. 社会公共安全协同中的信息公开与保密原则的冲突：公开力量与秘密力量。由于社会公共安全这种公共物品的特殊性，其供给过程中的保密性十分重要。这种保密性特征一方面可以提升社会公共安全供给的可靠性和效率，另一方面又易导致对社会公共安全供给的专门化控制，随之而来的是技术犯罪预防的大量运用和依靠秘密力量的社会公共安全供给。帕瓦里尼（Pavarini）认为，单纯技术预防犯罪并不可行，因为会增加人们的不安全感，有政治危险性。由此他提出备选社区安全策略，即地方预防犯罪的积极性可以激励社会大众的广泛参与。[①] 随着现代社会民主化发展，对公共事务的信息公开成为必然趋势，以实现全社会风险共担和社会安全感的提升。信息公开与保密原则的矛盾张力在社会公共安全协同供给中的表现十分明显：社会公共安全协同需要以信息和资源共享为前提，而部分信息又出于侦查需要或其他原因不能公开。在相关政策制定中，要尤其注意处理好这一冲突，但总的原则应是：在不影响犯罪预防和打击目标的前提下，尽可能实现社会公共安全信息共享，建立更广泛的社会公共安全供给网络。因为犯罪预防和打击只是社会公共安全供给中的一部分，要真正实现社会公共安全有效供给，不能只依靠公共部门，而是需要通过政策引导和激励产生社会公共安全供给的民间效应

---

① Pavarini，Massimo（1997），Controlling Social Panic：Questions and Answers About Security in Italy at the End of the Milennium，in Bergalli，Roberto and Sumner，Colin（eds.），Social Control and Political Order，Sage.

和大众参与，以提升社会安全感，这也成为社会公共安全政策供给的重要组成部分。

第三节

社会公共安全协同的外环境

社会公共安全协同的外环境，是指从宏观意义上说，影响社会公共安全协同的产生、存在和发展的社会因素的总和。总的来说，社会公共安全协同的外环境涉及社会经济、政治、文化等多种维度，由于协同管理的交互式特点，协同管理的外环境中最为核心的因素包括以下三方面。

一、等级制、民主观与社会公共安全协同

社会公共安全协同的前提是协同主体间的相对平等。虽然协同的产生还是需要权威力量存在，引导各类主体的行动，并提供持续的资源供给和激励，但就总体而言，整个协同的组织结构趋于扁平化。

在前现代社会的等级森严的社会组织结构中，无法产生社会公共安全的协同供给。“工具理性和价值理性的双重异化倾向使原始民主型公共管理发生了两次质变：一是由实现和维护‘公共性’价值的工具异化为追求公共管理效率的工具，二是由追求公共管理价值和效率的‘公工具’异化为维护统治阶级利益和阶级统治的‘私工具’，‘统治型’公共管理由此建立。”[①]在这种公共管理模式下，社会公共安全供给被异化为通过“高压式”社会管

① 陈宝胜．公共管理嬗变模式中的价值理性与工具理性．江淮论坛，2009（4）．

控的不断强化实现统治阶级自身利益。在服务于统治者的等级制、暴力机器和专制统治下，处于等级结构最底层的社会公众是只能服从的奴仆，安全地实现以臣服为前提，在高度集权的统治中全无主动性与积极性可言，无法实现作为公民的权利诉求和权利保障。

马克斯·韦伯认为，官僚制组织是理性化的产物，在此基础上产生了现代社会。“理性”是一种非感情的计算与思考的心智过程，在专业化、职业化、命令服从和规则化管理基础上的理性官僚制，构成了“管理型”公共管理的基础。在效率至上的分工合作管理体系下，官僚制所倡导的层层节制和层级控制体系的“金字塔”结构在社会层面延展，政府的职能和社会控制能力不断增强。另外，受自由市场经济的发展和全球范围的民主化浪潮的影响，自由主义行政思潮下形成一种“消极”公民观，即公众作为公共管理的被动接受者和公共服务的消费者，有自身的权利诉求，包括“公民权利”“政治权利”与“社会权利”等，这些权利诉求限制、制约着公共权力，使公共权力的社会控制在法律、法规的框架体系内运行。这一时期的社会公共安全供给过程出现了公共部门与社会其他组织与个人间的双向互动，但总体而言，这种互动主要是协作为主，社会其他组织与个人处于“被管理者”地位，其力量有限，作用范围也受到极大的限制，主要在公共部门的指挥和约束下实现。

20世纪七八十年代，西方政府面对财政危机、管理危机和信任危机，相继掀起了政府改革运动。实践层面的政府改革运动源于对理性官僚制正当性的反思，这种反思主要围绕两条主线展开：一是市场化趋向的新公共管理，主要观点是重新定位政府职能，对内借鉴企业管理模式和经验，打破僵化的层级制组织结构，使其扁平化、网络化、弹性化，并运用现代管理技术，实现全面质量管理和无缝隙流程再造；对外调整政治与市场之间的关系，通过公共服务民营化等方式使政府管理市场化，将市场竞争机制引入公共部门。二是民主化管理取向。在组织内部层级关系上放松权力，强化基层官僚参与决策过程，而就组织外部而言，则否定政府作为公共管理的唯一主体，主张还权于社会，实现政府与公民社会的合作治理，构建协商合作的治理网络。此时，公共管理的“公共性”凸显，走向“服务型”公共管理。公民角色从“消极公民”向“积极公民”转变，完全成为公共空间的主人。公民有强烈的参与意识，且成为公共议程的设计者和“行政共和主义”的推动者。这一环境中公民参与与责任意识、社会主体间信任、公共性的追求等，成为社会公共安全协同供给的产生和发展的良好基础。

二、社会凝聚力与社会公共安全协同

法国社会学家埃米尔·涂尔干（Emile Durkheim）于1982年首先提出了社会凝聚力的概念，将其定义为社会成员之间的依赖、忠诚和团结的程度。[①]之后，一些国家政府和国际组织高度关注社会凝聚力问题，并成为联合国在全世界范围内倡导的理念。社会凝聚力是社会整体的向心力，是社会层面社会关系协调性的体现。社会凝聚力模型认为，那些决定人与人之间是否会喜爱的因素同时也是导致人际吸引的原因，这些因素包括为获得共同目标的合作性互依、态度相似性、空间接近、共同命运、面临相同的威胁和敌人、被对方所喜欢或认可、有吸引力的人格特质、在群体任务上的成功等。[②]以社会成员个体与社会的心理联系为基础，社会个体或群体对社会的认同状况对社会凝聚力产生重要影响，进而影响社会整合程度。卡恩斯（Kearns）和福里斯特（Forrest）曾尝试用五个方面的指数来衡量社会凝聚力，即共同的价值观和公民文化；社会秩序和社会（冲突）管理机制；贫富差距以及社会团结；社会资本方面的特征，包括社会网络和公共参与度；明确的归属感和身份感。[③]作为一个十分抽象的概念，社会凝聚力很难用指标加以衡量，但至少与以下三方面有关：一是社会成员的共同价值观，二是社会成员的

① Jenson，Jane（1998）.Mapping social Cohesion：The state of Canadianresearch，Canadian Policy Research Networks Study No.F-03.Ottawa：Canadian Policy Research Network.

② ［美］迈克尔·A.豪格，［英］多米尼克·阿布拉姆斯.社会认同过程.方文译.中国人民大学出版社，2011：96.

③ Kearns，Ade & Forrest，Ray（2001）.Social Cohesion，social Capital and the neighbourhood，Ur-banStudies，Vol.38，No.12，pp.2125-2143.转引自陈长江.社会凝聚力与可持续发展问题研究述评.经济学动态，2010（1）.

互信程度与归属感，三是社会发展的共同目标。在社会公共安全协同供给中，其协同的作用分为三个层次，如图 4–6 所示，当较低层次满足后，才可能上升到更高的层次，而良好的社会凝聚力对协同的实现与绩效产生至关重要的影响。

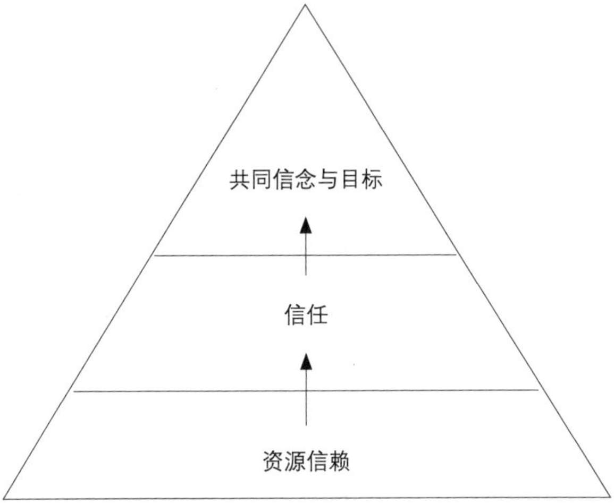

图4 －6　社会公共安全协同作用的三个层次

（一）协同主体的资源依赖关系是社会公共安全协同的原动力

在社会公共安全协同供给中，协同主体在战略上是相互依赖的。不同协同主体间所拥有的资源不同（如资金、权力、人力资源、社会公信力等），基于不同资源形成合作承诺，实现资源共享，是一般意义上的协作。在协同关系中，这种资源依赖关系更加密切，由公共部门为主导，在对社会风险进行科学预测和评估的基础上，努力寻找可能的各种资源，并有计划地通过适当的政策工具促使其他主体参与社会公共安全供给实践，从而提升资源共享的可能性。例如，在社区公共安全供给中，以地方政府和基层组织、地方警务机构为主导，通过管制、说服或激励等方式使社区公共安全供给的其他主体（如各种社会自治组织及其成员、工商企业、业主、家长等），以资源交换为基础促进其发挥其优势资源，共同担负起维护社区基本秩序和安定局面、预防和减少犯罪的责任与使命。

（二）协同主体间信任是社会公共安全协同的关键要素

资源依赖关系是社会公共安全协同的原动力，却不能作为社会公共安全协同的基础。资源依赖关系促使社会公共安全协同的产生，主要依靠法规与政策手段实现。法规与政策对社会公共安全协同的作用有一定局限性，一般来说，在主体间关系的法定依据不足的情况下，主体间的协同主要源于信任因素。协同过程中的信任建立在平等尊重的基础之上，意味着不会对其他协同主体的利益造成不必要的损害。当协同建立在信任基础之上，才可能产生预期的效果。一个社会的互信程度是社会凝聚力的重要表征。在社会公共安全协同供给中，最重要的信任关系是政府信任。政府信任作为一种重要的社会信任关系，指建立在公众对政府运作认知的基础上，由对政府的评估与期望引发的社会公众的归属感与评价态度。从政府学视角分析，政府信任对政府合法性产生重要影响。政府合法性基础包括两个层面：形式上的政府合法性和实质上政治学意义上的政府获得公众认同。由于政府是社会公共安全协同供给的主导者与引领者，在政府信任度较高的国家和地区，公众对其认同程度较高，也就更愿意对其所做的社会动员做出响应，积极参与社会公共安全领域的治理。

（三）共同的信念与目标是社会公共安全协同的持久动力

协同主体间建立了一定的信任关系产生协同，但这种协同要长期持续，则需要达到更高的层次。出于利己动机的安全需求使不同组织与个人统合协作，但这种协作并不能产生协同。人们基于个体本位的安全需求所产生的协作往往带有特定目的，具有功利主义色彩，一旦特定的目的达到，协作的状况即可能中止，难以产生具有持久性和稳定性的安全供给状态。而社会公共安全作为一种公共物品，需要全社会共同供给，必须将社会主体间形成共同的信念与目标作为协同的最终要素。社会主体间形成共同的信念与目标，才能使安全的需求摆脱利己主义的狭隘观念，通过达成共识，实现对非涉及安全问题上的关注与投入，才能成为协同的持久动力。而一个社会的凝聚力直接决定了社会组织与个人的“向心”程度，只有社会凝聚力提升了，才可能培育出产生共同信念和目标的土壤。

三、社会公共安全协同供给中的文化冲突

社会公共安全协同供给中可能产生多种文化冲突，从宏观上说，其中最主要的冲突主要有以下三种：

一是组织文化冲突，主要表现在科层制文化与网络化治理理念的冲突。组织文化是指组织机构长期以来形成的，对组织成员及其行为产生影响的组织内的传统习惯、思维方式、群体规范和精神面貌等。长期以来，马克斯·韦伯提出的基于理性和非人格化的“官僚制”精神构成了行政组织文化的灵魂。其所倡导的基于专业分工的制度化合理、合法的组织结构构成现代组织管理的基础。而在知识经济和全球化发展的今天，这种行政组织文化日益受到来自自由民主理念、多元价值诉求及剧变的行政环境的挑战。在社会公共安全协同中，强调市场化、分权化、多元参与、弹性化的合作治理新理念。

二是协同主体间文化冲突。在社会公共安全协同供给中，公共部门需要创新治理方式，通过管理多元化的关系网络来实现社会公共安全供给，而其中最重要的是处理不同类型组织与个体的文化差异，主要表现为处理不同社会组织间（如政府组织与非营利组织间、非营利性组织与营利性组织间等）固有的管理理念、思维与行为方式、价值观等方面的差异与文化鸿沟。如果忽略这种差异与鸿沟，或关系处理不当，就可能产生矛盾，如非营利性组织更加注重人文关怀与公益理念,而营利性组织则更看重高绩效所产生的利润。社会公共安全协同过程中，协同主体间的文化冲突可能带来主体间的不信任感，并进一步引发协同目标与路径的不一致。

三是社会文化冲突。从纵向历史维度考察，在一定的社会环境中由历史发展所形成的群体意识、习俗风貌和规范特征。例如，民族精神和传统、社会历史文化传统等会影响一定地区的社会管理模式，社会价值观直接影响管理活动中的价值优先排序，社会规范会影响管理活动的行为模式等。如中国长期以来历史文化中封闭的“大一统”行政体制及“官本位”文化削弱了管理者的民主决策意识也阻碍了民主决策机制的构建，“中庸”和“等级”观念限制了管理者的创新精神，传统社会基于血缘亲情的“差序格局”的社会组织结构也易导致以管理者为中心的管理方式，这些因素与社会公共安全协

同所强调的开放、民主、创新、竞争等理念相悖。

要缓解以上文化冲突，首先，要使公共安全管理体系更加注重公平、正义、民主、服务等多元化价值，建立更为扁平化的组织结构，培育平等、协商、互助的组织文化；其次，要着眼于不同协同主体间的文化差异，协调其对特定安全协同项目的价值观，寻找文化兼容性，必要时适时进行旧体制的文化变革，才能实现协同过程的知识、信息与资源共享，建立互信关系，实现协同激励目标，形成网络式协同良性机制；最后，要在对一定地域内社会文化及其可能产生的冲突进行充分分析的基础上，在社会公共安全协同中加强文化创新，努力培育新型文化要素，实现与协同机制相适应的社会文化的不断发展。

第五章

社会公共安全协同供给机制：形成、动力与运行机制

第一节　社会公共安全协同的前提：政府角色认知的转变

第二节　协同形成机制：协同机会识别、协同启动与要素整合

第三节　社会公共安全协同子系统及其动力机制：以区域社会治安为例

第四节　协同的自组织运行机制：以市级社会治安供给为例

社会公共安全协同要经历十分复杂的过程。在公共管理模式嬗变的背景下，尽管各国历史传统、国情、经济与社会发展水平等存在巨大差异，但世界范围内的政府都在经历着“统治—管理—服务”的角色变迁。在社会公共安全领域，协同供给是供给发展的方向和必由之路。在风险社会背景下，政府要转变对自身角色的认知，这是社会公共安全协同的前提。社会公共安全协同要经历协同机会识别、协同启动与要素整合等复杂过程，形成“自组织”力量并获得持续动力，在良性循环中不断优化。

第一节

社会公共安全协同的前提：政府角色认知的转变

政府作为社会公共安全协同供给的主导者，扮演着“设计者”与“规划师”的角色，对整个协同过程进行“顶层设计”。然而，一旦设计与规划完成，政府应该退出协同权力中心的支配地位，给予各类协同主体更多的空间促进“自组织”式的协同形成，与此同时在协同动力、沟通、优化等方面做出不懈努力。

一、公共管理模式嬗变背景下的政府角色转变

人类历史上原始社会的氏族管理，随着阶级的产生、阶级矛盾和冲突的不断激化而被一种新的管理方式——国家管理即政府对社会的管理所取代。在漫长君主专制的“统治型”公共管理时期，政府管理只不过是统治者私人管理的延伸，强调政治统治功能，带有强制性和明显的暴力倾向。而统治者为了唤起并维持公众对其“合法性”的信仰，也竭力进行意识形态的宣传教

化，差等正义论、君权神授论和王权至上理论等均大体属于此范畴。在社会层面，古希腊时期支撑公共管理、公共追求的平等参与、信任合作的直接民主和公共精神被统治阶级维护统治的私人工具所扼杀，取而代之的是等级制、暴力机制和专制统治。

人类进入工业社会，机器化大生产带来以“效率”为中心的管理理念，这种工具理性也渗透入公共管理领域。“资本主义实质上是一种按照理性方法组织生产的尝试，这种理性的生产方法不仅改变了整个经济过程，而且改变了社会本身。”[①] 基于政治与行政二分的理念和韦伯的“官僚制”理论，是建立在法理型社会基础之上的“管理型”公共管理权威。官僚制所倡导的专业化、职业化、层级控制、命令服从和规则化管理在社会生活的方方面面延伸，行政权力和行政职能的扩张使效率至上的公共管理进入“福利国家”的鼎盛时期。自由、平等、民主等从启蒙运动开始，对人的基本权利的捍卫进而对政治权利和社会权利的追求的过程使公共管理逐渐具有一定“公共性”的价值诉求。劳动分工和社会化大生产的工业经济也使对效率的执着追求影响到公共领域，为公共管理增添了理性化色彩。传统的“统治型”公共管理已不能适应来自社会和市场的双重压力，公共管理进入以“管理”为核心的新时期。但在理性官僚制的理念下，这一时期政府的“管理”基本以自上而下的“管制”为主旋律，公众始终无法摆脱在命令—服从和规则化的层级控制的等级结构，在大多数意义上只是“被管制者”的角色。

20世纪七八十年代，西方政府职能的扩张和对社会生活的全面干预的消极后果逐渐显现，政府面临因财政赤字日益扩大而引发财政危机，因机构臃肿、人浮于事、低效率导致管理危机以及因对社会问题的反应迟缓、墨守成规等带来来自社会的信任危机。由此，西方社会普遍相继掀起了政府改革运动。对“管理型”公共管理模式的理论质疑在本源上来自对韦伯的理性官僚制正当性的反思。对官僚制正当性的反思主要围绕两条主线展开：一是市场化趋向的新公共管理，主要观点是重新定位政府职能，“政府的职责是掌

① [美]罗伯特·达尔.公共行政学：三个问题//彭和平，等.国外公共行政理论精选.中共中央党校出版社，1997：156.

舵而不是划桨”[①]；在内部管理上，借鉴企业管理模式和经验，打破僵化的层级制组织结构，使其扁平化、网络化、弹性化，并运用现代管理技术，实现全面质量管理和无缝隙流程再造；调整政治与市场之间的关系，通过公共服务民营化等方式使政府管理市场化，将市场竞争机制引入公共部门。二是民主化管理取向。一方面是组织内部层级关系的调整，否定政治与行政两分，强调下层，特别是基层官僚参与决策过程；另一方面则从组织外部着手，否定政府作为公共管理的唯一主体，主张还权于社会，实现政府与公民社会的合作治理，构建协商合作的治理网络。

基于民主化取向的第二条主线，从思想上可以追溯到汉密尔顿和麦迪逊，再到托克维尔对民主制行政的分析。文森特·奥斯特罗姆（Vincent A.Ostrom）在此基础上认为民主制行政的基础是，一是每个人都有资格参与公共事务处理的平等至上主义的假设，二是所有重要的决定都留给所有社群成员以及他们所选择的代表考虑，三是把命令的权力限制在必要的最小的范围，四是把行政机关的地位从主子的行政机关变成公仆的行政机关。[②]如果说“管理型”公共管理与公民的主体意识和权利意识有着千丝万缕的联系，“服务型”公共管理则是参与意识和责任意识觉醒的“积极公民”的制度家园。公民是公共生活的“积极参与者”，并不仅为自己而且为别人而承担责任。而作为公共管理主体的政府及其他公共组织，超越传统官僚制束缚，重视公民权，以“公民”为中心，将“公共服务”精神置于价值优先的地位。“服务型”公共管理最重要的特征是改变了以往将公民与公共管理主体的对立局面，是对共和传统的复归，两者通过共同为之奋斗的公共事业紧密相连，融为一体。[③]

---

① ［美］戴维·奥斯本，特德·盖布勒．改革政府：企业精神如何改革着公营部门．周敦仁，等译．上海译文出版社，1996：11.

② ［美］文森特·奥斯特罗姆．美国公共行政的思想危机．毛寿龙译．三联书店，1999：87.

③ 钱洁．公共管理模式嬗变的反思．理论与改革，2010（3）.

二、风险社会背景下社会公共安全供给中的政府角色认知

“服务型”是公共管理嬗变的必然趋势。在这一背景下，政府在社会中的地位和作用也相应地发生变化。在风险社会背景下，社会公共安全供给日益发展成为一个复杂的社会活动系统。“系统的复杂性不仅表现在它们是由大量的部分所构成的，而且还表现在它们具有复杂的行为。”① 长期以来，政府在社会公共安全供给中一直致力于人造的“防控网”，这一防控网如同哈肯所述的这样一类系统——服务于特定目的的人们设计和建造的人造系统，服务于公共安全这一目的的人造控制网络。随着风险社会的来临，在政府的绝对主导和强力推进下，这一网络在精密性、复杂性和控制力上达到了前所未有的高超程度，并且伴随着社会风险升级，这种防控网也在不断升级，向更加严密、更为精细的方向发展。在这一类型的社会公共安全供给系统中，政府的角色是社会公共安全供给的中心和发号施令者，且似乎只有不断地加强政府的这一角色定位和控制力量，才可能更自如地应对各种社会风险和安全危机。

如前对风险社会背景下社会公共安全供给的理论分析，上述政府角色定位的问题在于，长期以来，忽视了对自组织——这一类型系统的重视。自组织，原是指在自然界中存在的大量由自然界本身所产生的系统。以此为基础，在社会科学领域，自组织是不以公共管理者的主观意向为转移的社会自觉的存在方式。在社会公共安全供给背景下，要重视蕴藏于集体行动中的社会层面的安全力量与系统，这一系统自身向着日益复杂的方向演进。由于社会现象的复杂多变，社会公共安全系统无法在自组织概念框架内进行微观解析，但在足够抽象的水平上，可以从宏观上把握这一系统的定位及其基本规律。因此，政府的角色应由安全体系的建造者转为安全要素的发现者、引导者和实现者，这一角色转变的实现有赖于政府对自组织体系的深刻理解和高度重视。虽然人造系统和自组织系统之间存在差异，但在一定条件下，两者并非毫无联系。正如哈肯所言，人可以这样来构造系统：通过适当的约束，系统

① ［德］H. 哈肯 . 信息与自组织 . 郭治安译 . 四川教育出版社，2010：8.

便能以自组织形式产生特定的功能。[①] 在社会公共安全供给中，政府更为重要的使命是构造这样的社会公共安全供给体系：通过适当的约束、引导与控制，使社会以更自组织形式产生社会公共安全供给功能，并通过政府的有效管理使这种功能在没有外在强加力量的状况下不断延续和发展。

三、科学安全观视角下政府在社会公共安全协同中的作用

明确了风险社会背景下社会公共安全供给中的政府角色定位，在科学安全观视角下，政府在社会公共安全协同供给中发挥着十分重要的作用，主要包括以下三方面。

（一）致力于宏观而不是微观社会公共安全的供给，以整体和长远社会公共安全的实现为己任

政府致力于宏观社会公共安全供给，是指政府要立足于长远和更广泛区域内的社会公共安全供给，立足于整体政府和全社会的安全协同，在涉及社会公共安全领域的资源投入、战略决策、管理控制等方面发挥积极作用，以实现社会的长治久安。长期以来，以政府为核心的公共部门在社会公共安全失序状态中习惯于通过强制力调动公共资源，对违法犯罪等各种社会公共安全风险的精确打击。由于公共资源的总量有限，如果在犯罪打击上的资源投入提升，那么在犯罪预防上的资源投入势必会减少，因此，平衡两者之间的投入比例关系成为宏观社会公共安全供给的重要内容。这包括以下三个方面：

第一，从长远而言，随着时间推移，预防效用 M 呈现上升趋势，而打击效用 N 则呈现下降趋势（如图 5-1 所示），要实现长远社会公共安全，必须增加预防资源投入比例。如在信息化条件下，常态化的社会公共安全信息采集不仅有利于精确打击和快速破案，更为社会公共安全提升了预防保障，所以信息化警务的发展十分重要。

---

① ［德］H. 哈肯 . 信息与自组织 . 郭治安译 . 四川教育出版社，2010：18.

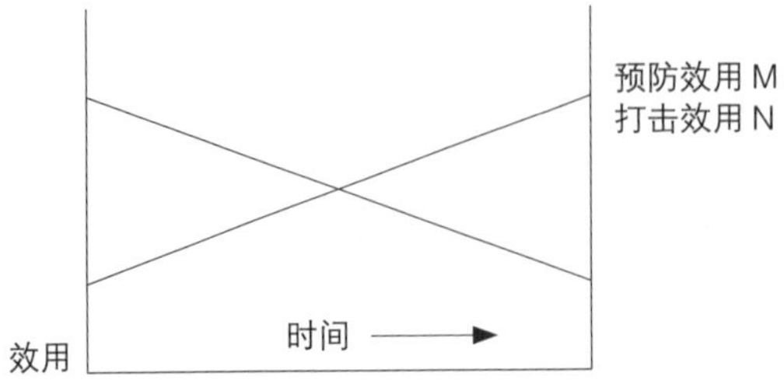

图5 －1　社会公共安全资源投入效用[①]

第二，政府应立足于整体安全的实现。以割据而不是共享的形式实施社会公共安全供给，会浪费巨大的社会资源。例如，某一区域（A）内管制性安全政策可能带来短期内的社会公共安全效用上升，但可能引发未实施这类政策的相邻区域（B）社会公共安全状况的恶化，最终仍会反过来影响这一区域的治安（如图 5–2 所示）。从总效用来看，这种安全供给模式的效用是下降的。又如，若仅从社会公共安全视角看待社会安全失序，通过打压的方式试图消除失序状态，相关社会管理和社会保障不到位，社会深层次矛盾不能化解，就不能从根本上改变社会公共安全失序状态。要防止这类现象的出现，通过正确的引导实现整体安全，政府对此责无旁贷。

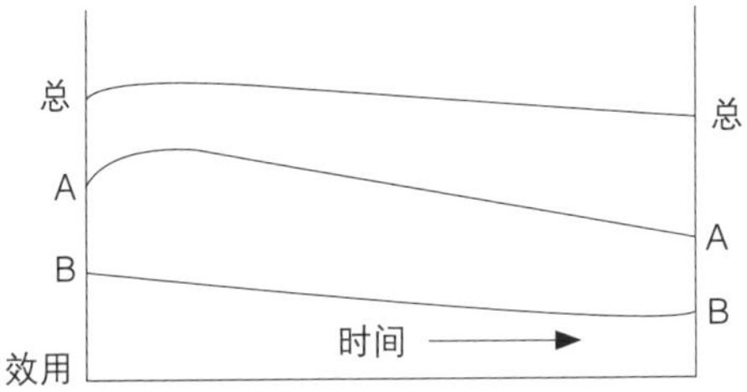

图5 －2　区域社会公共安全供给效用

① ［美］乔恩·埃尔斯特．社会黏合剂：社会秩序的研究．高鹏程，等译．中国人民大学出版社，2009：23.

第三，政府应立足于依赖全社会力量实现社会公共安全供给。在集体行动中，个体的独立选择十分重要。虽然安全的社会比不安全的社会对于全体社会成员来说更有利。但就社会个体或组织而言，其更关心的是个体或组织在社会公共安全中的投入与产出关系,这就造成了安全领域集体行动的困难。如果政府能努力创造这样一种环境：通过适当的合作形式，使不同社会个体或组织在社会公共安全供给中的努力或投入因合作的存在实现效益倍增，即在适当的合作环境下，社会个体或组织都愿意在社会公共安全上给予更多的关注和投入，则实现了社会公共安全协同的基本条件，政府应在创造这一条件上不断努力。

（二）建设社会公共安全协同供给系统，并通过科学管理使系统产生特定的自组织功能

社会公共安全协同供给中，通过科学管理实现社会公共安全体系的特定自组织功能最为关键。这里所说的“特定”，是指这种自组织功能并非外界，特别是政府为核心的公共部门所强加的，而是包括政府在内的社会各类主体在政府培育的环境中自发产生的。政府对社会公共安全的供给应由单纯的命令—服从关系的思维，转向对集体行动的关注。按照新制度主义的分析，公共产品的自愿供应问题十分复杂。人的个体理性会引导其向损害集体利益的方向行动，因此，需要让渡其部分权力给国家。这一逻辑解释在社会公共安全供给领域十分典型，即成为警察、监狱等国家机器及国防、社会治安等纯公共产品产生的重要原因。然而，现代社会随着国家与社会力量对比关系的变化，人们不能忽视分散的非强制的合作产生的集体行动。以政府为核心的公共部门对其不应采取回避、漠视、听之任之的态度，更不应采取盲目否定或打击的态度，而要将其作为社会公共安全供给体系的重要组成部分，高度关注其发展的趋势，分析其规律，创造良好的环境使其向良性方向发展，如促使其成为社会秩序和稳定的重要因素，而不是成为恐怖主义、社会动荡和社会危机的源头。当社会中分散的非强制的社会公共安全领域的合作产生了社会个体或单一组织无法实现的安全局面，且收益与投入相比倍增，会吸引更多的个体或组织通过理性分析愿意投入资源参与其中，特定的自组织功能

即得到实现。社会实践证明，社会公共安全领域这种功能实现不可能在完全自发的状态下产生，因此，需要政府通过科学管理为其创造条件、引导方向、实时约束与不断优化。

（三）通过信息模型完善社会公共安全协同供给子系统，更好地预测、感知和应对社会公共安全危机

政府多个职能部门协作及政府与其他社会个体或组织的合作状况是衡量社会公共安全供给的重要维度。系统协同的实现需要高度协调，而这种协调的过程只有通过信息交换才能实现，成为系统运转的持久动力。信息被采集、传输、接收、处理和转换，并同时在系统及其不同子系统中进行交流。可见，信息体系是协同系统中的关键元素。在社会公共安全协同系统中，政府通过其在公共事务运行中的主导和核心地位，不断完善社会公共安全信息的采集、加工、分析、研判等，通过不间断的信息沟通促进社会系统内部各子系统实现协同作用。从信息的观点入手，社会公共安全信息汇总形成的序参量可以使社会个体及组织如何行动，同时又能告知政府及公共组织整个社会系统宏观有序状况。具体来说，社会这一开放系统中，大量无序状态的个体及其行动都携带着社会公共安全信息。如果能较全面而准确地通过各种渠道采集这些信息，虽然在大多数时候采集与交换的信息具有偶然性，但当信息汇总分析研判，再使其适当传播和沟通时，会出现发散性功能倍增的效果。如果这种信息模型及其沟通与运用过程恰当，可以指导全社会个体和组织的行动，同时为观察者提供社会公共安全系统宏观有序态的情况。这样能对社会公共安全危机进行适时预测与预警，在危机中反映危机的根源以找到正确的应对策略，在危机后总结教训，防止类似危机的再次出现。上述过程中，政府承担着义不容辞的使命。

第二节

协同形成机制：协同机会识别、协同启动与要素整合

社会公共安全协同的形成需要经历协同机会识别、协同启动与要素整合的过程，这三个方面相互作用，对协同的形成起着基础性作用。

一、社会公共安全协同机会的识别

在社会公共安全供给中，安全信息表现出来的是循环因果性而形成的社会整体的安全状况，反映了社会安全供给的方向。所以识别社会公共安全协同机会的首要前提是对一定区域内（如在某一国家、某一行政区划内等）社会公共安全协同环境的评估。现有的一些社会治安状况的数据，如某一地区刑事与治安案件发案率、破案率等只是微观层面的数据，不能从宏观上反映社会公共安全协同水平。对社会公共安全协同环境的评估应立足于社会公共安全供给者对现在社会公共安全状况的评价（如政府对本地社会治安状况的总结、公众的社会安全感、企业对在这一地区投资的安全风险考量等）与社会期望的安全水平之间的差距。这也提供了通过社会公共安全协同供给减小甚至消除差距的可能性。如图 5-3 所示，以时间为横轴，随着时间推移，某一区域社会公共安全发展状况的曲线（AB），与同区域政府对社会公共安全期望发展状况（CD）之间存在差距，这种差距需要通过安全供给来减小，包括制度（政策）、信息、技术、资源等方面。而在某一地区当前信息、技术、资源投入等方面已经相对成熟和完善时，社会公共安全协同成为一种重要的制度供给力量。

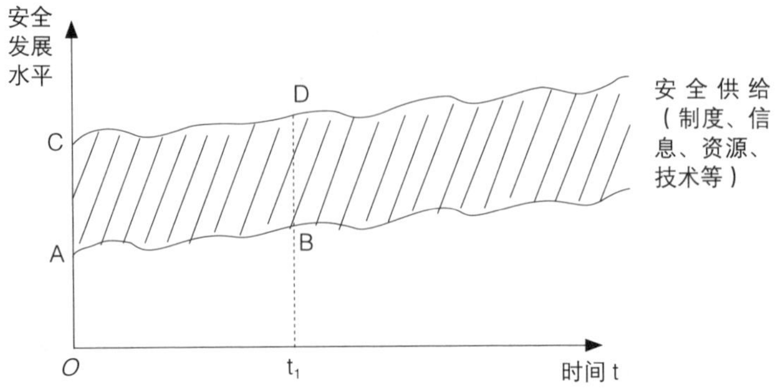

图5 －3　社会公共安全差距评估模型

其次，要进行社会公共安全协同动机的分析。尽管社会公共安全的实现是一个"群体理性"的话题，但就社会公共安全供给而言，必须考量作为个体的个人或某一组织的动机。在集体行动中，必须从个体理性出发加以分析。一是分析个体或组织通过合作为社会公共安全供给投入资源可能的成本和收益。二是分析可能的合作者范围与数量及合作可能带来的效果。按照美国学者乔恩·埃尔斯特（Jon Elster）对集体行动的分析，集体行动中的个人动机可以进行分类（如图 5–4 所示）。以此为基础，在社会公共安全协同供给中，其动机可能来自社会规范的要求和理性两大类，而理性则是主要的动机力量。在出于理性的动机中，最为常见的是结果导向的自利的理性选择。按照曼瑟尔·奥尔森（ManCur Olson）对这类理性选择的经典论述，集体行动的两种情况包括，一是巨大的利益诱使个体提供公共产品。二是群体中一部分人向他人提供消极的或积极的选择性动机，强迫或诱使他人合作。① 在社会公共安全协同供给中，个体或组织参与安全协同动机多为第二种情况。根据自身的利益分析，个体或组织认为，自身的社会公共安全资源投入可以增加安全收益或免受安全威胁或惩罚，因此愿意参加安全合作。此外，还有两种理性选择的安全协同动机：一是过程导向的自利的理性选择，即社会公共安全协

① ［美］曼瑟尔·奥尔森．集体行动的逻辑．陈郁，郭宇峰，李崇新译．上海人民出版社，2011：1–4.

同行动本身可以强化个体或组织的自我实现，或是十分享受这一过程。二是结果导向的利他的理性选择，即社会公共安全协同过程中，可以通过自身努力实现他人的安全福利或是社会总体的安全福利，如社会公共安全领域的志愿者个体或组织是这一类型的典型代表。

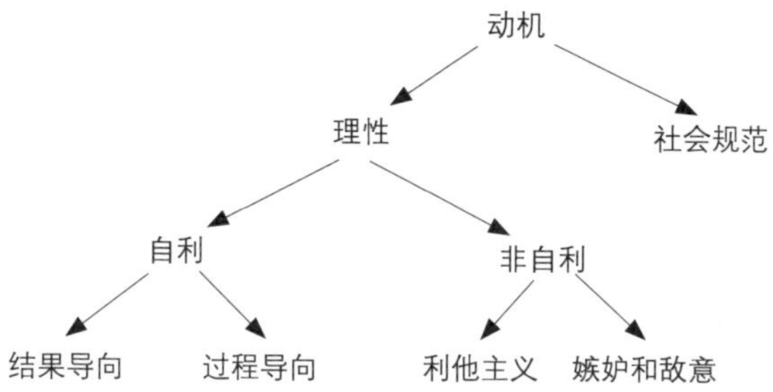

图5－4　集体行动中个人动机的类型[①]

最后，识别协同时机并强化协同效应。正如协同学推广了大数定律，这里协同效应实现的基础是个体在经过理性分析后，被迫按照新的安全有序态行事。社会公共安全形势的变化可能由于一个偶发事件触发，如某一领域的社会矛盾引发了个体的极端行为，对社会公共安全造成影响。与之相关的其他主体会产生增加安全供给的原动力。某小区发生了盗窃案件，小区居民会加强自家的安全防范，小区物业也会加强保安力量，警方会进行案件侦破工作等。如图 5–5 所示，此时会自然形成协同的时机，出于个体或组织的理性考虑，社会安全供给由 A 向 B 移动，而协同学耗费则趋向低点，在 B 点时是较好的协同时机，如果能较好地识别并利用这一时机，将这种协同扩展到更广泛的主体、更多安全领域及更大的区域，即尽可能使安全供给停留在 B 点，可以强化协同效应，否则可能会向 C 点发展，即虽然社会公共安全供给增加，但协同学的耗费也急速增长，安全供给是以不同社会主体巨大的总耗费作为代价的。

① 乔恩·埃尔斯特．社会黏合剂：社会秩序的研究．高鹏程，等译．中国人民大学出版社，2009：35.

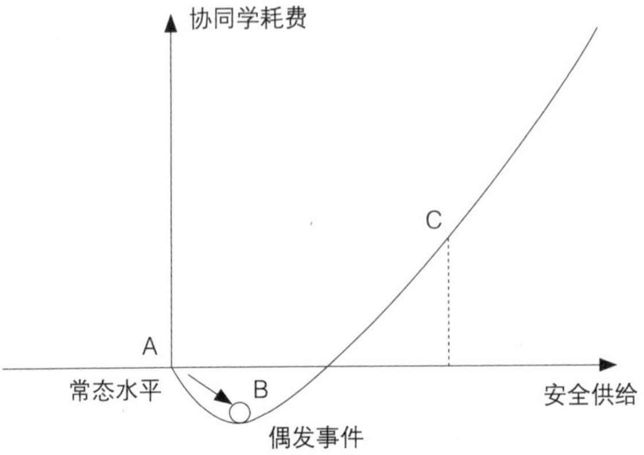

图5－5 社会公共安全协同机会的识别

二、社会公共安全协同的启动机制：以社区公共安全第三方协同为例

社区公共安全第三方协同，是指以地方政府和基层组织、地方警务机构为主导，通过管制、说服或激励等方式使社区公共安全第三方（即承担安全维护法定职责的公共部门和受特定类型安全威胁的组织或个人以外的第三方，包括各种社会自治组织及其成员、工商企业、业主、家长等），共同担负起维护社区基本秩序和安定局面、预防和减少犯罪的责任与使命。这种协同的出发点秉承了这一理念：伴随风险社会的出现，社区犯罪控制与预防的责任不仅归国家，而且要由社会多方共同承担。社区公共安全第三方协同的核心是通过改变社区第三方日常行为的活动方式实现犯罪控制。而第三方日常行为的活动方式改变的启动则较为复杂，虽然各种组织与个人都能够启动社区公共安全的第三方协同，但协同的启动需要以政府为核心的公共部门作为发起人的不懈努力。社区公共安全第三方协同的启动需要经过以下四方面的完善作为基础。

第一，在现代法治社会，作为发起人，以政府为核心的公共部门的首要任务是在社会公共安全领域赋予第三方监管职责与权利。当前治理实践在全世界范围内兴起的背景下，监管的方式方法越来越依赖于全社会力量。“监管的中心逐渐远离国家机构向外延伸到企事业团体、社会主体等市民社会的各个方面。”[①] 西方较为常见的安全第三方监管包括：职业健康与职业安全检查员，卫生、健康与环境保护检查员，食品安全监督机构，环境与消费者权益保护组织，同业公会，各类反歧视组织，制造业标准机构等。尽管中国也建立了类似组织，涉及食品与药品监督管理、安全生产监督管理、消费者权益保护、环境保护监督管理等，但总体来说，以“第三方”身份参与社会公共安全领域监督管理的组织与个人，这类主体的作用发挥仍然受到多方限制。公共部门要努力启动从社区层面开始的公共安全第三方协同，需要多方面的努力。

第二，公共部门启动社区公共安全第三方协同，要研究第三方承担控制犯罪角色与职责的法律基础。社区公共安全第三方协同是由基层政府或基层警务机构发起和组织实施的犯罪防控战略，但其前提是在现有法律框架内建立，主要涉及刑法、管制法（如行政法）和私法（如合同法、物权法等）。第三方协同的启动需要在法律层面上明确第三方协同的法律依据和基本程序，如第三方在协同过程中的法律地位，公共部门针对不同类型犯罪或社会公共安全问题可以运用的法律手段和杠杆，对可能出现的法律争议的仲裁机制等。

第三，公共部门要寻找和明确第三方协同的“焦点中心”。选择适当的“焦点中心”是社会公共安全第三方协同启动的关键。公共部门在协同中的主要作用是找到“焦点中心”后，通过制度安排促发围绕“焦点中心”的社会第三方自组织网络形成，继而产生协同合力，实现社会公共安全供给。以社区公共安全第三方协同为例，通常包括以个人为焦点（如要求社区内家长加强对孩子的管教、要求房东驱逐有特定行为的房客等）、以地点为焦点（如要求社区内的犯罪热点场所加强保安巡逻等）、以犯罪情境为焦点（如要求社区内一些经营性场所增加内部监控技防设施等）等。围绕这些焦点的制度设定、政策制定与实施会促使第三方行为产生不同于先前的变化，这种变化的累积进而成为“触发机制”，促使第三方协同的产生。

---

① ［澳］洛林·梅热罗尔，珍妮特·兰斯莉．第三方警务．但彦铮，等译．中国人民公安大学出版社，2012：29.

第四，公共部门要适时通过强制、诉讼、谈判、签订合同等方式使第三方主体的行动向着公共部门期望的方向发展。通过第三方行为的改变达到多元主体的公共安全协同供给，以创造更好的公共安全环境，实现对社区犯罪的控制和社区治安状况的全面改善。社区协商对于社区公共安全第三方协同供给的实现具有重要意义。虽然安全领域的第三方协同主要以带有一定强制力的法律手段启动，但“第三方警务的‘协商过程’应主要关注以强迫方式使用法律手段的程度以及警方是否采取了渐进的合作与磋商的步骤”①。在中国社区公共安全供给中，警民恳谈作为警民互动的一种重要方式取得了十分积极的效果。这种社区层面的恳谈通过协商和说服的方式有助于公共安全协同中的第三方深刻理解第三方协同的目的和意义，采取积极的态度并具有使命感地完成与公共部门的协同合作。

三、社会公共安全协同要素及其整合

美国学者萨瓦斯（E. S. Savas）提出，城市公共安全服务的供给方式包括政府提供服务、政府间协议、合同承包和志愿安排等。②以社区安全巡逻为例，即会出现有多种可供选择的供给方式，如直接由政府及警务机构组织力量巡逻，由社区志愿者组织志愿力量巡逻，与保安公司签订合同由其承担巡逻任务等。从社会公共安全协同供给角度分析，选择哪种或几种供给方式以实现社会公共安全协同供给，要以社会公共安全协同要素的科学评估和整合为前提。

潘开灵等提出在一般管理中，要素协同价值模糊评价的一般步骤为：

1. 建立因素评价集，即确定影响协同行为进行的特征因素，建立评价者对评价对象可能作出的各种总的评价结果组成的集合。因素评价集为：$U=$

---

① ［澳］洛林·梅热罗尔，珍妮特·兰斯莉. 第三方警务. 但彦铮，等译. 中国人民公安大学出版社，2012：187.

② ［美］E.S. 萨瓦斯. 民营化与公私部门的伙伴关系. 周志忍，等译. 中国人民大学出版社，2003：88.

（u_1，u_2，…，u_n）。

2. 确定因素权重系数，所谓权数乃是表征因子相对重要性大小的表征量度值，权数是为了使综合评价能够考虑各个影响因素对总体影响程度的不一致性。因素评价集中的各因素对协同行为的影响是不同的，影响越大，其权重越大；相反，影响因素越小，其权重也越小。权重系数集为：$A=$（a_1，a_2，…，a_n）。

3. 确定评价等级集，评价指标的等级是指对于最后一级指标的等级界定，可以请若干专家对其进行评估定级，然后把专家评定的各个等级人数的比例记录下来，构成等级评价集，即 $V=$（v_1，v_2，…，v_m）。

4. 按评价人员的评定结果进行登记分配率统计确定，矩阵形式为：

$$R=\begin{bmatrix} R_{11} & K & R_{1m} \\ M & 0 & M \\ a_{n1} & L & a_{am} \end{bmatrix}$$

5. 由上述 A 和 R，利用模糊矩阵合成计算：$B=A\circ R=$（b_1，b_2，…，b_m）即模糊评价模型，其中“$\circ$”为模糊矩阵合成算子。[①]

基于上述协同价值模糊评价步骤，社会公共安全协同的要素主要包括：人力要素、资金要素 、技术与信息要素、行动能力与效率要素、社会信任要素等。社会公共安全协同需要对可被纳入安全协同供给体系的不同协同主体的这些要素进行充分预评。如将上述要素设为要素集 $U=$（u_1，u_2，u_3，u_4，u_5），不同的协同主体，在上述要素方面有着较大差别，要将每个要素在不同主体中的情况进行评判。要求专家对每个主体不同要素进行等级划分，如其中一个主体 $V=$（v_1，v_2，v_3，v_4，v_5）按最大、较大、一般、较小、最小进行等级式赋值评价，再对各评价要素进行权数分配，用模糊判断矩阵描述 U 到 V 间的模糊关系，用 R 来表示：

$$R=(r_{ij})_{n\times m}=\begin{matrix} r_{11} & r_{12} & \cdots & r_{1m} \\ r_{21} & r_{22} & \cdots & r_{2m} \\ \vdots & \vdots & & \vdots \\ r_{n1} & r_{n2} & \cdots & r_{nm} \end{matrix}$$

① 潘开灵，白烈湖 . 管理协同理论及其应用 . 经济管理出版社，2006：187.

最后，将不同赋值汇总，以 $M(\cdot, \oplus)$ 算子得出不同主体要素协同评价结果的预测，从而了解不同要素的隶属度评价情况。

由于社会公共安全协同供给领域的主观性较强，故需要采用专家评价法。可采用专家函询预测法（德尔菲法）进行，根据上述模糊评价设计成具体的安全协同评估问卷，问卷中主要以概率为专家预测的主要指标，第一轮函询都将专家预测的概率进行统计计算，将专家的主观意见与数据统计分析结合起来，经过多轮函询，分析每一协同主体不同要素的情况。

由于社会公共安全协同的特殊性，这种协同要素的评价不能完全采用数学方法，所得出的结果只是作为要素整合的参考依据，其目的是对协同主体所拥有的各类资源进行全面评估，在协同计划制订和协同启动过程中，尽可能使各主体分值较高的要素得以更好地发挥，以减少因不同主体利益主张、思维方式、社会资源等方面的巨大差异而可能产生的矛盾与冲突。

第三节

社会公共安全协同子系统及其动力机制：以区域社会治安为例

协同学是关于理解结构是如何产生的一门科学，即关于动力学的科学。[①] 诞生于 20 世纪 50 年代末的系统动力学，最初源于对工业动力的研究，后扩展到农业、交通、能源、国民经济计划、人口、生态管理等诸多领域。其理论基础是将被研究对象视为由相互联系和相互依赖的若干组成部分结合形成的有特定功能的有机整体，即由若干子系统构成的不断运动的系统，同时系

① ［德］赫尔曼·哈肯．协同学．凌复华译．上海译文出版社，2005：123.

统边界以外的环境对系统也产生约束力。“系统动力学着眼于系统全局的、宏观的动态行为。首先，确定系统的目标，然后确定组成系统的子系统（划定边界），建立各子系统的相互关系，再确定内部的控制机理，形成系统的结构构架，由这个构架产生系统的行为。”[①] 运用系统动力学进行分析，有助于加深对社会公共安全协同现象的内在本质的认识。

一、社会公共安全协同系统的目标

自组织，是指系统中许多独立的个体在没有任何人为的策划、组织、控制下，进行的相互作用、相互影响、自然演化的过程。[②] 作为协同学核心理论的自组织理论认为，当控制参量达到临界值，会导致相变的出现。也就是说，“只有当控制参量达到临界值时，系统中才有可能出现自组织过程”[③]。系统中各子系统独立运动的耦合反映在宏观偏离平均值的涨落现象上，也成为形成有序结构的动力。研究社会公共安全的协同要在剖析系统内各子系统及其协同要素的耦合关系的基础上，努力放大社会治安协同的自组织过程。社会公共安全协同系统的目标是通过组织化与制度化的机制，完善社会公共安全协同各子系统的运行及子系统间的相互影响和协作，促进社会公共安全供给形成自组织体系的形成和作用发挥,从而提升社会公共安全供给的效能。

以区域社会治安为例，以命令、管制为基础的社会治安协作是系统在外部强迫下形成的有序组织，是一种有组织行为，这种协作可能在短时间内产生一定效果，但缺乏持久的动力。区域社会治安的各子系统间相互交织、相互影响，在一定条件下自发形成有序的行为，即形成自组织，是区域社会治安协同的根本动力。

① 李旭．社会系统动力学．复旦大学出版社，2011：21.

② 徐绪松，吴强．管理科学的前沿——复杂科学管理．光明日报，2005-9-20（8）.

③ 郭治安，沈小峰．协同论．山西经济出版社，1991：100.

二、区域社会治安系统的子系统构成

区域社会治安系统主要包括人力、结构、信息、关系等诸多子系统，当这些子系统的常态化管理中的独立运动可能成为自组织的动力时，从而实现宏观的协同。

（一）社会公共安全人力子系统

社会公共安全人力子系统是能够参与社会公共安全协同的人力资源数量与质量，主要包括两类：一是直接以社会公共安全供给为职业的人员。在中国主要包括警察（包括辅助警力）、司法机构人员、部队官兵、社区安全工作者等。这类人力资源总体上呈现数量紧缺的状态，需要通过合理配置提高人力资源的利用效率。二是安全供给的社会潜在人力资源。例如，安全领域的志愿者、安全管理人才、普通社会公众等。这类人力资源作用的发挥受到社会环境、制度政策、参与意愿等影响。以区域社会治安协同供给为例，区域社会治安协同中人力子系统需要考量，在区域内警务人才和安全管理人才拥有量及其流动性、区域内警察素质与作战能力、区域中社会公众对社会治安的关注程度和参与意识、区域警力与辅警的数量及其结构、区域治安志愿者数量及其组织化程度等。

（二）社会公共安全信息子系统

社会公共安全信息子系统，主要涉及社会公共安全领域内，电子政务建设情况、公共管理的信息化程度、信息沟通与分析效能、信息公开状况等。信息化的发展为社会公共安全协同供给提供了较好的平台，与此同时，如何在实现信息化协同进程中保障信息安全也成为安全协同过程中的重要难题。以区域社会治安协同供给为例，区域社会治安信息子系统可考察的指标主要包括：区域警务信息平台建设状况、区域社会治安信息的传递效度、区域公共危机管理信息化预警机制、区域信息公开制度完善程度、虚拟社会网络监控与管理状况等。

（三）社会公共安全结构子系统

社会公共安全结构子系统，是指经济、社会等宏观结构布局，以及发展区域社会公共安全力量的部署与配置。宏观上，经济社会发展状况，特别是城乡发展状况、流动人口状况等对该地区社会公共安全的总体状况产生影响。微观上，警务组织权力结构与隶属关系、警务巡逻机制、各类人口管理机制、非政府组织发展状况等对社会公共安全协同供给的效能产生重大影响。以区域社会治安协同供给为例，区域社会治安结构子系统可考察的相关指标主要包括，区域经济发展状况及其产业关联度，区域流动人口发展状况，区域城市化进程，区域警务组织布局与结构，区域巡逻机制，区域非政府组织的发展空间等。

（四）社会公共安全关系子系统

社会公共安全关系子系统是与社会公共安全有关的各类公共关系的总和，主要涉及的领域有：警务交流机制、警民关系、媒体公共关系、安全领域内各类组织的关系、组织内领导者间及领导者与下属的关系等。以区域社会治安协同供给为例，区域社会治安关系子系统着重关注以下方面：区域内常态化警务交流制度建设，区域内警民关系和谐程度，相关公共安全组织间政策冲突的状况，组织间协商机制，社会公共安全组织领导者的非正式沟通状况，基层公共组织（如社区）的自治程度等。

三、区域社会治安协同的动力机制：因果关系及流图

系统动力学的基本方法包括因果关系图、流图、方程和仿真平台。由于社会公共安全问题的抽象性和不确定性，对其规律的研究无法运用系统动力学的局部量化的方程和计算机仿真平台实现。故这里将区域社会治安协同系统视为以因果为基础的系统，主要运用因果关系图和流图分析其动力机制。

（一）区域社会治安协同供给宏观模型

按照前文的分析，区域社会治安协同的供给模型如图 5-6 所示，影响

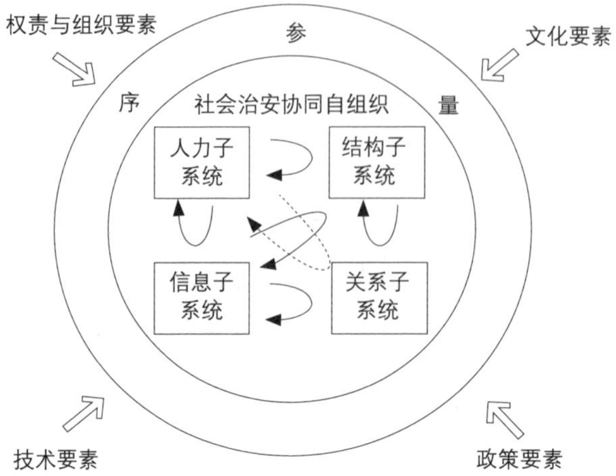

图5－6　区域社会治安协同供给模型

社会治安管理协作序参量的要素主要包括以下四个方面：一是权责与组织要素。社会治安管理协同中的权力体系重构和可能面临的责任困境要求突破官僚制组织范式的束缚，强化委托—代理关系的合同制责任体系，在纵向上要求更加重视社会治安供给中的战略和规划，横向上要求更加重视安全项目合作和资源整合，形成扁平化网络化的组织设计。二是文化要素。社会治安管理协同中要求改变等级制组织文化，基于共同目标、信任和相互依赖的民主精神，克服不同组织文化的差异，形成协作的凝聚力。三是政策要素。社会治安管理协同的形成需要相应的政策支持或政策倾斜，选择适当的政策，构建全社会范围内的政策网络保证相关政策的执行。在这一过程中，可能形成与既有的各地治安政策或其他领域政策的冲突，需要克服政策冲突带来的协作障碍。四是技术要素。随着现代信息技术的发展，协同对信息平台的依赖性日益增加。社会治安管理协同的形成是以警务信息化和信息在整体区域内畅通流动为基础的。这一技术要素也直接关系到信息共享和沟通程度，为协同定位的产生和非正式沟通的形成奠定了基础，更成为组织间协同信任产生的土壤。[①]

① 钱洁．我国社会公共安全协同供给：基于协同学的一种框架分析．湖北社会科学，2012（9）．

社会治安协同自组织体系由人力子系统、结构子系统、信息子系统和关系子系统共同构成。这四类子系统相互影响、共同作用，在一定条件下自发形成有序的行为，即形成自组织，是区域社会治安协同的根本动力。

（二）基于四个子系统的因果关系图与流图分析

这一宏观模型不足以解释区域社会治安的变化情况、自组织的关键因素及其动力，要进一步深入分析上述状况，需要依托系统动力学的分析框架进行。“因果关系图（Causal Relationship Diagram）或因果回路图（Causal Loop Diagram）是一种定性描述系统中变量之间因果关系的图示模型，即用图的形式描述系统变量之间相互影响和相互作用的关系。”[①] 因果回路图通过对系统反馈结构的表示，表达系统动态形成的假说（如图 5-7 所示）。

图 5-7 中，因果链由箭头表示，出生速率由人口数量和出生比例决定。每条因果链都具有极性，或者为正（+）或者为负（-），该极性指出了当独立变量变化时，相关变量会如何随之变化。重要回路用回路标识符（+）或（-）特意标出，以显示回路为正反馈（增强型）还是负反馈（平衡型）。[③]

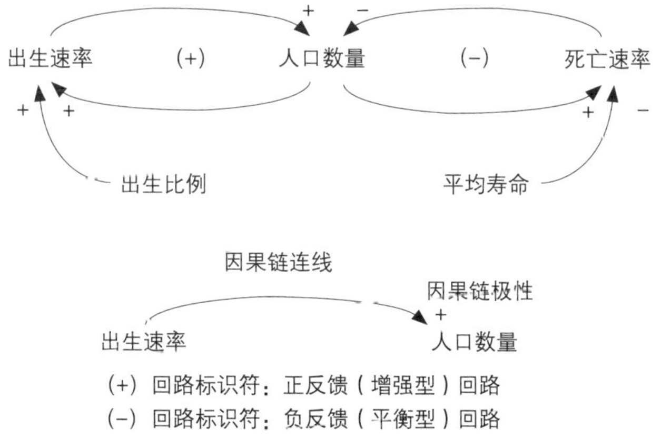

图5－7　因果回路中的符号[①]

① 李旭．社会系统动力学．复旦大学出版社，2011：26.

② 钟永光，贾晓菁，李旭．系统动力学．科学出版社，2009：57.

③ 钟永光，贾晓菁，李旭．系统动力学．科学出版社，2009：57.

流图也称存量流量图，是在因果关系图的基础上进一步区分变量的性质，用更加直观的符号刻画系统要素之间的逻辑关系，明确系统的反馈形式和控制规律，为深入研究系统打基础的图形表示法。[①] 其与因果关系图的区别在于，流图在描述反馈结构的基础上，表示不同性质变量的区别，特别是反映其中的变量的累积变化，人口系统的基本流如图 5-8 所示。

图5-8中，人口为状态变量，用矩形符号表示，指向状态变量的实线箭头，表示状态变量的输入流；自状态变量向外的实线箭头，则表示状态变量的输出流。

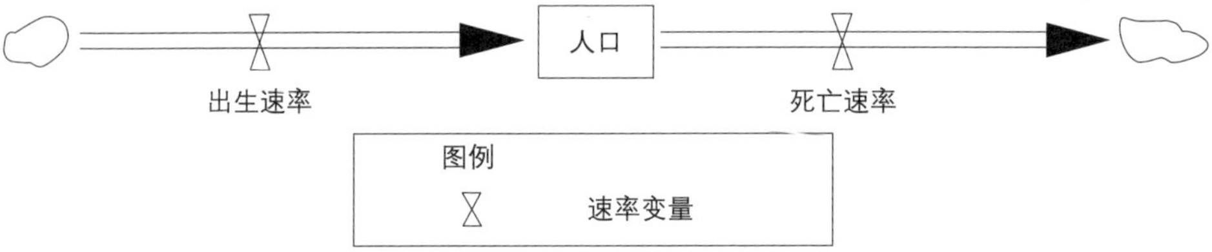

图5 －8　人口系统的基本流[①]

需要说明的是，在四个子系统中，区域社会治安人力子系统与区域社会治安信息子系统中的部分变量可被视为存量，故尝试用流量图进行分析；而区域社会治安结构子系统与区域社会治安关系子系统中由于其主要变量为主体相互间作用，故不适用存量流量分析，在这里只用因果关系图进行分析。

1. 区域社会治安人力子系统。区域社会治安人力子系统反映了对区域社会治安产生影响的安全领域的人力资源总量、素质及配置等状况。这一子系统的要素包括区域内社会总人力资源、区域社会治安人力资源、区域社会治安潜在人力资源等。与之相关的要素包括：区域经济发展与城市化水平、治安的社会参加度等。随着区域经济发展与城市化水平的提升，社会总人力资源的增加，促进了区域社会治安人力资源的增长。另外，在社会治安的参加度提升的情况下，区域潜在安全人力资源随之增加，也同样促进了区域社会

① 钟永光，贾晓菁，李旭．系统动力学．科学出版社，2009：88.

② 钟永光，贾晓菁，李旭．系统动力学．科学出版社，2009：88.

治安人力资源的增长。而区域社会治安人力资源的增长又会提升区域经济发展与城市化水平及治安的社会参与度。区域社会治安人力子系统流如图 5-9 所示。

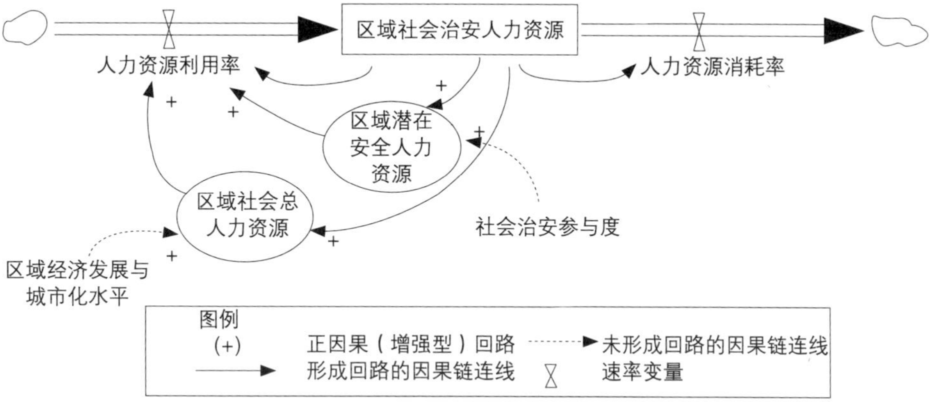

图5－9　区域社会治安人力子系统流

2. 区域社会治安信息子系统。区域社会治安信息子系统反映了区域社会治安信息采集、分析、研判等全过程中相关信息的总量、质量、运用效度等。这一子系统的要素包括：社会治安信息交流与共享、信息采集成本、社会治安信息资源、社会治安信息使用成本、社会治安信息使用率、社会治安信息数量与质量等。在排除涉密信息的情况下，区域社会治安信息的交流与共享度的提升会降低安全信息采集成本与使用成本，同时提升信息研判效度，进而提升区域社会治安信息的数量与质量。区域社会治安信息子系统如图 5-10 所示。

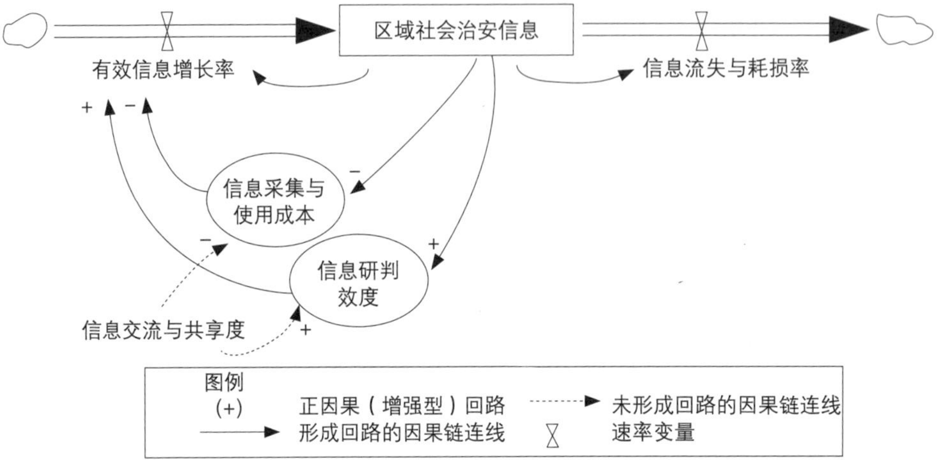

图5 － 10　区域社会治安信息子系统

3. 区域社会治安结构子系统。区域社会治安结构子系统反映了区域内与社会治安相关的组织结构、协作模式及管理机制等。这一子系统的要素包括：区域警务组织结构、区域警务合作效能、区域内政府与市场及社会的关系、区域社会组织发展状况、社会治安管理机制（包括巡逻机制、实有人口管理机制、流动人口管理机制）。其中区域内政府与市场及社会的关系对社会组织发展状况产生影响，而社会组织发展状况、警务组织结构合理程度及社会治安管理机制会对社会治安组织间合作模式的发展产生相应影响。区域社会治安结构子系统因果关系如图 5-11 所示。

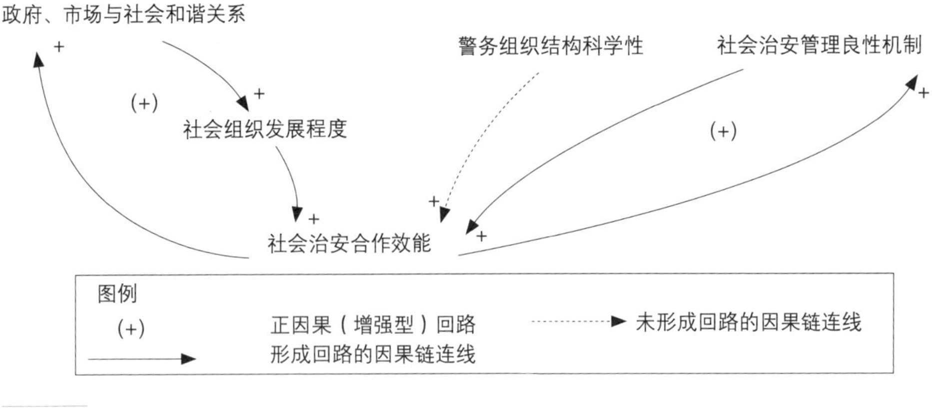

图5 － 11　区域社会治安结构子系统因果关系

4. 区域社会治安关系子系统。区域社会治安关系子系统反映了区域内与社会治安相关的社会组织间与个体间的交流情况、关系状况与和谐程度等。这一子系统的要素包括：区域警务交流频率与效度、区域警务协作水平、区域警民交流频度与效度、区域警民关系和谐度、区域社会组织间及个体间的总和谐度、区域社会信任度、区域治安社会参与度、社会治安主体间的和谐度等。其中区域社会信任度与区域治安社会参与度形成因果关系的正反馈，而区域社会信任度的增加会提升区域社会组织间及个体间的总和谐度，而区域治安社会参与度会提升警民交流频率与效度，从而提升警民关系和谐度，进而提升社会治安主体间的和谐度。另外，警务交流频率与效度的提高使警务协作水平得到全面提升，进而促进社会治安主体间的和谐度。区域社会治安关系子系统因果关系如图 5-12 所示。

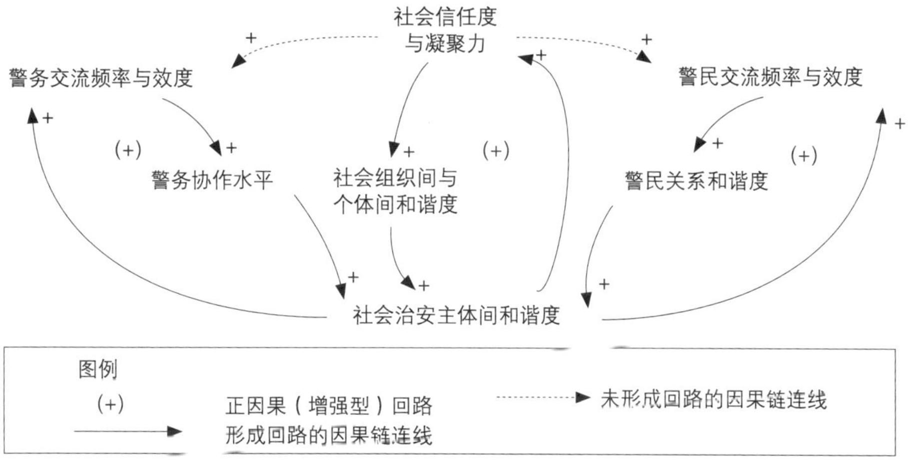

图 5 － 12　区域社会治安关系子系统因果关系

（三）区域社会治安协同自组织动力系统

将上述四个区域社会治安子系统的自组织动力图进行拼接与综合，我们得到如图 5-13 所示的区域社会治安协同自组织动力系统。

从微观到宏观，对上述区域社会治安协同自组织动力系统图进行分析，得出以下结论。

1. 在子系统一，区域社会治安人力子系统中，有两条增强型正反馈回路。

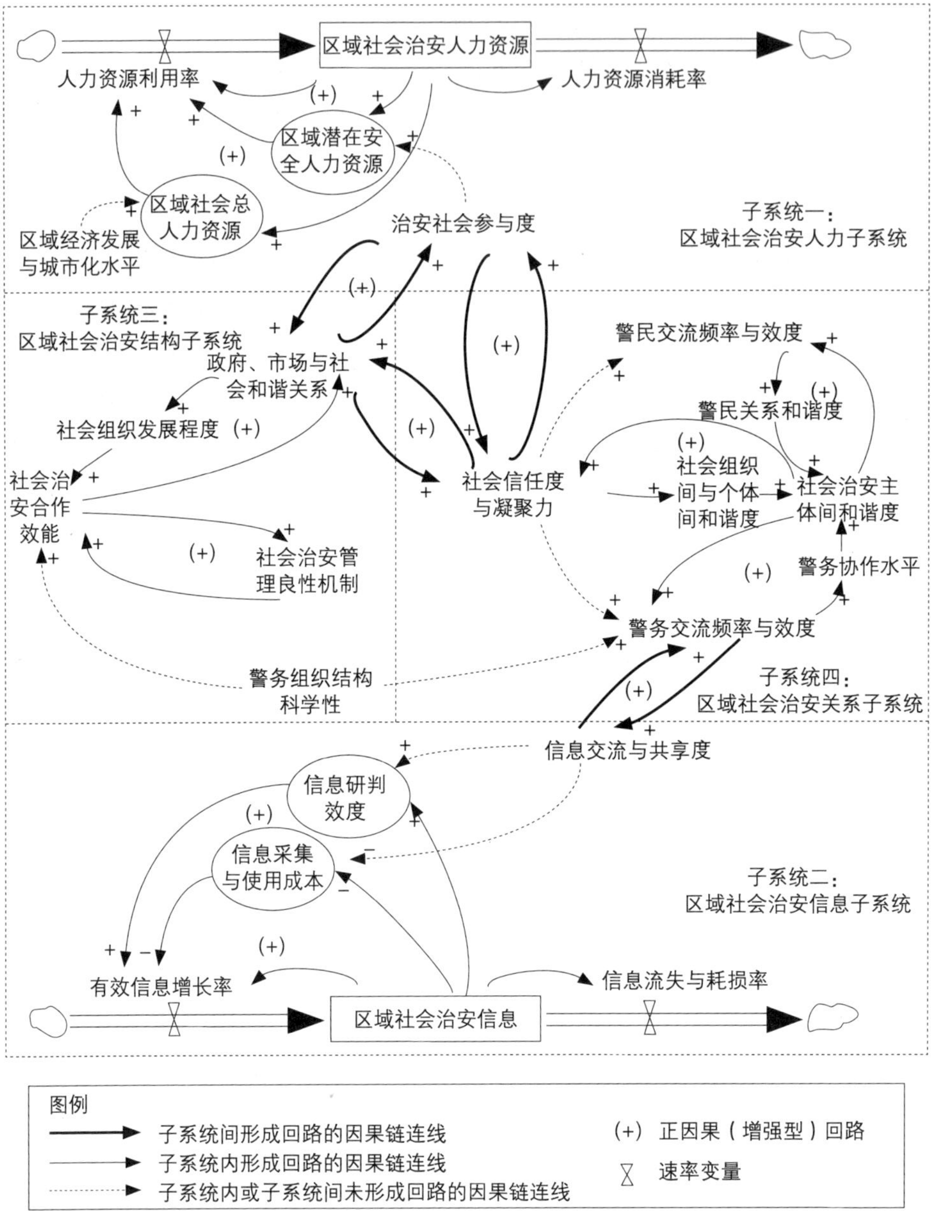

图5 － 13　区域社会治安协同自组织动力系统

区域社会治安人力资源的增长会增加区域潜在的安全方面的人力资源，而区域潜在的安全方面的人力资源的增长使人力资源利用率提升，又会进一步提升区域社会治安人力资源的数量和质量，这是一条正反馈回路。另一条正反馈回路则是，区域社会治安人力资源的增长会使区域社会总人力资源增长，从而通过提升人力资源利用率使区域社会治安人力资源进一步提升。

2. 在子系统二，区域社会治安信息子系统中，有两条增强型正反馈回路。其一，区域社会治安信息的增长会使信息采集与使用的成本降低，成本降低后，促使有效信息增长率提升，形成正反馈回路。其二，区域社会治安信息的增长还会使信息更全面，从而使研判的效度提升，也进一步提升有效信息增长率，形成另一条正反馈回路。

3. 在子系统三，区域社会治安结构子系统中，有两条增强型正反馈回路。社会治安管理机制与社会治安组织合作效能间相互增强形成一条因果关系的正反馈。政府、市场与社会和谐关系促进社会组织发展程度，进而提升社会治安合作效能，而社会治安合作效能的提升又会进一步促进政府、市场与社会和谐关系，因此三者之间又形成另一条正反馈回路。

4. 在子系统四，区域社会治安关系子系统中，有三条增强型正反馈回路。一是社会治安主体间和谐度的提升使警民交流频率与效度提高，警民和谐度也随之提升，反过来作用于社会治安所有主体间的和谐程度，形成一条正反馈回路；二是社会治安主体间和谐度的提升有助于提升整个社会信任度与凝聚力，而社会信任度与凝聚力提升了，社会组织间与个体间和谐度提升，由此社会治安主体间和谐度也进一步提升；三是社会治安主体间和谐度的提升对警务交流频率与效度产生正面影响，从而提升警务协作水平，又反过来促进社会治安主体间的和谐。

5. 在四个子系统之间，又形成四条增强型正因果回路，分别是治安社会参与度、社会信任度与凝聚力及政府、市民和社会的和谐关系三者间又增加了两两之间的正反馈回路，此外，警务组织结构科学性对警务交流频率与效度产生正向因果联系，而警务交流频率与效度和信息交流与共享度间也构成第三条正反馈回路。上述分析表明：以上增加的子系统间要素间正因果关系回路使区域社会治安人力资源、信息、结构和关系子系统相互作用，共同构建区域社会治安协同自组织体系。

6. 对区域社会治安的系统动力学分析得出以下重要启示。对区域社会治安协同自组织体系的形成起到重要作用要素分别为：区域潜在安全人力资源、区域社会总人力资源、社会治安参与度、政府市场与社会和谐关系、社会组织发展程度、社会治安管理良性机制、社会信任度与凝聚力、警民交流频率与效度、警民关系和谐度、社会组织间与个体间和谐度、警务交流频率与效度、警务协作水平、信息采集与使用成本、信息交流与共享度、信息研判效度等。其中，警务交流频率与效度，治安社会参与度，政府、市场与社会的和谐关系及社会信任度与凝聚力和这四个要素因分别与两条或三条增强型正反馈回路相关，它们通过影响社会治安人力资源、信息、合作结构和主体间关系四个维度，对区域社会治安协同自组织体系的形成起到至关重要的作用。以政府为核心的公共部门要对区域社会治安协同供给起引导和激励作用，应从以上三个要素着眼，并关注其他形成正反馈回路的要素，致力于促进和创造形成自组织的条件，才能促进协同自组织体系的形成，为其提供持久的动力，优化区域内社会治安协同的内环境，最终实现社会治安协同的常态化和良性发展。

此外，从协同动态视角分析，政府作为社会公共安全供给主导者还应在以下三方面为社会公共安全协同供给培育良好环境：（1）促进协同机会识别与要素整合。例如，一方面发挥科层权力结构在社会危机发生时社会动员的重要作用；另一方面通过常态化的社会志愿组织的管理，培育其在社会治安信息和资源供给领域的发展空间，使社会矛盾早发现、早化解。（2）促进协同运行中序参量的选择与管理。例如，通过适当的政策工具，通过适应本地区社会经济发展和治安环境的政策变迁或政策倾斜，因地制宜地鼓励社区范围内的互助、互信与协作，促进社区安全自治和“邻里守望”的实现。（3）通过自组织的信息沟通与结果反馈优化协同机制。例如，完善自组织各子系统的网络平台建设，建立适应区域实际的社会风险评价体系。以公安信息系统为基础，完善社会范围内风险源识别、风险阈值监测、安全危机处置系统建设，加强对自组织子系统的结果反馈功能，使社会公共安全协同功能倍增，全面提升社会危机的应对能力。

第四节

协同的自组织运行机制：以市级社会治安供给为例

问题分析三角是问题导向警务中的分析方法，在这种分析方法中，社会公共安全问题有三方面要素，即违法犯罪嫌疑人（一些具有从事危害行为动机的人）、受害人（必须存在理想的弱势的目标）以及地点（受害人和违法犯罪嫌疑人必须同时出现在同一地点）。[①] 如图 5-14 所示，这三方面要素只要能够消除其中一个，就能有效预防未来社会公共安全领域的危害。

从社会公共安全问题分析三角的视角出发，以市级社会治安协同供给为例，对社会治安协同供给的自组织运行机制主要包括序参量管理、作用机制与约束条件等要素。在社会治安协同供给过程中，主要有政策导向机制、利益驱动机制和志愿精神驱动机制，在不同类型机制的作用机理下，其约束条件也有所不同。而三种作用发挥的共同前提是，社会治安协同各类主体明确，全社会各类主体都有责任创造一个“安全”的环境，在社会公共安全供给中发挥应有的作用。

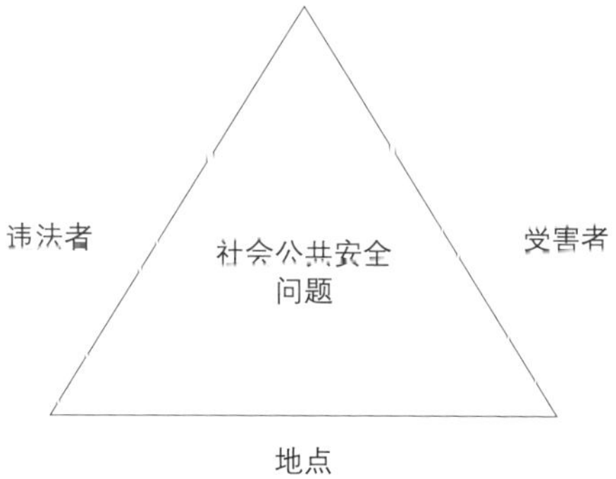

图5 – 14 社会公共安全问题分析三角[②]

① ［美］Kenneth J. Peak，Ronald W. Glensor. 社区警务战略与实践 . 刘宏斌，等译 . 中国人民公安大学出版社，2011：77.

② ［美］Kenneth J. Peak，Ronald W. Glensor. 社区警务战略与实践 . 刘宏斌，等译 . 中国人民公安大学出版社，2011：77.

一、社会治安协同供给的序参量选择与管理

社会治安协同供给的目的是使社会公共安全系统处于不稳定或临界状态下产生主导或支配系统发展的序参量，使社会公共安全系统向着有序、稳定的方向发展。在不同的社会治安事件或社会公共安全失序状态中，其序参量会有很大差别。但总的来说，序参量都涉及两个方面：一是以政府为核心的公共服务质量，二是以社会信任为核心的公民的社会融入状况。政府作为社会治安协同供给的权威机构，要从战略角度主导与引领各协同主体形成自组织体系，进而实现社会治安协同供给，其主要途径是进行序参量选择与管理。

（一）社会治安协同供给的主体间协调

在市级社会治安协同供给过程中，按照协同主体的类型划分，协同主体主要包括以下三种：一是公权力主导型主体，包括行政官员、驻地方军队、警察、刑事司法力量、宣传部门、财政与物资机构、消防与医疗等救援力量、交通运输管理机构、安全监督机构、工商管理机构、公共信息机构等；二是市场主导型主体，包括媒体、私人企业（如制造商、商业场所、保安业经营性公司、安全设施研发机构等）；三是社会主导型主体，包括社区组织、志愿性巡逻队、社会慈善组织、学校、家长、邻居等。

社会治安协同供给的主体间协调是社会治安协同供给运行的基础。总的来说，不同于正式合作，社会治安协同供给的主体间合作关系是松散的、暂时的、以服务于某一社会治安问题为中心而产生并展开活动的。在市级社会治安协同供给中，主要方法包括：一是在政府主导下，定期举行常态化的社会治安联席会议。会议参加者包括上述各类社会治安协同主体。会议的主题是围绕一定时期内的本市社会治安局势，就社会治安领域存在的重点问题进行协同供给规划与设计。在会议过程中，应给予各类主体间进行深度沟通的空间，并针对特定的社会治安具体问题征询意见和建议，探索社会治安协同供给的合作途径与具体策略。二是通过信息化渠道加强主体间协调，构建区域社会治安信息系统。该系统面向社会治安的协同主体开放，通过交互式地理制图的网络入口，可以对本区域的犯罪、拘捕、报警、交通等社会治安的

基本信息，以及针对特定社会治安问题的各类信息进行实时查询，并可通过专门网络途径提出相应的合理化建议，在网上进行沟通与互动。

（二）社会治安协同的序参量的选择

由于社会治安事件的发生原因十分复杂，社会公共安全失序的形式也多种多样，难以找到明确的针对特定社会治安问题的协同序参量。但从社会公共安全问题三角出发，可从三个维度分析社会治安协同的序参量。一是从违法者角度看，从治安危机的制造者角度考察社会治安协同的序参量。二是从受害者角度看，从人的安全防护角度考察社会治安协同的序参量。三是从地点角度来看，从治安危机发生的环境考察社会治安协同的序参量。

以往的警务实践较多关注社会治安危机的城市应急管理，其考察的安全指标主要包括：关注治安危机的制造者，通过侦查—惩治的路径降低其危害社会公共安全的概率，其表现形式主要有发案率、破案率等；关注受害者受保护的角度，通过平时对危机受害者进行及时救治，尽可能降低其受到危害的程度，其主要表现形式如反应速度、救援实际效果等；关注治安危机发生的环境，通过针对危机发生地点的安全措施、监控手段的升级减少危机发生的可能性，其主要表现形式有安装监控探头、增加照明设施、清理社区环境等。

在传统应急管理中，对这些指标的追求在社会治安危机治理中发挥了巨大作用，但对这些指标的关注无法从根本上推进社会公共安全的协同供给。社会公共安全协同供给中，管理者关注的焦点应该从单纯的指标体系转向社会公共安全协同序参量。

对社会公共安全协同序参量的研究，应该将对指标的关注视角进一步扩展，且应该立足于预防，特别是社会面的安全防控。例如，对治安危机制造者的关注应该回溯到其危害社会行为发生的诱因，找到根本诱因发生的社会原因相关的信息资料，分析相关数据，通过与有助于减少诱因出现的社会组织或人员的沟通，进一步寻找社会公共安全协同供给的渠道。又如，对受害者的保护，应扩展至对非偶发受害者信息进行比对分析，对特定类型群体的公众加强安全防范教育，对与受害者联系的相关群体进行行为督促等。而对于社会治安危机发生的环境，除加强“硬件”环境建设外，还应该关注相关区域警民关系、社会信任度、社会凝聚力、社会公平程度等“软件”环境。上述因素都可能在特定社会治安系统中成为影响其状态的序参量，需要决策者对上述序参量进行选择，选择某一种或多种序参量进行有效管理，从而实现社会公共安全供给的协同效应。

（三）社会治安协同的序参量管理

对序参量的选择明确了完善社会治安系统的发展方向，但是否能够真正实现社会治安的协同,还需要使序参量在系统临界点附近通过竞争脱颖而出，从而实现对系统涨落的有效控制。对社会治安协同的序参量管理，首先，要建立在充分的信息收集与数据分析基础之上。这些信息不仅局限于治安信息与警务信息，要建立社会公共安全的“大情报”概念，将该市范围内与特定社会治安危机相关的所有社会信息进行汇总与分析。其次，要在社会治安系统及各子系统处于较稳定时期，重点关注序参量，在社会治安系统处于临界点附近时，强化和突出所选择的序参量，引导序参量向所希望的方向发生涨落。最后，要进行广泛的宣传与社会动员，在社会公众中建立某一或某些序参量与特定的社会治安危机存在联系的观念，在社会治安系统处于临界点附近时，围绕特定序参量完善多种协同机制，促进社会力量与政府的同方向努力，因势利导，实现社会治安系统跃迁，并在跃迁实现后进一步促进自组织效应的实现，进而使社会治安系统达到新的稳定状态。

二、社会治安协同供给的政策导向机制及其约束条件

这里的法规政策导向，并非指以市级警务机构为代表的社会公共安全管理机构针对社会治安问题，以实现对社会治安的更强有力的管控为目的，出台相应的法规政策，而是指以社会治安管理机构与其他社会公共安全非直接供给机构，如工商、交通运输、信息统计、市政管理、能源管理、学校等机构，针对特定领域社会治安问题，为配合社会公共安全供给，出台的限制性或激励性政策规定。

如图 5–15 所示，政策导向机制的主要流程是：由市级政府组织，警方

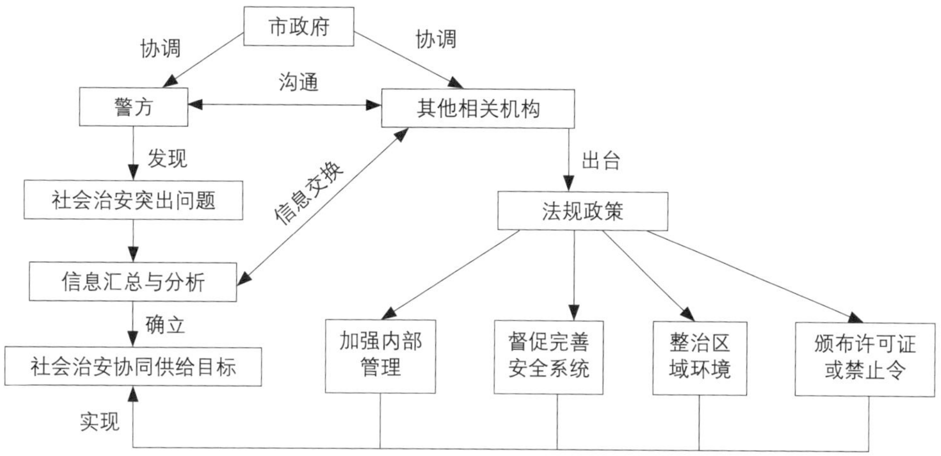

图5 －15　社会治安协同供给的政策导向机制

通过联席会议或其他途径向相关机构提出一定区域内特定社会治安问题，并通过信息系统分析和数据化指标反映其严重程度。各方在信息充分交换的基础上共同探讨通过出台相关法规或政策措施完善安全环境实现社会治安供给的途径。政策导向目标可分为以下四种维度：加强内部管理、督促完善安全系统、整治区域社会环境、在该行政组织职能范围内颁布约束行政管理对象行为的“许可证”或“禁止令”等。最后，在法规政策实施一段时间后，各方进行信息交换并重新统计相关社会治安问题的状况，通过数据化分析评估该法规政策实施的效果和整体社会治安状况的变化。

政策导向机制的约束条件包括：一是其他社会公共安全非直接供给机构及其人员对自身在社会公共安全供给中的责任的认识，如果各机构都只考虑自身职能范围内的“政绩”，只是“完成任务”式地配合处理社会治安问题，则不可能从这些组织及其人员内部形成社会公共安全供给的动力，也无法发挥其在自身专业领域的专业优势，难以形成通过协商式解决问题的氛围，协同也就形同虚设。二是公共部门的常态化信息沟通机制的完善。法规政策导向式安全协同需要建立在各机构信息的网络化实时沟通的基础之上，特别是社会治安信息的网络化有助于这类协同的实现。各机构与社会治安相关联的信息数据库应面向社会公共安全机构开放，而整个区域内社会面的社会治安信息也应该有便捷的路径，可供其他机构在特定情境下进行查询。此外，组织间常态化定期信息沟通与交流也是必不可少的条件，在社会公共安全机构应设有专门的部门进行与其他公共组织的信息对接与交流工作。

三、社会治安协同供给的利益驱动机制及其约束条件

按照“经济人”假设，理性经济人都追求自身利益的最大化。社会治安协同供给的利益驱动机制的实质，是警方通过精心规划形成适当的制度安排或激励措施，促进相关组织或人员为追求自身利益而实施相应行动，而这些行动会产生社会公共安全供给的效能。利益驱动机制的形式多样，如由市财政出资通过选拔资助服务质量高的私人公共安全组织，以鼓励私人安全组织间相互竞争提升服务质量；鼓励各社区组织根据本社区实际提出有创意的完善本社区治安环境的方案举措，通过项目评比的形式选出其中好的创意项目给予资助，帮助其完成项目建设；因社会治安管理机构的大力宣传，使盗窃案频发的小区中的业主了解周边治安形势后，为防止自身财产损失而加强家庭安全设施和安全防范；通过改善案发地的自然环境和社会环境，使犯罪者发现实施犯罪的成本和风险在提升，经过理性思考决定放弃犯罪的念头；相关机构给予一定时期内防范措施有效，而且维护社会治安状况良好的商家或物业公司公开的褒奖或奖励，提升其在消费者心目中的形象，使其由此获得更多利润的机会等。

可见，利益驱动机制的对象群体是全社会中的任意类型群体，如私人组织、第三方、社区组织、普通市民、犯罪者等，其作用机理如图 5-16 所示。由警方根据社会治安供给目标，策划项目式协同供给方案，并向社会公布或告知相关群体，理性经济人经过理性分析，做出改变其行为的决定并实施，由此其在获得自身利益最大化的同时，也帮助警方进一步实现社会治安供给目标。

利益驱动机制的特点是使对象群体自发地改变其行为，因此其约束条件首先是，驱动其改变行为的利益要适当。为此相关机构要进行慎重的利益驱动成本—效益分析。如果利益不足，则可能无法从根本上改变其行为，如果利益过度，又可能产生社会资源浪费和协同效益低下，甚至可能因社会心态

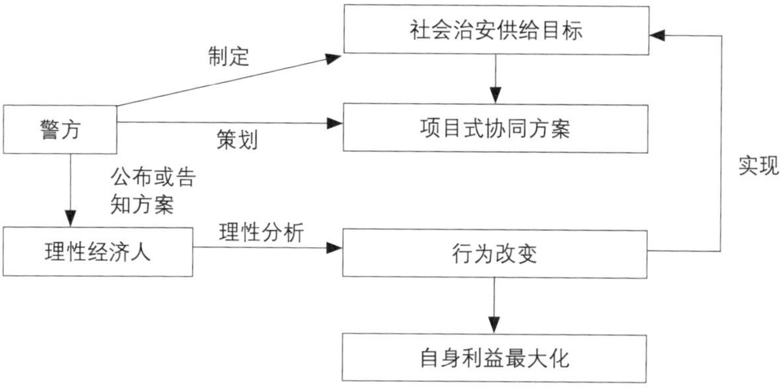

图5 － 16　社会治安协同供给的利益驱动机制

失衡导致其他危机。故在实施前要进行充分的项目评估，以确定合适的利益驱动的范围、方式、途径和时机等。另外，利益驱动行为与社会治安供给目标的方向一致。要经过审慎分析，确定利益驱动机制作用下，源于理性经济人对自身利益最大化的追求所产生的利益驱动行为能够在一定程度上实现社会治安供给目标，确保这种目标实现的可测量性、持续性和长远性，避免因市场竞争的作用对社会治安产生不可控制的其他后果。

四、社会治安协同供给的志愿精神驱动机制及其约束条件

志愿精神在任何社会中都有利于打破人与人之间的隔阂，提高周围人们的生活质量。从这个意义上说，志愿服务本身就是有利于社会和谐的社会公共安全供给。通过适当机制设计，可使志愿精神在社会治安供给中发挥更大的功效。警方与其他公共部门首先应保护和鼓励志愿者们的日常志愿行为，使其保持积极的状态，不断扩展社会治安志愿者队伍。在此基础上，通过以下三种途径强化志愿精神驱动的社会治安协同供给的效能。一是对志愿者进行安全培训，将有志于社会治安供给的志愿者组织起来，进行基本的安全知识和技能的培训，使其了解警方及相关人员的工作，加强双方的沟通与信息交流，在互动中相互信任和理解；二是在对全体市民进行安全问卷调查，提升其对社会治安的关注度和安全防范意识，培育社会公共安全领域的志愿精神；三是对社会上已经存在的社会治安志愿者组织进行业务指导，建立日常

沟通联络机制，规范其在社会治安危机到来时的行动策略，提升其社会治安供给的组织能力和业务能力。

如图 5-17 所示，警方向志愿者组织发出导向性指令，引导志愿者的行动方向，提醒广大市民关注和努力完善社会治安环境。在志愿精神作用下，志愿者自愿展开志愿性安全行动，成功发现、及时化解社会治安隐患，进而预防社会问题与冲突升级，实现社会治安协同供给。

志愿精神驱动机制最大的约束条件是社会中的志愿精神不足。从更深层次说，造成志愿精神不足的原因可能来自社会历史传统、经济与文化发展、公共管理体制等多个方面，而最直接的原因则归结为社会信任与社会凝聚力要素。由于社会信任基础源于社会成员的规则意识与诚信意识，社会凝聚力也需要全社会共同努力，故这一约束条件也非社会公共安全组织及其人员短期内能够改变。此外，志愿精神驱动机制还需要政府部门给予社会组织一定的行动与发展空间。对于与社会治安相关的志愿者组织而言，在积累资金、创新管理体制、提升人员素质、扩大社会影响力等方面是否能获得政府及社会各方面的支持，直接影响其在社会治安协同供给中的作用发挥。

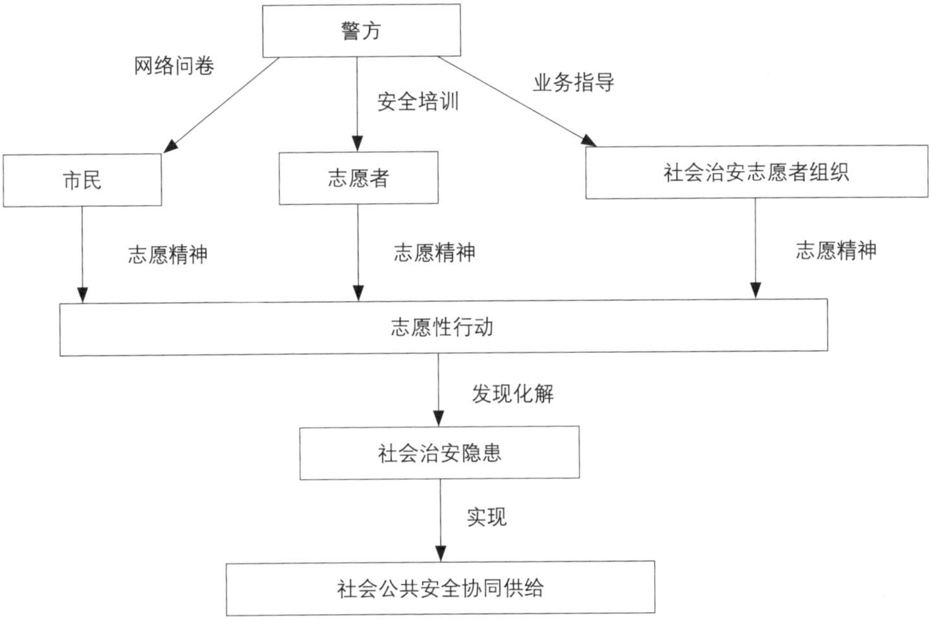

图5 － 17　社会治安协同供给的志愿精神驱动机制

第六章

中国社会公共安全供给现状审视

第一节　中国当前社会公共安全供给的现实背景

第二节　中国社会公共安全供给的组织架构基础

第三节　中国社会公共安全供给的政策沿革：基于社会治安综合治理的分析

第四节　中国社会公共安全协同目标实现的主要障碍及其成因

以社会治安为基础的社会公共安全是公民最基础的安全诉求，而一定地域范围内社会公共安全供给的效能直接影响该地域的社会秩序与社会稳定。经过多年的探索与积淀，中国形成了以社会治安综合治理为核心的社会公共安全供给体制与模式。在相当长的时期内，这种体制与模式对于社会稳定与社会发展发挥了一定的积极作用。然而从社会公共安全协同供给的研究视角审视，中国现存的社会公共安全供给模式还存在诸多问题，需要依循社会公共安全协同供给的模型框架寻找完善的思路。

第一节 中国当前社会公共安全供给的现实背景

社会安全协同供给的实现需要以整个社会在经济发展、行政体制、社会文化等方面的发展为基础。对中国当前社会公共安全供给的现实背景的分析，有助于正确认识和评价社会公共安全协同供给的紧迫性和可行性，也更易找到实现社会公共安全协同供给需进一步努力的方向。

一、社会转型期社会风险加剧与矛盾突出

在风险社会背景下，转型时期的中国社会结构发生重大变化。随着当前中国经济社会的发展，整个社会的利益群体呈现多元化趋势，社会观念的异质性也日渐明显。社会公众在政治、经济、文化、社会等众多方面呈现出多元化诉求，民主法则意识日渐增强，对社会公平正义的呼声日益高涨，这些都使中国社会秩序建构与社会公共安全供给面临空前的严峻挑战。社会公共安全作为公共安全的重要组成部分，是一个系统工程。当前中国面临的社会

公共安全风险源头主要集中在金融风险、腐败与政府公信力缺失、社会诚信缺失、贫富差距增大、资源与环境问题、信息与网络安全等领域。

中国社会风险加剧和社会矛盾日益突出的局面，其不可忽视的成因之一，是不平等竞争所导致的社会心理变化。在收入分配、教育、文化、卫生等诸多领域，竞争的不平等造成社会不公加剧和社会结构分化。结构性风险成为中国转型时期社会公共安全危机的主要原因之一。“结构性风险是指在社会发展过程中，由于利益分化和价值多元所导致的社会共识弱化以及社会系统部分关系失调与运行失效。”① 在这种结构性风险下，促进社会多元主体加强沟通，通过多种途径的协商与利益表达缓解社会心理失衡，以及促进不同阶层社会主体的流动，防止阶层固化带来的社会矛盾，这些对于预防社会公共安全失序显得尤为重要。

此外，由于社会信任危机所导致的社会认同度下降，以及由此引发的制度风险也不容忽视。中国社会转型时期，政府在社会生活各领域的垄断局面被打破，经济转轨、社会变迁、文化多元等易导致各种社会摩擦，社会价值失范使多元主体的传统式信任遭遇前所未有的挑战，彼此间的信任度急剧下降。另外，政府的制度建设尚不完善，制度缺位、越位、不公的现象经常发生，公众不安全感加剧，也易引发社会公共安全失序状态。

二、近年来社会治安形势较为复杂

当前中国社会治安的状况在经历了较为严峻的形势后有所好转，但仍不断面临新的挑战。从中国犯罪状况来看，自 2001 年以来，中国每年刑事立案数在 430 万件至 490 万件之间波动。2009 年的增幅较大，全年刑事立案数达到 535 万件，治安案件数达到 990 万件，刑事立案数增长幅度在 10% 以上。这种增长态势打破了 2000 年以来违法犯罪数量一直保持的平稳态势，表明中国又进入一个犯罪多发期，刑事犯罪总体上处于高峰期。② 可见，这

① 彭远春．我国转型期的社会风险及其防范．理论月刊，2009（8）．

② 李林．中国法治发展报告（2010）．社会科学文献出版社，2010：177－178.

一时期，社会治安形势十分严峻，社会公共安全供给严重滞后。例如，2010年，个人极端暴力犯罪、社会矛盾纠纷引起的恶性刑事案件及针对幼儿园与中小学校园的严重暴力案件频发，对公众安全感产生极大影响。[①] 近两年，社会治安状况总体有所好转，但仍呈现较为复杂的局面。2015年，中国的未成年人犯罪和传统暴力犯罪呈下降态势，但犯罪态势总体情况十分严峻，主要表现在暴力恐怖犯罪猖獗，职务犯罪大案、要案增幅空前，危害生产安全、环境安全和食品药品安全的犯罪突出，毒品犯罪不断攀升，金融犯罪、证券犯罪剧增、电信网络犯罪暴涨。[②] 而2016年，犯罪的总体态势有所缓解。传统暴力犯罪继续呈下降态势，暴恐犯罪、非法集资类犯罪、电信网络犯罪等受到有效控制。然而，危害生产安全、环境安全和食品药品安全的犯罪仍然十分突出，毒品犯罪继续处于高位。[③]

长期以来，中国在社会公共安全供给中主要采用的是由执政党和政府主导的国家治理模式，而这种“路径依赖”使国家在社会公共安全供给中处于绝对主导地位。这一模式在相当长的一段时期内发挥了显著作用。但随着世界范围内民主化浪潮的发展和公民社会的发展，国家绝对主导下的社会公共安全供给的内在局限性凸显，其主要表现在：从公共物品供给的视角分析，这种供给模式已不能满足人们日益多样化的安全需求；由于这种供给模式具有明显的强制性，若执行不当可能带来较为严重的政府信任危机与社会危机；这种供给模式需要消耗大量的公共资源，随着其对社会管控的不断增强，成本倍增，易造成巨大的社会负担等。

---

① 李林．中国法治发展报告（2011）．社会科学文献出版社，2011：154.

② 黄芳．2015年中国犯罪形势分析及2016年预测//李林等．中国法治发展报告（2016）．社会科学文献出版社，2016：73.

③ 黄芳．2016年中国犯罪形势分析及2017年预测//李林等．中国法治发展报告（2017）．社会科学文献出版社，2017：56.

三、传统社会公共安全供给模式不能适应社会发展的新要求

每年中国因公共安全问题造成的GDP损失高达6%，为650亿元，而因各种公共安全问题丧生的人多达20万。[①]这个数字还在不断上升，中国传统社会公共安全供给模式亟待转变。传统社会公共安全供给以国家调控、政府干预、全能警务为主体，虽然社会治安综合治理政策已经实施多年，但就总体而言，在社会公共安全供给领域，仍然是政府掌控权力、资源和各种化解社会矛盾的利器，其他社会组织或个人在其中只起辅助作用，且自上而下的供给局面并未得到根本改变。长期以来，以“严打”为代表的战役式、“救火”式的集中统一行动，通过强力干预和管控在一定时期内取得了社会公共安全供给的成效，但从长期来看，社会风险和矛盾往往是逐渐累积到一定程度而爆发的，运动式的打击不是通过科学的战略规划和资源配置达到安全供给，由此产生的安全局面也很难维持长久的效果，一旦打击的重心转移，不安全因素就会滋生，这一路径难以实现可持续的社会公共安全供给。

“借助组织网络的渗透与延伸拓展国家治理空间，在国家调控过程中实现政党—国家—社会组织对社会治安公共产品的协作生产就成为综合治理组织网络构建需要完成的基本历史使命。”[②]中国应在实现社会公共安全协作供给的基础上，积极探索与中国当前社会经济与社会的发展相适应的更高层面的社会公共安全供给模式，即通过社会管理创新实践实现社会公共安全协同供给。社会管理创新首先需要将社会管理，特别是相关制度、政策、管理模式等作为一种公共物品实现以政府为中心的全社会协同供给。就社会公共安全领域而言，社会公共安全协同供给是中国社会公共安全供给和社会管理创新的必然选择，社会公共安全协同供给机制的建立和完善是实现社会公共安全的重要保障。

① 浦树柔．社会风险考验转型期的社会体制．瞭望新闻周刊，2004（9）．

② 唐皇凤．社会转型与组织化调控——中国社会治安综合治理组织网络研究．武汉大学出版社，2008：169.

第二节

中国社会公共安全供给的组织架构基础

经过长期发展，中国已形成相对稳定的社会公共安全供给组织体系。总体而言，这一组织体系为中国基层社会公共安全供给的完善提供了一定的组织基础。然而以实现较为完善的社会公共安全协同供给为目标，中国政府仍需通过适当的组织变迁，为社会公共安全协同供给提供条件，促使其组织结构逐渐摆脱固有的禁锢，向与社会公共安全协同供给相适应的方向发展。

一、当前中国中央社会公共安全供给的组织体系

（一）中国社会公共安全供给的组织构成

由于"大一统"的历史传统与单一制国家结构形式，中国形成了具有中国特色的社会公共安全供给组织体系，该体系由三个部分组成：

第一，执政党组织，即中国共产党的组织体系。该体系原以中央政法委为核心，主要工作机构包括社会治安综合治理委员会及其办公室，维护稳定工作领导小组及其办公室等。2013 年 11 月，我国成立中央国家安全委员会，下设常务委员和委员若干名统筹协调国内和国际涉及国家安全的重大事项和重要工作。中央国家安全委员会由中共中央总书记任主席。根据 2018 年中共中央印发的《深化党和国家机构改革方案》，由于不再设立中央社会治安综合治理委员会及其办公室、中央维护稳定工作领导小组及其办公室和中央维护稳定工作领导小组及其办公室，中央社会公共安全供给的执政党组织将以中央国家安全委员会与中央政法委为核心，中央全面依法治国委员会、中央网络安全和信息化委员会等共同组成，这充分体现了当前我国社会公共安全供给的组织协同趋势。地方执政党组织体系也将做相应调整。

第二，各级政府组织，即具有相关使命的各类职能部门。其具体包括公安、检察、司法、信访、民政、教育等部门，与同级别的执政党组织相对应，

通常通过相关部门主要领导兼任同级委员会主任或副主任的形式，实现中国共产党的集中领导。根据 2018 年中共中央印发的《深化党和国家机构改革方案》，新组建的应急管理部，作为国务院组成部门，有效整合了安全生产、消防管理、救灾、自然灾害防治、草原与森林防火等相关职责，成为社会公共安全供给的重要政府职能部门。地方各级政府组织体系也将做相应调整。

第三，社会各类组织，主要包括企事业单位、社区组织、非营利性组织与志愿组织等。这些组织虽然从类型与数量上看均占绝对多数。但在中国社会公共安全供给体系中处于辅助地位，主要是在前两类组织的统一领导和管控下，执行相应的社会公共安全政策，完成相关社会公共安全供给任务，促进本组织或本区域内的社会秩序与社会稳定实现，以及本组织或本区域内公众的社会安全感的提升。

（二）中国中央社会公共安全供给的组织发展

1980 年 1 月 24 日，中共中央发出《关于成立中央政法委员会的通知》。中央政法委员会在中共中央领导下，研究处理全国政法工作中的重大问题，并成为中国共产党对中国社会公共安全进行综合治理的领导机构，主要负责党内情报、治安、劳教、警卫、检察、司法等体系，共设中央、各省（区）、市、县四级机构。其后这一机构在 1988 年曾经被撤销，并由中央政法领导小组取代。但随后因 1989 年国内外局势变化，1990 年中共中央发出《关于维护社会稳定加强政法工作的通知》，中央政法委员会恢复且职能得到加强。1991 年和 2000 年，中央先后成立社会综合治理委员会和中央维护稳定工作领导小组，两机构下设的办公室与政法委合署办公。其中中央社会治安综合治理委员会（曾于 2011 年更名为中央社会管理综合治理委员会，2014 年恢复原名），包括中央综治委铁路护路联防工作领导小组、流动人口治安管理工作领导小组、刑释解教人员安置帮教工作领导小组、预防青少年违法犯罪工作领导小组、学校及周边治安综合治理工作领导小组共五个领导小组，并分别在铁道部、公安部、司法部、共青团中央和教育部设立办公室，而中央综治委及市、区县（市）两级综治委均下设综治办和成员单位。中央综治委成员原包括 40 个成员单位，2011 年又新增 11 个成员单位。从中央到地方，社会治安综合治理委员会成员单位主要包括人大，政协，政法委，纪检部门，监察部门，政府办公机构，公安部门、人民检察院、人民法院、国家安全部门、司法行政部门、武警部队、解放军保卫机构、解放军参谋机构、党委组织部门、党委宣传部门、文化部门、广播电影电视部门、新闻出版部门、教育部门、民政部门、卫生部门、住房和城乡建设部门、工商行政管理部门、财政部门、铁道部门、工会、共青团、妇联、交通运输部门、工业与信息化部门、人力资源和社会保障部门、中国人民银行、保险监管部门、民用航空部门、旅游部门、人口和计划生育部门、海关、质检部门、安全生产监督管理部门、商务部门、防范和处理邪教问题机构等。后成员单位有所减少。

中国综治委设立了八个专项工作组，重点涉及以下工作：实有人口专项工作组；新型经济组织和社会组织服务管理工作；特殊人群专项工作，主要包括刑满释放人员、社区矫正对象、吸毒人员、具有肇事肇祸倾向的精神病人等特殊人群的管理服务；社会治安专项工作，包括打黑除恶、社会治安重点地区和突出治安问题排查整治、社会治安防控体系建设等；预防青少年违法犯罪专项工作；校园及周边治安综合治理专项工作；护路护线联防专项工作；社会管理法律政策专项工作。[①] 中央维护稳定工作领导小组是中共中央委员会的议事协调机构之一，其下设的办公室包括调研室、协调督办室等。

2018 年 3 月，根据中共中央印发的《深化党和国家机构改革方案》，中央社会公共安全供给的组织体系变迁主要包括以下几个方面：

一是不再设立中央社会治安综合治理委员会及其办公室，有关职责交由中央政法委员会承担。这一改革方案的目的是加强党对政法工作和社会治安综合治理等工作的统筹协调，加快社会治安防控体系建设，同时也是大部制改革的必然趋势。调整后，中央政法委员会在社会治安综合治理方面的主要职责是，负责组织协调、推动和督促各地区各有关部门开展社会治安综合治理工作，汇总掌握社会治安综合治理动态，协调处置重大突发事件，研究社会治安综合治理有关重大问题，提出社会治安综合治理工作对策建议等。

二是决定不再设立中央维护稳定工作领导小组及其办公室，有关职责交

① 中央社会管理综合治理委员会办公室负责人答记者问. 人民日报，2011-10-8(5).

由中央政法委员会承担。这一方案有利于加强党对政法工作的集中统一领导，更好统筹协调政法机关资源力量，强化维稳工作的系统性，推进平安中国建设。中央政法委员会在维护社会稳定方面的主要职责是，统筹协调政法机关等部门处理影响社会稳定的重大事项，协调应对和处置重大突发事件，了解掌握和分析研判影响社会稳定的情况动态，预防、化解影响稳定的社会矛盾和风险等。

三是将中央防范和处理邪教问题领导小组及其办公室职责划归中央政法委员会、公安部。这一改革思路有利于更好统筹协调执政安全和社会稳定工作，建立健全党委和政府领导、部门分工负责、社会协同参与的防范治理邪教工作机制，发挥政法部门职能作用，提高组织、协调、执行能力，形成工作合力和常态化工作机制。中央政法委员会在防范和处理邪教工作方面的主要职责是，协调指导各相关部门做好反邪教工作，分析研判有关情况信息并向党中央提出政策建议，协调处置重大突发性事件等。公安部在防范和处理邪教工作方面的主要职责是，收集邪教组织影响社会稳定、危害社会治安的情况并进行分析研判，依法打击邪教组织的违法犯罪活动等。

四是组建中央全面依法治国委员会，中央网络安全和信息化领导小组改为中央网络安全和信息化委员会。这类中共中央直属议事协调机构的设立，加强了中国共产党对全面依法治国及网络信息安全领域的统一领导与统筹管理。

此外，为防范化解重特大安全风险，健全公共安全体系，整合优化应急力量和资源，推动形成统一指挥、专常兼备、反应灵敏、上下联动、平战结合的中国特色应急管理体制，国家组建应急管理部，作为国务院组成部门，承担应急管理、消防管理、救援救灾、防火等基本职能。公安消防部队、武警森林部队转制后，与安全生产等应急救援队伍一并作为综合性常备应急骨干力量，由应急管理部管理。

（三）中国中央社会公共安全供给的组织体系

按照中共中央印发的《深化党和国家机构改革方案》，党政军体系共同构建社会公共安全供给体系，都有承担社会公共安全供给职责的各自相应组织机构，且呈现相互协同之势。在中共中央组织体系中，以中共中央国家安全委员会与中共中央政法委员会作为社会公共安全供给的核心，中共中央保密委员会（其办公室即国家保密局）、中共中央全面依法治国委员会（其办公室设在司法部）、中共中央网络安全与信息化委员会（及其办公室）等及其职能范围发挥相应的社会公共安全领域总议事协调功能。而在军队领域，中国人民武装警察部队是担负国家赋予的国家内部安全保卫任务的部队。自2018年1月1日零时起，中国人民武装警察部队由党中央、中央军委集中统一领导，实行中央军委—武警部队—部队领导指挥体制，武警部队职能属性不变。在中央政府体系中，国务院的公安部、国家安全部、司法部、应急管理部，以及最高人民法院、最高人民检察院等，成为中国社会公共安全供给的重要职能机构，承担着维护宏观社会公共安全的重要使命。

二、中国地方社会公共安全协同供给的组织基础

随着中国现代化进程与公民社会的发展，在社会公共安全供给中，基层基础建设越来越成为社会治安综合治理的关键和社会管理创新的重要领域。中国各省（区）、市、县的社会公共安全供给组织机构与中央相对应。按照2018年中共中央印发的《深化党和国家机构改革方案》的部署与要求，当前各地地方各级党和政府机构改革方案正在探索酝酿中，即将出台。

此前的地方社会公共安全供给的组织基础，是以地方政法委为核心，以维护稳定工作领导小组及社会治安综合治理委员会为重要组成部分。以江苏省Z市（县级市）为例，Z市维护稳定工作领导小组与社会治安综合治理委员会的组织机构及职能如下。①

［例］

一、Z市维护稳定工作领导小组

组　长：市委副书记、政法委书记

① 相关资料来源于江苏省Z市维稳办与综治办调研材料。

副组长：副市长；副市长、市公安局局长

成员单位：市委市政府各职能机构、武警中队等

领导小组下设办公室（以下简称市维稳办），办公室设在市公安局，公安局长兼任办公室主任，另设专职副主任1名，兼职副主任1名，其主要职能为：

1. 切实抓好维稳工作部署安排，严格落实维稳工作责任。

2. 扎实推进社会稳定风险评估工作（全面负责稳评工作的组织、推进、协调、指导和考核等工作）。

3. 定期进行维稳形势分析研判，牢牢掌握维稳工作主动权。

4. 积极推动社会矛盾排查化解（主要发挥协调、督办、指导职能）。

5. 深入开展维稳工作专题调研，为领导科学决策提供参谋服务。

6. 不断加强应急处置机制建设。

二、Z市社会治安综合治理委员会

职责任务：市社会治安综合治理委员会是市委市政府的协调机构，负责协调、指导全市各镇（区）各部门贯彻落实党中央国务院、省委省政府、苏州市委市政府及我市市委市政府关于加强和创新社会管理的决策部署，重点协调、推动涉及多个部门的社会管理重要事项的解决；对各镇（区）各部门开展社会管理工作情况进行督导检查；总结推广各镇（区）各部门在社会管理工作中的成功经验和做法；加强对社会管理有关重大问题的研究，提出加强和创新社会管理的政策措施建议；协调指导社会管理法规和制度建设；组织开展平安建设；办理省、市社会治安综合治理委员会和市委市政府交办的其他事项。

成员单位：市委办公室、市政府办公室、市委政法委、市纪委（监察局）、市法院、市检察院、市委组织部、市委宣传部、市委统战部、市委农工办、市编委办、市维稳办、市人大常委会内务司法工委、市政协社会事业委员会、市委市级机关工委、市发改委、市经信委、市教育局、市公安局、市民政局、市司法局、市财政局、市人社局、市住建局、市国土资源局、市城管局、市交通运输局、市农委、市文广新局、市卫生局、市食品药品监管局、市环保局、市人口和计生委、市安监局、市民族宗教局、市旅游局、市园林绿管局、

市信访局、市新市民事务中心、市便民服务中心、市调解中心、市政府外事办、市政府法制办、市国资办、市国税局、市地税局、市总工会、团市委、市妇联、市关工委、工商局、市质监局、海关、中国电信分公司、中国移动分公司、中国联通分公司、人民银行市支行、市人武部、长航公安局、边防检查站、武警中队。

工作机构：市社会治安综合治理委员会下设办公室（以下简称市综治办），作为常设办事机构，仍在市委政法委挂牌。市综治办主任由市委政法委副书记兼任，另设副主任3名，按副科职干部配备。市社会治安综合治理委员会下设9个领导小组，各个领导小组组长由市领导担任。部分领导小组下设专项工作组。

1. 社会矛盾化解工作领导小组。主要负责研究部署和协调推动社会矛盾化解工作。组长：市委常委、市纪委书记；副组长：市政府副市长，市委政法委副书记。组成单位：市纪委、市委政法委、市法院、市检察院、市信访局、市公安局、市司法局、市综治办、市委农工办、市民政局、市人社局、市住建局、市国土资源局、市农委、市卫生局、市环保局、市人口和计生委、市民族宗教局、市维稳办、市政府法制办、市总工会、团市委、市妇联、工商局、市调解中心。下设5个专项工作组，即由市信访局牵头的大信访专项工作组，由市委政法委牵头的涉法涉诉信访调解专项工作组，由市司法局牵头的人民调解专项工作组，由市法院牵头的司法调解专项工作组，由市政府法制办牵头的行政调解专项工作组。

2. 实有人口服务管理工作领导小组。主要负责研究部署和协调推动建立全市人口基础信息库，建立覆盖全市实有人口的动态管理体系。组长：市政府副市长。组成单位：市公安局、市发改委、市教育局、市民政局、市司法局、市人社局、市住建局、市城管局、市交通运输局、市卫生局、市人口和计生委、市新事民事务中心、市民族宗教局、市政府外事办、工商局、人民银行市支行。下设3个专项工作组，即由市新市民事务中心牵头的新市民服务管理专项工作组，由公安局牵头的人口基础信息库建设专项工作组、境外来华人员服务管理专项工作组。

3. 特殊人群服务管理工作领导小组。主要负责研究部署和协调推动刑释解教人员、社区服刑人员、吸毒人员、具有肇事肇祸倾向的精神病人等特殊群体的服务管理政策，建立健全社会关怀帮扶体系。组长：市政府副市长。组成单位：市法院、市检察院、市发改委、市教育局、市公安局、市司法局、市民政局、市财政局、市人社局、市住建局、市卫生局、市地税局、市国税局、市总工会、团市委、市妇联、工商局。下设5个专项工作组，即由市司法局牵头的刑释解教人员安置帮教专项工作组和社区矫正专项工作组，由市公安局牵头的易肇事肇祸精神病人专项工作组、易感染艾滋病病人服务管理专项工作组和吸毒人员管理教育专项工作组。

4.“两新组织”服务管理工作领导小组。主要负责研究部署和协调推动非公有制经济组织建立健全党组织和工会、共青团、妇联等群团组织，建立健全“两新组织”服务管理机制探索完善非公有制经济组织服务管理体制机制，健全劳动关系协调机制，完善境外非政府组织在华活动管理机制。组长：市委常委、组织部部长。组成单位：市委组织部、市委统战部、市公安局、市民政局、市司法局、市人社局、市政府外事办、市政府法制办、市总工会、团市委、市妇联、市工商联、工商局。下设2个专项工作组，即由市委组织部牵头的非公有制经济组织服务管理专项工作组，由市政府外事办牵头的在境外非政府组织服务管理专项工作组。

5.社会建设工作领导小组。主要负责研究部署和协调推动全市社会建设工作，加强社区建设，培育发展社会组织，加快社工人才队伍发展，建立健全以改善民生为重点的社会建设体系。组长：市政府副市长。组成单位：市委办公室、市政府办公室、市委组织部、市委政法委、市委农工办、市人大内司委、市政协社事委、市法院、市检察院、市公安局、市文明办、市发改委、市经信委、市人社局、市教育局、市卫生局、市民政局、市财政局、市国土局、市住建局、市规划局、市文广新局、市体育局、市城管局、市司法局、市人口计生委、市政府法制办、团市委、市妇联、市残联。下设4个专项工作组，即由市民政局牵头的社区建设专项工作组、社会组织建设专项工作组，由市人社局牵头的社会保障建设专项工作组，由市人大内司委牵头的政策法规专项工作组。

6.社会治安工作领导小组。主要负责研究部署和协调推动打击犯罪、社会治安重点地区和突出治安问题排查整治、社会治安防控体系建设等工作。组长：市政府副市长；副组长：市委政法委副书记。组成单位：市委政法委、市法院、市检察院、市公安局、市司法局、市委组织部、市综治办、市发改委、市文广新局、市人武部、长航公安局 ×× 分局、边防检查站、武警中队。下设 3 个专项工作组，即由市综治办牵头的社会治安防控体系建设专项工作组，由市公安局牵头的社会治安重点地区和突出问题排查整治专项工作组、打黑除恶专项工作组。

7. 校园安全和预防青少年违法犯罪工作领导小组。主要负责研究部署和协调推动校园及周边安全管理工作，加强在校师生安全教育和管理，推进校园安全防控体系建设，推进校车安全运行，预防青少年违法犯罪工作。组长：市政府副市长；副组长：市政府副市长。组成单位：市委组织部、市委宣传部、市法院、市检察院、市教育局、团市委、市公安局、市民政局、市司法局、市财政局、市人社局、市住建局、市交通运输局、市文广新局、市妇联、市关工委、市综治办、市经信委、市城管局、市卫生局、市食品药品监管局、工商局、市消防大队、中国电信分公司、中国移动分公司、中国联通分公司、×× 工学院、×× 科技大学校区。下设 5 个专项工作组，即由市教育局牵头的校园及周边治安综合治理专项工作组、校车安全运行专项工作组，由市司法局牵头的校园法制教育专项工作组，由市公安局牵头的校园安全防控体系建设专项工作组，由团市委牵头的预防青少年违法犯罪专项工作组。

8. 虚拟社会管理和突发性公共事件应急工作领导小组。主要负责发挥市互联网管理联席会议职能，明确各有关部门、互联网企业和社会各界的责任，推动建立行政监管、行业自律、技术保障相结合的管理体制，着力建设宣传、引导、管理相结合的网络舆论引导工作格局，负责突发性公共事件的应急处置。组长：市委常委、宣传部部长；副组长：2 名市政府副市长。组成单位：市委办、市政府办、市委宣传部、市委政法委、市经信委、市公安局、市教育局、市文广新局、市工商局、团市委、市文明办、市保密局、市政府法制办、市信访局、市卫生局、市城管局、市安监局、市人武部、长航公安局 ×× 分局、边防检查站、武警中队。下设 2 个专项工作组，即由宣传部牵头的虚拟社会管理专项工作组和由政府办牵头的突发性公共事件应急专项工作组。

9.城市管理工作领导小组。主要负责研究部署形成“大城管”格局，建立健全生活垃圾、餐厨垃圾、渣土、建筑垃圾收运、处置一体化管理体系，创新停车管理、违章建筑、噪声扰民等突出问题的综合治理举措。组长：市政府副市长。组成单位：市纪委（监察局）、市委宣传部、市级机关工委、市住建局、市规划局、市房管中心、市园林绿管局、市交通运输局、市公安局、市教育局、市文广新局、市民防局、市政府法制办、市环保局、市财政局、市国土局、工商局、市卫生局、市食药监局、市便民服务中心、市城投公司、团市委。

当前，各地方各级党和政府将按照中央部署与要求，着眼于加强和优化党对政法工作的领导，构建优化协同高效的社会公共安全供给体系。地方相关改革将进一步加强地方各省（区）、市、县政法委的领导、统筹与协调作用，通过组织建设从宏观上将几乎所有同级职能机构及各类社会组织密切联系起来，以实现社会公共安全供给目标。

乡镇（街道）及村（社区）社会公共安全供给组织结构与上级机构相关组织相比，呈现更为多样化的主体结构。中国基层社会公共安全供给以基层党组织为核心，一般而言，乡镇（街道）一级综治维稳工作的主要职能涉及信访、人民调解、人口管理、治安联防、帮教安置、法律服务、社会组织管理与平安创建等。社会治安综合治理的成员单位主要包括公安派出所、人民法庭、司法所及工商、民政、教育、信访等领域相关机构，此外还包括妇联、团委、国土资源所、中小学校等单位部门。村（社区）则主要包括基层自治组织（如村委会和社区委员会）、基层人民调解委员会、法律宣传服务机构、治保联防组织、义务巡逻队、人口协管队伍、帮教安置小组等。基层社会公共安全供给的组织网络从涉及面上看，已经深入基层社区、企事业单位和各类机构，从涉及领域上看，系统较为完整，已涉及信访、治安、社会矛盾调解、维稳信息、反邪教警示教育、法制宣传教育、联防巡逻、禁毒、帮教安置、流动人口管理等与社会公共安全供给相关的各个领域。

三、为基层社会公共安全协同供给创造条件的供给组织变迁趋势

随着中国社会管理由管控式向引导服务式转变，以“严打”整治为核心的社会公共安全供给模式已经不能适应社会形势发展的需要。虽然从中央层面来说，长期以来，中国社会公共安全供给模式下，社会治安综合治理委员会的权限和职能有所扩张，如综治委成员单位增多，几乎涵盖所有国家政权机构；综治委主任通常由党政“一把手”或专职副书记兼任，这些变化表明，社会治安综合治理委员会这一机构的权重在增加：一方面，使社会公共安全供给跳出原来“政法”工作的权限，将表现出的社会矛盾与社会危机与其深层次的经济社会发展问题联系起来，如社会保障、征地拆迁、医疗教育公平等；另一方面，便于统一指挥和协调政府不同组织机构，共同进行矛盾调处、社会信息采集、风险评估与预测、危机应对工作，同时防止因权限限制或职能交叉带来的公权滥用、行政不作为、责任推诿等所导致的社会矛盾的激化和政府信任危机。而在当前机构改革背景下，社会治安综合治理的相关职责交由中央政法委员会承担，其相关职责并未减轻。相对于中央层面相关职责更多为协调决策功能，地方社会治安综合治理中事务性工作比例更大。在即将展开的地方层面相关机构改革中，更需要理顺职责体系，加强协同合作。因此，基层政法综治工作需要加强，要充分发挥县、乡、村综治工作相关部门在基层社会公共安全治理中的重要作用。当然，值得注意的是，权重加重的同时要防止社会治理主体过于集中，努力实现社会治理主体的多元化发展。总体而言，这种中央层面的组织变迁与发展在加强中国共产党的领导的同时，通过合议制方式加强多部门统筹，有利于社会公共安全的协同供给的实现。而就社会公共安全协同供给而言，其主要体现在地方层面。地方层面，特别是基层社会公共安全供给的组织变迁趋势，为社会公共安全协同供给的实现创造了一定条件，主要包括以下三个方面：

（一）基层社会治安综合治理机构由议事机构向实务机构转变，为多层次全方位社会公共安全供给提供了组织基础

传统社会治安综合治理委员会是负责协助党委和政府领导社会治安综

合治理工作的常设机构，而现阶段承担基层社会治安综合治理职能的机构是跨越党政的综合协调实务机构，其以社会治理和社会建设为核心，主要职能为负责协调和指导社会治理工作，成为在现代治理理念指导下，协调党政各机关各部门，通过多元化手段从多层次战略规划与组织实施的社会管理实务机构。这一转变为社会公共安全协同供给中单纯的“上级机构”向“权威机构”的转变提供了可能性。承担社会治安综合治理职责的机构与各类社会组织间是社会公共安全领域业务指导与合作关系。在权威机构的组织和激励下，动员更为广泛的社会组织与成员加强沟通与合作，产生整体合力，形成社会公共安全协同供给的基本组织格局。

（二）社会管理的制度化发展及相关专门机构的设立，为实现系统化的社会公共安全供给提供了现实阵地

社会公共安全管理是社会管理的重要组成部分，而当前中国社会管理的制度化发展既是公共管理理论研究的前沿问题，也是亟待解决的现实难题。虽然社会管理机构是由原来的党的政府的组织机构整合发展而来还是重新组建设立专门机构，目前理论界尚存在争论，但通过组织机构调整实现社会管理的制度化发展已经达成共识。此外，部分地方政府也根据各地实际，设立了以社会工作为核心的专门机构。例如，上海市、北京市和广东省先后成立了党委领导的“社会工作委员会”；广东省佛山市顺德区又率先成立了由多部门融合而成的“社会工作部”。按照大部制改革的方略，社会工作部将统战、农村、民政、民族、宗教、外事侨务、工商联、残联等民间组织管理事务整合起来，具体组织机构如图 6-1 所示。

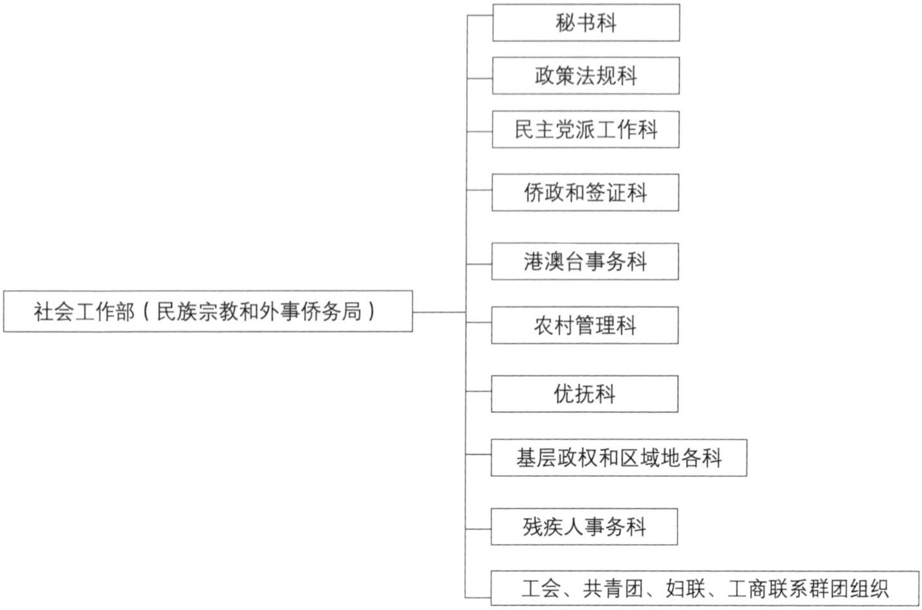

图6－1 广东省佛山市顺德区社会工作部组织机构①

虽然中国当前社会管理的制度化发展及相关专门机构的设立仍然延续了党政主导的国家社会管理的模式与思路，但从社会公共安全供给的视角来看，民间组织事务的整合有利于将社会组织作为重要的社会公共安全供给主体，实现社会组织力量的整合和发展。社会管理专门机构的出现使以各类社会群体为单位的社会利益诉求和社会矛盾调解有了专门的载体，为实现系统化的社会公共安全供给提供了现实阵地。

（三）通过“枢纽式”组织连接政府主管部门和社会组织，为社会公共安全协同供给提供组织空间

传统对社会组织的管理主要通过政府相关部门直接实现，这种组织管理格局在社会公共安全协同供给的实现进程中带来两方面的障碍：一是使作为社会公共安全供给主体的不同类型社会组织（如社区自治组织、志愿者组织、

① 根据广东省佛山市顺德区社会工作部网页整理。

群防群治组织、保安组织、行业协会、社会公益维权组织等）分属不同政府部门管理，不利于统一的管理制度与政策的贯彻实施，并可能使协同成本大大提高，造成协调困难；二是直接管控式的管理在有效约束社会组织行为的同时，也会对社会组织参与社会公共安全供给的作用发挥造成影响，使其因活力不足影响协同效果。社会公共安全协同供给的实现有赖于社会力量的充分发育，而新的社会管理机构可以较好地缓解上述障碍带来的困境，社会组织在接受公共部门统一管理与提供服务的基础上，社会管理专门机构这种“枢纽式”组织通过相应的制度与规则，创造更好的社会组织成长环境，能更好地促进政府与社会组织及社会公众间的交流沟通，最大限度地激发社会组织的活力和创造性，使其在社会公共安全供给中的协同作用得以更好发挥。

第三节

中国社会公共安全供给的政策沿革：基于社会治安综合治理的分析

社会治安综合治理，是指在各级党委和政府的统一领导下，动员和协调全社会各方面的力量，综合运用政治的、经济的、法律的、文化的等多种手段，整治社会治安，建立和维护良好社会秩序。对社会治安实行综合治理，是保证中国长治久安的战略方针。长期以来，社会治安综合治理为中国社会公共安全协同政策的发展奠定了基础。

一、社会治安综合治理政策的提出

1978 年，新一轮的犯罪高峰期在中国出现，这是自“文化大革命”后的首次高峰期，刑事犯罪十分严重，青少年违法犯罪也明显增多。同年中国召开第三次全国治安工作会议，会议指出，鉴于刑事犯罪尤其是青少年犯罪问题较为突出，而影响社会治安问题形成的原因又极其复杂，这些问题的解决需要多部门共同协作，故要统筹解决社会治安问题。1979 年 8 月，中共中央第 58 号文件批转了由中共中央宣传部等单位共同提交的《关于提请全党重视解决青少年违法犯罪问题的报告》。该报告指出：要依靠全党全社会共同解决青少年违法犯罪问题。主要依靠的基层组织包括：学校、工厂、机关、部门、街道、农村社队等。而涉及的政府部门则包括：宣传、教育、劳动、公安、文化等部门及工会、共青团、妇联等各方面的力量。解决青少年违法犯罪问题要立足于预防、教育、挽救和改造的方针，另外，必须依法惩办极少数严重刑事犯罪分子。这一文件所提出的对青少年犯罪实行综合治理的主张，可视为社会治安综合治理的最初政策源泉。

1979 年 11 月，中国召开全国城市治安会议，会议提出依法从重从快惩处极少数杀人、抢劫、强奸、放火、爆炸和其他严重破坏社会秩序的犯罪分子。这一主张的实质是用“严打”这样的方式实现社会治安综合治理。具体而言，是要集中力量打击严重犯罪分子，但与此同时也强调，要实行专门机关与群众相结合，教育与惩办相结合。这里的“教育”主要是指法制教育。

1980 年 1 月，中共中央综合处理政法工作的综合性机构——中央政法委成立。这一机构的成立标志着中国社会治安综合治理有了稳定的领导和组织机构。

1981 年 5 月，中共中央政法委员会召开了北京、天津、上海、广州、武汉五大城市治安工作座谈会。会议再次重申了对严重危害社会治安的犯罪分子和对轻微违法犯罪行为的青少年两类对象的“严打”和教育两种不同方针，从而实现对犯罪的预防和社会治安的综合治理。同年 6 月，中共中央第 21 号文件批转了这次会议的纪要，明确提出：“争取社会治安根本好转，必须各级党委来抓，全党动手，实行全面‘综合治理’”。这个文件中，执政党中央第一次明确提出“综合治理”的概念，正式把“综合治理”作为解决社会治安问题、实现长治久安的总政策思路。此后，“社会治安综合治理”的概念被广泛使用、研究和发展。

“社会治安综合治理”的提出是社会公共安全供给实践需要的产物，它标志着社会治安问题的解决不再是仅限于公安机关和政法部门的工作任务，这一政策更强调要加强全社会范围内执政党、政府、其他社会机构与个人的联系，在沟通合作中探求解决社会治安问题的出路。

二、社会治安综合治理政策的演进

1982年1月出台的《中共中央关于加强政法工作的指示》再次强调社会治安综合治理政策的重要性。文件指出："为了争取治安情况根本好转，必须加强党的领导，全党动手，认真落实'综合治理'的方针。"文件中提出了四点要求：一是加强领导，将社会秩序与精神文明建设联系起来；二是强调要通过多种措施和责任制落实综合治理工作；三是再次重申青少年教育对于社会治安综合治理工作的重要性，认为青少年教育是其中心环节；四是指出要加强基层基础工作，实施惩办与宽大相结合的基本政策。同年中国召开全国政法工作会议，这次会议具体提出了综合治理的各项要求，指出综合治理的首要环节是严厉打击严重刑事犯罪，重点是加强对青少年的教育，基础是加强基层组织和基层工作，关键是加强公安、司法队伍工作，并建立治安保卫责任制。这基本上是对中共中央在年初所做出的指示的进一步明确。

媒体对相关政策也迅速响应，1983年5月29日《人民日报》的社论明确指出：综合治理社会治安的方针包括打击犯罪、改造罪犯、预防犯罪这三个方面，这也就是综合治理的内容和工作范围。[①] 同年8月，中共中央办公厅《关于印发"严厉打击刑事犯罪活动，实现社会治安根本好转"（宣传纲要）》的通知中指出：严厉打击刑事犯罪活动与社会治安综合治理的方针是一致的……运用专政手段，依法严惩严重刑事犯罪分子是综合治理中的首要一条。这再次表明中国这一阶段的社会治安综合治理与"严打"的密切关系。

1985年10月，中共中央的《关于进一步加强青少年教育，预防青少年违法犯罪的通知》则又强调了关心和教育青少年，预防和减少青少年违法犯罪，是一项综合治理的"系统工程"。在这一通知中分别提出了对青少年的

① 对社会治安要实行综合治理．人民日报，1983-5-29（2）．

关心和教育；理想、道德、纪律和法制教育；通过文体活动丰富课余生活；满足其求知欲；防止不良书刊和人员对其的影响；良好风气的培养；减少辍学；加强帮教工作；离休退休老干部、老工人、老教师的作用发挥；完善相关法以保障其合法权益的十项综合治理的具体措施。此时，对社会治安综合治理的认识渐渐远离“严打”的局限，探索更广领域的综合治理途径。

1986 年，再一次召开的全国政法工作会议指出，作为“系统工程”的社会治安综合治理的实质是教育、挽救、改造人，并再次强调走群众路线是其根本方法。

这一阶段，社会治安综合治理政策在内容、工作范围已经比较明确；仍然将“严打”和青少年教育作为社会治安综合治理的重点，但对社会治安综合治理的认识更为深入，其在全社会层面被广泛认可和接受，为之后政策发展奠定了基础。

三、社会治安综合治理政策发展

将社会治安综合治理作为政法工作的专门政策进行规划和重点部署是在 20 世纪 90 年代。在 1991 年 1 月，首次全国社会治安综合治理工作会议在山东省烟台市召开。会议确定了社会治安综合治理的工作方针与范围、指导原则及领导体制。1991 年 2 月，中共中央、国务院联合发出的《关于加强社会治安综合治理的决定》中提出：社会治安综合治理的方针，是解决中国社会治安问题的根本出路。这是全国第一个有关社会治安综合治理的专门性文件。在文件中分别明确提出社会治安综合治理的任务、目标和原则等。这一文件再次提出之前所强调的在社会治安综合治理中加强基层组织建设、加强领导等，此外还提出了要加强重点治理。社会治安综合治理中的重点治理，指的是集中力量、集中时间对某一治安混乱的地区进行综合整治，以达到迅速改变治安面貌的工作效果。同时指出，社会治安综合治理的方针是“打防并举，标本兼治，重在治本”。这一决定经 1991 年 3 月七届全国人大常委会第十八次会议通过，自此社会治安综合治理方面有了法规性质的重要政策依据。社会治安综合治理也自此不再是政法工作的部门政策，而是走向规范化和法治化，再次明确了“打防并举，标本兼治，重在治本”和“群防群治”的社会治安综合治理的长久道路。同一时期，中共中央决定成立中央社会治安综合治理委员会，专门负责社会治安综合治理工作。此后，社会治安综合治理在全国范围内全面发展。

这一时期是社会治安综合治理政策法律化的过程，以社会治安综合治理委员会为核心，在规章制度、基层组织建设、责任制落实、领导机制等方面都有了系统化发展。社会治安综合治理政策经过这一时期的发展，制度体系更加完善，工作机制更加健全，相关机构的社会影响力也不断增强。

四、社会治安综合治理政策的完善

进入21世纪以来，中国社会治安综合治理面临更多挑战。2001年9月，中共中央、国务院下发了《关于进一步加强社会治安综合治理的意见》。这一文件强调了从矛盾纠纷排查调处、落实安全防范、基层安全创建、流动人口管理、安置与帮教、法制和道德教育、青少年违法犯罪等方面加强社会治安综合治理工作。

2003年开始推广平安建设的江西经验后，平安建设成为新一时期社会治安综合治理的重要内容。2004年6月召开的全国综治工作会议将社会治安综合治理转向矛盾纠纷排查调处，先后推广浙江、江苏南通和河北等地矛盾调处经验。各地社会治安综合治理组织会同有关部门，其中特别强调了党委政府统一领导、政法综治牵头协调、职能部门配合、社会组织协同、公众参与的工作体制。[①] 这一体制的实质是鼓励全社会多元主体共同参与矛盾调处工作。2005年10月，在中共中央办公厅、国务院办公厅转发了中央政法委、中央社治委《关于深入开展平安建设的意见》，其中再次强调了平安建设的重大意义。自此，平安建设在全国全面推广，平安建设的目标和思路一直延续到现在。

这一时期随着中国城市化进程的发展，流动人口问题面临新的挑战，对流动人口的服务管理在社会治安综合治理中日益重要。2007年，中共中央

① 孙春英．综治30年铺就中国特色平安路．法制日报，2008-8-24.

办公厅、国务院办公厅转发了中央综治委《关于进一步加强流动人口服务和管理工作的意见》，明确提出对流动人口从“管理控制”转向“服务管理”的政策取向，提出流动人口服务管理工作在思想观念、管理办法、工作思路、治安管理及管理制度五个方面的转变。此外，近年来，在校园安全治理、社区矫正工作、社会治安综合治理考评等方面，出台了相关社会治安综合治理的文件与实施方案。

2011 年 9 月，中央社会治安综合治理委员会更名为中央社会管理综合治理委员会。2014 年，为集中抓好平安建设，中央社会管理综合治理委员会恢复为社会治安综合治理委员会。2018 年，不再设立中央社会治安综合治理委员会及其办公室，有关职责交由中央政法委员会承担。社会治安综合治理理念由前几个阶段强调“管制”与“管控”，向“服务”与“管理”转变，社会治安综合治理模式从自上而下的政治动员与公众被动参与相结合的模式转向多向度社会公共安全服务与社会协同参与模式。

从这一阶段社会治安综合治理的政策导向与实践探索看，显示出以下三方面特点。

一是社会治安综合治理更加注重解决社会民生、社会矛盾与社会基础问题。社会治安综合治理不仅是公安、司法等政法机构的使命，更是与社会管理的方方面面，特别是与社会公众基本权益相关的公共职能的履行及保障密切联系。这一变化更明显地反映出社会公共安全供给不再是政法部门的专属职责，而是更为宏观的国家及政府各类机构密切配合、认真履职、完善服务的结果，从国家层面上说，则更强调社会矛盾化解与社会管理创新的顶层设计与整体推进。

二是社会治安综合治理逐步走向法治化、规范化。长期以来，从社会治安综合治理产生之初起，社会治安综合治理的实施主要以政法机构特别是公安机关为核心与基础，强调打击刑事犯罪活动以改善社会治安。这一过程中常常出现“运动式”的打击犯罪及治安整治策略与行动，几次全国范围内的“严打”即是典型代表。虽然这些策略与行动的最终目的是维护社会治安与社会的安定团结，其根本出发点是维护人民的利益，但从具体手段、程序等细节来看，不乏与法律、法规相冲突甚至相抵触之处。随着中国法治化进程的发展，这种现象逐渐得以改善。这一阶段的综治政策及实践体现了政府注重并较好地处理打击犯罪与保障人权、维护稳定与社会发展等之间的关系，使社会治安综合治理更好地纳入法治化、规范化轨道。当前作为社会治安综合治理委员会专项工作组之一，法律与政策专项组的设立，体现了政府在今后将更加重视社会治安综合治理的法治化、规范化发展。

三是社会治安综合治理的主体和手段日益呈现多元化。社会治安综合治理由最初的国家与政府组织，特别是公、检、法等政法部门的绝对主导、指挥和管控，转向国家与政府组织领导与管理下，最大限度地调动市场，调动第三部门等社会力量参与，实现合作共治。与此同时，由单纯的自上而下的管制式行政命令，转向管制式行政命令与激励式的政策引导、地方自治与互助合作等多种手段实现社会治安综合治理；由自上而下的社会管控，转向多方向的社会治理，特别是通过社会组织的培育，完善以基层社区为起点的社会建设，通过网络信息化发展，提高社会管理的效能与公共服务的品质。这一变化的实质是从社会管理的视角研究社会公共安全，不仅将社会公共安全视为实现政治稳定与稳定的“政治目标”和各级政府的“政治任务”，更将其视为对社会公共安全需求的回应和全社会共同的“社会事业”，努力实现社会公共安全的全社会协同供给，是其发展的必然趋势。

第四节

中国社会公共安全协同目标实现的主要障碍及其成因

当前，以社会治安综合治理为核心，中国社会公共安全体系的协作与合作机制已初步形成。以现代警务机制为例，中国警务专业化发展已经达到相当程度，如警种由计划经济时期的户籍、刑侦、治安、消防等几个扩展到外事、交巡、经侦、禁毒、网安、防暴反恐等覆盖社会公共安全的多领域。与此同时，面对日益动态化、信息化条件下的社会治安的挑战，警务合成作战成为新的焦点。从实践层面来看，主要的合作形式包括：通过警员个体间的“单元”警务合理配置警力资源；通过多警种合成行动提升警队战斗力；通过相邻城市间或跨省区域警务协作机制的建立推进区域治安一体化建设；通过双边与多边条约实现反恐、跨国案件侦查等领域的国际警务合作；通过警务社会化发展创新社会管理理念，广泛动员全社会共同参与打击违法犯罪，及时化解社会矛盾，从而实现社会秩序的良性发展等。这些协作与合作取得了较好的社会效应，但从协同学视角分析，当前推进中国社会公共安全协同供给进程中，还存在一些障碍，主要表现在以下四方面。

一、制度依赖引发的安全领域角色冲突

受传统文化与政治体制的影响，长期以来，中国以政府为核心的公共部门承担着社会公共安全领域供给的绝对主导者角色。由此，政府掌握着社会公共安全领域的绝大多数资源，政府在社会公共安全决策中处于绝对主导地位，社会公共安全供给也主要以维稳与管控模式为核心建立起了较为严密的社会治安防控网。

新制度经济学认为，制度实质上是约束人们行为的一系列行为规则，制度提供的一系列规则由国家制度的正式约束、社会认可的非正式约束及其实施机制三部分构成。[①] 以维稳与管控为导向，建立日益精细的自上而下社会管理科层组织体系，形成一系列的制度与政策主张，及“稳定压倒一切”的控制式安全管理思维逻辑。沿着既定的制度变迁路径，经济和政治制度的变迁有可能进入一种良性循环，也有可能沿着原有的错误路径继续发展，甚至被锁定在一种低效的状态下，陷入制度变迁的恶性循环而不能自拔。[②] 在中

① ［美］道格拉斯·C. 诺斯 . 制度、制度变迁和经济绩效 . 杭行译 . 三联书店，1990：74.

② ［美］道格拉斯·C. 诺斯 . 制度、制度变迁和经济绩效 . 杭行译 . 三联书店，1990：11–13.

国社会转型时期，这种制度依赖表现为通过组织化调控的方式实现社会公共安全供给。“所谓组织化调控，就是通过党的组织网络和政府的组织体系，并在组织建设和组织网络渗透的过程中不断建立和完善执政党主导的权力组织网络，使社会本身趋向高度的组织化，最终主要通过组织来实现国家治理目的的一种社会调控形式。”[①] 诚然，在一定的发展阶段，这种社会公共安全供给模式对于维护社会稳定和秩序，强化对社会的管控力度起到了十分明显的成效。但随着民主化与现代化进程的加剧，在当前中国风险社会背景下，这种制度依赖成为社会公共安全协同供给的最大障碍。

随着现代公共管理理念扩展与中国服务型政府建设的发展，中国公共管理者在公共管理的许多职能领域已由自上而下的“管理”向多元合作共治转变。社会公共安全管理者如果仍将社会公共安全供给作为单纯的“政治命题”，将与公民权益、社会保障、民生建设等社会管理维度割裂，将不能适应其他领域政府职能部门在观念上与行动上的社会管理创新，势必造成社会公共安全供给主体的角色冲突及相关制度的衔接不畅。例如，以社会公共安全为理由公安机关干涉和处置正常上访群众等，这类非警务活动的增多，会介入和影响正常的外部行政监督，处理不当可能引发更严重的社会矛盾与冲突；又如，上级政府以无原则的金钱投入为主要方式处置因民事纠纷引发的突发事件，可能违背法治原则，阻碍相关职能部门依法行政。此外，以安全管控为由限制社会组织的建立和发展，控制社会组织参与社会公共安全供给的渠道，造成社会公共安全领域的协同困难等。

二、管辖权的利益争夺或局域保护主义所引发的各自为政

根据组织管理的一般原理，各类组织都有不断扩张以获得更多资源的倾向。这里的资源主要包括：组织的合法权威、组织的行动领域、组织的自主权、组织的经费保障、组织的人才、组织能获取的信息等。而官僚制理论则更深入

① 唐皇凤．社会转型与组织化调控——中国社会治安综合治理组织网络研究．武汉大学出版社，2008：60.

地揭示了这一本质，甚至有官僚组织的批评者认为，官僚组织的发展就是过分扩张，因为这种扩张来自内在扩张的冲动而不是真实的社会服务需要。[①] 与之相对应，在社会公共安全协同过程中，相关主体会出于自身利益的考虑产生对本组织职能领域、本地区范围或本组织主要管理对象和服务群体的保护，这一倾向会影响协同的产生和作用发挥。这类障碍的主要表现形式有以下三种。

（一）争夺管辖权使协同体系无法建立

在协作过程中，若协同各方力量悬殊，处于资源优势的一方，包括在经济基础、社会权威和影响力、话语权、信息资源等方面较为强势的一方，会以各种理由和手段获得整体社会公共安全供给中的管辖权,包括资源支配权、制度与政策制定主导地位、信息掌控度等。若协作各方势均力敌，则可能出现管辖权的“讨价还价”，会因社会公共安全供给中的“交易成本”过高使安全供给效能低下。

（二）安全领域的部门保护主义

在协同过程中，按照“委托—代理”理论的分析，为了协同目标的顺利实现，相关主体需要“让渡”出部分权利或者投入自身的优势资源。正如公共选择理论所描述的，协同各方作为追求自身利益最大化的“经济人”，往往不愿投入更多的成本，也不愿公开本领域或本区域相关信息。在现实安全协同中，由于社会公共安全具有公共物品的抽象性、预见性和动态性特征，同时较之其他公共物品，安全产品的成本投入居高不下，更易产生外部性。上述部门或区域保护主义在社会公共安全供给中更为明显。

（三）社会公共安全决策的短期化与本地化倾向产生“挤压效应”

一方面，在“维稳”思维模式下，安全决策常常缺少有长远预见性的社会公共安全协同“顶层设计”，以致安全领域的横向与纵向协作往往是由于突发安全事件或“运动式”的安全整治行动引发的。以处置突发事件和安全

① ［美］安东尼·唐斯．官僚制内幕．郭小聪，等译．中国人民大学出版社，2006：276.

整治为目标的安全协作，在非常时期投入过多安全资源，挤压并预支了正常状态下的安全资源，一旦处置完毕，协作状态即停止，长期协同计划战略不足造成社会公共安全资源配置科学性不足，缺乏长期社会公共安全资源配置规划可能带来长远安全困境。另一方面，由于存在违法犯罪活动和社会不安全要素的动态性特征，如果社会公共安全决策仅从本地区出发，以保护本地社会公共安全为目标，会促发违法犯罪个体、团体或社会安全隐患向周边区域移动或扩散，致使周边区域安全形势恶化，而周边安全局面的恶化最终又会反过来影响本区域。这种安全决策的本地化倾向不仅影响社会公共安全协同供给，更有可能造成社会资源的巨大浪费。

因此，社会公共安全供给中的部门与地方保护主义易引发各自为政的局面，对于公共部门而言，这一结果又与地方政府“大一统”思想和片面“政绩观”有着千丝万缕的联系，其结果是社会公共安全要素难以整合，资源浪费，最终影响安全供给效能。

三、信息和文化壁垒引发的风险预测不足与安全成本居高不下

首先，从信息领域来看，社会公共安全领域信息壁垒使安全供给面临重重阻力。以信息情报为导向的社会公共安全管理革新已成为21世纪的一项重大运动，特别是在美国“9·11”恐怖袭击事件后，情报主导警务更是成为全世界多个国家的警务模式。随着现代信息技术的发展，传统常规警务模式已不能适应风险社会情境下犯罪问题和社会不稳定因素激增的局面，警务模式也由“被动应对”转向“主动出击”。在对社会公共安全各要素数据和信息进行统计和全面分析的基础之上，预测社会风险存在的概率及可能的发展趋势。而社会公共安全是一个宽泛的概念，涉及社会管理的方方面面，不仅仅是警务机构，任何一个政府职能机构在社会管理中权力滥用、缺位、行政不作为、管理方法与手段不当等都可能引发社会公共安全失序状态。

而在当前社会管理体系下，社会公共安全领域信息壁垒主要表现在两方面。一方面，不同地域警务机构间、同一地域各公共机构与组织之间的数据平台不兼容、数据信息不融通、数据信息交换成本高、数据标准不统一等问

题使数据信息系统重复建设、数据利用率低、数据转换困难等，影响了社会风险评估体系数据的全面性与科学性。另一方面，中国社会公共安全相关数据不是由多个公共机构共同建设推进实现信息整合，而是大多由警务机构承担，或由警务机构主导推进。数据采集量大，信息分析研判任务重，数据处理需要投入大量资源，大大加重了警务机构的工作量。另外，社会公共安全供给中的信息系统以警务信息平台为主，由于保密需要，其他公共机构和社会组织几乎无法直接获得社会公共安全信息，使数据信息使用受限，影响从全社会范围内多机构把握社会动向，影响社会风险预警的参与度，常常造成风险预测不足。

其次，从文化视角分析，协同精神与官僚制格格不入，更注重合作。“合作精神注重平等性，适应性，自由裁量和最终结果；官僚制敬奉等级性，稳定性，服从和程序。”① 由于安全产品的特殊性，较之其他社会产品，对等级、稳定、服从与程序的需要更加迫切。社会公共安全协同供给中，更需要协同各方以相对平等的姿态在协商中达成共识。传统公共组织中的官僚制特征及其长期以来形成的组织文化与协同精神会产生冲突。为了协同的成功实现，公共组织，特别是以政府为核心的公共权力机构要培育更为平等、信任的组织文化。此外，在社会公共安全协同供给中，各协同主体要从本机构或组织的狭小利益转为对整个社会的广泛关注。这就需要摒弃狭窄的部门利益取向或地域局限，从全社会稳定、有序与安全的视角审视社会公共安全问题。以立足公益的大局观念为核心的组织文化在当前中国社会公共安全协同主体中尚缺乏，这也会带来文化壁垒，不同主体基于本部门本区域相互之间的竞争会引发安全成本的急速上升和对社会整体风险的预测不足。

四、社会组织发展不完善与社会协同政策供给相对不足引发的参与困境

中国当前社会组织发展尚不完善，这直接影响社会公共安全协同的实

① ［美］安东尼·唐斯．官僚制内幕．郭小聪，等译．中国人民大学出版社，2006：276.

现，主要表现在以下两方面。

一是公民的参与意愿不足和参与网络不发达。前文已述风险社会背景下，当前中国社会信任度降低，按照集体行动的逻辑，在集体中成员间信任度偏低时，更难以形成集体行动。公民对社会公共事务的参与意愿不足使社会组织的影响力和行动力受限。与此同时，中国公民参与网络不发达。“任何社会，现代的或传统的，专制的或民主的，封建主义的或资本主义的，都是由一系列人际沟通和交换网络构成的。其中一些以‘横向’为主，把具有相同地位和权力的行动者联系在一起，还有一些则以‘垂直’为主，将不平等的行动者结合到不对称的等级和依附关系之中。”[①] 中国公民参与网络则以“垂直”为主，故难以形成有影响力的基于密切横向互动的公民参与网络。二是社会组织的发展面临多种困境。当前中国社会组织的发展既面临发展资金不足、因所涉地域或领域局限性而发展空间受限、人才缺乏等世界范围的普遍难题，又面临因过度依赖政府等公共组织而导致独立性缺乏、社会权威性与公信力不足等在中国社会环境中较为突出的困难。

以上问题对于社会公共安全领域的社会组织，表现尤为突出。在社会公共安全领域，中国社会组织成立和发展受到多种政策制约。与其他领域相比，这一领域的社会组织成立大多由政府组织或主导，其资源分配也多在党政主导下进行。在当前中国创新社会管理进程中，社会公共安全供给被放在突出位置，其主要思路仍是使社会公共安全领域的社会组织，如社区组织、公共安全志愿者组织、社会相对弱势群体组织或安全行业发展协会纳入政府社会治安综合治理的框架内，通过不断引导使其协助公共组织实现社会公共安全供给。如何通过更为宽松的政策供给，使安全领域的社会公共组织能以“第三方”地位和姿态审视和参与社会公共安全供给，促使真正意义上社会公共安全协同的实现，是当前推进中国社会公共安全协同供给发展中面临的又一大难题。

---

① ［美］罗伯特·帕特南．使民主运转起来．王列，赖海蓉译．江西人民出版社，2001：203.

第七章 若干发达国家社会公共安全供给比较研究

自 1829 年《大伦敦区警察法案》标志着职业化警察队伍的出现起，近两个世纪以来的社会公共安全形势复杂多变，世界范围内的警务力量与安全领域的相关组织及人员不断面临挑战、压力倍增。特别是近几年来，犯罪率的不断上升和反恐形势的日益严峻又促使其必须以积极的姿态紧跟社会变化步伐，不断调整治理方略，寻求全面合作，创新社会公共安全供给路径。在发达国家社会公共安全实践中，上至国家、地区及国际组织间，下至社区范围内，存在大量各种类型的合作。其中较为成功的合作的共同点在于，都将合作建立在战略性思考社会公共安全问题和科学地规划社会公共安全供给的基础之上。他山之石，可以攻玉。厘清和总结这些社会公共安全合作供给的有效经验，比较分析中外社会公共安全供给的背景差异，有助于找到更为科学合理的中国社会公共安全协同供给的路径与对策。

第一节
社会公共安全供给中的社区警务战略与实践

与工业化发展相适应，受科学管理思潮的影响，早期的职业化警察关注效率、控制和打击犯罪。降低犯罪率是衡量警务活动的重要指标，而公众在社会公共安全供给中是被动的接受者，其作用十分有限。在这种状况下，社会公共安全供给主体只考虑打击犯罪与社会控制的数量与速度,而忽略了“社会效果”这一重要的工作绩效指标。随着人口与犯罪状况的快速变化、警察与公众之间关系的紧张，警方不得不考虑通过制度变革改善社会公共安全供给状况，社区警务呼之欲出。社区警务战略的实质是社会公共安全管理向社会公共安全治理的转变，体现了当代社会公共安全供给的重要方向。

一、社区警务战略的产生与发展

社区警务战略始于20世纪70年代，其产生和发展与许多警务理论及社会公共安全理论相联系，是现代社会公共安全供给的代表性战略。以美国为例，美国学者威拉德·奥利弗（Willard Oliver）将美国社区警务发展分为三个时期，即1979–1986年的改革时代、1987–1994年的扩散时代和1995年至今的制度化时代。[①] 美国社区警务最初是在大城市进行小范围试验，1985年有300多个警察机构采纳了社区警务形式，到1994年扩大到了8000多个。目前美国社区警务形式已经被广泛应用，截至2000年，美国1.7万个地方警察机构中，有68%的警察机构和90%的警员已经采纳了社区警务战略。[②] 在社区警务战略的产生与发展中，可以看出社会公共安全供给的基本脉络。

（一）社区警务的产生——转变警务方式的试验

尽管在20世纪70年代产生之初，社区警务主要包括徒步巡逻、设立社区警务室、以社区问题为导向的警务等形式，但其本质上并非单纯在社区设置警务机构和提供直面社区的安全服务这么简单。社区警务包含社会公共安全概念下的这样的假设：所有的政府部门都应视市民为尊贵的顾客，懂得社群主义、社会资本和志愿服务在其中所起的作用。[③] 这标志着警务由传统的强调执行法律和被动应对安全问题，转向强调警务的战略性规划、主动预测和解决安全问题。通过完善警民关系预防和控制犯罪，从根源上消除或减少社会公共安全隐患，实现可预见的社会秩序和发展。

① Oliver，Willard（2000），The Third Generation of Community Policing: Moving Through Innovation，Diffusion，and Institutionalization，Police Quarterly3，No.4，pp.367–388.

②［美］Kenneth J. Peak，Ronald W. Glensor. 社区警务战略与实践. 刘宏斌，等译. 中国人民公安大学出版社，2011：22.

③［美］Kenneth J. Peak，Ronald W. Glensor. 社区警务战略与实践. 刘宏斌，等译. 中国人民公安大学出版社，2011：36.

（二）社区警务的拓展——面向改善警民关系的新阶段

这一阶段，社区警务出现了审视—分析—反应—评估的问题导向警务模式。人们发现，单纯地依靠警察力量已经不能解决很多社会公共安全问题。这一阶段社区警务的拓展表现在警察与社区的伙伴关系的建立。警察与社区其他主体通过项目合作的方式实现社会公共安全资源共享和责任共担，共同确认社会公共安全问题并进行需求评估，通过对话与沟通共同参与并寻找解决路径。

（三）社区警务的制度化——形成较为完善的社区警务体系

社区警务逐渐向较为成熟的制度化发展。一方面，从预防犯罪出发，通过信息技术的辅助，建立对犯罪的分析系统，如犯罪模式的地理制图、档案管理系统、计算机辅助调度等，形成在数据库基础上的信息研判、资源配置和战略控制体系。另一方面，建立健全围绕社区警务的一系列制度化措施，包括面向社区警务的组织变革、社区警务规划、社区警务评估、社区警务培训等，使警务内部管理机制都走上面向社区警务的发展轨道。

（四）社区警务的新发展——国土安全与反恐要素的引入

自 2001 年美国“9・11”恐怖袭击事件之后，基于数据库的犯罪分析成为极其重要的安全供给方向。风险管理和评估成为社区警务发展的新动向。社会公共安全供给者努力的方向是成为能基于犯罪数据和信息分析，进行危险评估和安全供给策略选择的专业人士。将国土安全与反恐元素引入社区警务，即要实现全员防御意识，将本地区范围内的执法机构、应急服务机构、社区组织、私人企业和社区居民联合起来以确保集体安全。

二、发达国家社区警务实践的主要做法

美国于 1994 年通过《暴力犯罪控制与执法法案》，批准 6 年用 88 亿美元专门成立隶属于司法部的社区导向警务服务办公室（COPS），该机构成立之初即启动三项计划：促进雇用、教育与部署（AHEAD）；加速对较小

城镇资金资助（FAST）；有效地使用警官重新部署（MORE）。之后该办公室的主要职责还包括：成立全国网络型的社区警务研究所（RCPIs），出版警务改革系列出版物，对社区警务服务、类型犯罪与技术创新专项拨款，雇用社区警务专职人员等。世界多国都相继进行了社区警务实践，其主要做法可以归结为以下三方面：

（一）设立社区安全委员会

成立警察与居民共同的委员会、定期会议制度与社会警务培训是社区警务的重要内容。在世界范围内，许多国家和地区都采用这种社区警务方式改善警民关系，寻求社会组织与个人对安全供给的支持与合作。以美国为例，美国多元文化的代表性城市——洛杉矶，建立了六个社区论坛，主要包括少数裔群体、宗教群体和青少年群体等，以更开放的姿态促进不同种族、信仰、群体的人加入。美国加利福尼亚州的圣安娜警察局推出特别居民警务课程，促进居民了解警察行为，同时也使警察更加了解居民的需求和愿望。美国伊利诺伊州芝加哥市于 1993 年实行选择警务战略（Chicago Alternative Policing Strategy，CAPS），其主要内容涉及建立市民委员会和在警员与社区居民之间召开街区会议，并围绕特定问题进行警务培训。英国几乎所有英格兰和威尔士的警察局都建立了正式的警民咨询委员会，其主要作用包括：维系警察与公众间信任、维护社区秩序、改善社区生活质量、促进公众对警务问题与警察工作的理解、发展受害人支持服务等。[①]

（二）建立社区安全支持机构

社区警务的重要转变在于警察成为面向社区的服务提供者，其职责不仅是预防和打击犯罪，更要为完善社区秩序、提升社区的生活质量不懈努力。将这一理念转变为警务实践，离不开社区安全支持机构的支持。社区安全支持机构是以社区公共安全为目标，多组织及人员参与的综合性机构。例如，

---

① Newman，Kenneth（1985），The principles of Policing and Guidance for Professional Behavior，The Metropolitan Police，pp.153–174.

在美国佛罗里达州劳德代尔堡市成立的社区支持部（CSD），其组成部分包括：犯罪分析中心、犯罪预防中心、毒品探测狗、青少年服务机构、机动车中心、行政机构、代码执行机构、报警减少机构和展示中心。密苏里州圣路易斯市的街区稳定小组（Neighborhood Stobilization Team，NST）的成立，使城市自治部门、警察机构和市民更好地合作，共同解决社区问题。①

（三）邻里守望

“邻里守望（Neighborhood Watch）”是西方社区警务模式的重要内容之一，它的实质是将一定区域的居民联合起来，互相帮助、共同预防犯罪，改进当地治安状况的一种犯罪预防控制方式，其主要形式是由社区协作者、守望协助者及社区警员以共同的目标相互合作。丹麦是世界上最早实行邻里守望制度的国家，主要采用先进技术防范措施和向居民宣传自我保护人身和财产安全的方法，是情境犯罪预防策略（Situational Crime Prevention）中的一项具体措施。丹麦的邻里守望制度不仅仅把重点放在巡逻上，而且在社区“软环境”及硬件设施上也十分重视，“软环境”包括对不同居住方式的人们提供不同的预防方法，提升社区文化。1972年美国推行了“邻里监督计划”，将其作为减少入室抢劫案件数量的一项特别措施。在英国，1982年第一个邻里守望项目建立。十年后，全国的邻里守望项目发展到8万多个，覆盖了400万个家庭，取得显著成效。目前邻里守望已经成为英国最常见的社区犯罪预防形式。此外，世界许多国家都在一定范围内相继发展邻里守望项目，如加拿大使用志愿者进行自行车巡逻和社区守望，取得了较好的效果。

三、社区警务战略与社会公共安全供给的理念方向一致

西方国家社区警务战略包括四个部分：社区犯罪预防，主动的而不是被动的警察服务，公众参与培训和监督警察行动，以及指挥责任向低阶警察转

① ［美］Kenneth J. Peak，Ronald W. Glensor. 社区警务战略与实践 . 刘宏斌，等译 . 中国人民公安大学出版社，2011：318-319.

移（分权）。[①] 这是对社区警务战略较为精练的概括。美国学者菲利浦·P. 普尔普拉（Philip P. Purpura）将传统警务与社区警务进行比较，得出表 7–1。

表 7 – 1　传统警务与社区警务比较[②]

问题	传统警务	社区警务
警察是什么	政府机关中负责执法	警察就是公众，公众就是警察
警察和其他公众服务部门的关系是什么	经常有矛盾	警察是众多负责提高生活质量的部门之一
警察的作用是什么	对付犯罪	广泛地解决问题
警察的有效措施是什么	靠侦查和逮捕率	消除犯罪、维护秩序
警察具体处理什么	各种事件	市民关心的问题
怎样确定警察的效率	反应时间	公众的合作
什么是警察专业化	对严重犯罪迅速有效应对	与社区保持密切联系
什么样的知识是最重要的	对犯罪伎俩研究	获取犯罪（个人的或团伙的）信息
警察履职的基本做法是什么	高度集中；依照法律、规定、政策管理；对法律负责	对社区的需求强调属地负责
总部的作用是什么	提供所需法律、政策指导	去宣传协调的价值
警察怎样看待起诉	作为一个重要目标	作为许多工具中的一种

按照上述对社区警务战略的理解，社区警务与传统警务存在本质差异。由传统警务向社区警务转变的过程中有较大困难，主要包括三个关节点的转变：警察机构由集权转变为分权；社区居民对违法犯罪问题由消极态度转变为积极参与；社区真正拥有决定权。[③] 也有学者担心，一方面，社区警务易出现警察滥用权力与腐败现象；另一方面，社区警务的实现需要以警察组织

① Skolnick，Jerome H. & Bayley，David H.（1988），Theme and Variation in Community Policing，Crime and Justice10，pp.1–37.

② ［美］Philip P. Purpura. 警察与社区——概念和实例 . 中国人民公安大学出版社，2009：251.

③ 夏菲 . 论美国社区警务的理论与实践 . 河北法学，2005（12）.

机构、管理方式和警察素质的改变为条件，这些较难具备。[1]但社区警务战略实践总体是成功的,其背后透视出与社会公共安全供给理念方向的一致性，主要表现在以下四个方面：

首先，社区警务中警察与公众之间的关系不是管制与被管制的关系，而是密切的、不可分离的伙伴关系。警察对犯罪的预防和打击离不开公众的支持，警察的所有工作都来自公众的需要和社区问题，警务的目标是实现社区的安全和生活质量的提升。这与社会公共安全供给中将社会公共安全作为一种物品和公共服务看待，将公众满意度作为衡量公共安全供给绩效的重要标准之一的理念在本质上是一致的。

其次，社区警务强调，犯罪预防比打击犯罪更为重要，且警务工作是围绕提升社区生活质量的所有可能的活动而开展的。只要是市民关心的问题，警察都不能随便忽略，因为在社区范围内，广泛地解决问题有利于更好地消除犯罪和维护社区秩序。这其实是将警务工作扩大至社会公共安全供给的范畴，只要是对社会公共安全有利的行动，不论是否与传统意义上的警务职责（如侦查、逮捕等）直接相关，都应该高度重视并有效实施。

再次，社区警务强调公众参与和社会多元主体的密切合作。因为社区警务本身就是警察与公众、警察与社区安全相关组织间互动的过程。在互动中产生双方或多方的相互理解、信任和支持，进而实现有效合作。社区警务的这种社会化特征与社会公共安全供给中所强调的协同共治的方向相契合。

最后，社区警务改变了传统警务自上而下的科层制管理模式，打破了高度集中的对上负责的责任机制。社区警务已经或者正在努力实现自下而上的警务革新。通过扩大基层警务组织和警务人员的职责范围及自由裁量权，使警察融入居民之中，警务更加接近公众现实生活，能够更有效地解决现实社会问题。社会公共安全供给也倡导从基层做起，从与安全相关的项目做起，上级组织主要起引导、激励、协调等基础性作用，通过基层与社会公共安全

① Riecher，Lisa M. & Roberg，Roy R.（1990），Community Policing：A Critical Review of Underlying Assumptions，Journal of Police Science and Administration，Vol.17，No.2，pp.105-114.

相关的各类组织和人员的合作实现社会秩序。

第二节
若干发达国家社会公共安全供给实践的典型策略

以英美为代表的西方发达国家社会公共安全供给经历了职业化警务、环境控制与犯罪预防、风险预防与安全供给等不同阶段。在西方发达国家的社会公共安全供给实践的经验总结基础上，形成了许多代表性警务理论，如破窗理论与“零容忍”警务、情报主导警务、第三方警务、环境设计与制度性犯罪预防、多元化警务与安全节点理论等。西方发达国家基于自身不同的社会背景，形成了各具特色的安全供给模式，许多典型策略都对当代社会公共安全供给的路径选择有重要的启示作用。

一、英国的公私警务合作与多元化警务

在传统警务模式中，警务被定格为履行国家职能的暴力机器和社会控制的有效保障。由此，这种模式反对随意扩大参与警务活动的实体。近年来，随着社会环境的急速变化，“不安全感、场所和控制被认为是从现代社会向后现代社会转型过程中社会变化的三个主要特征”[①]。这三个主要特征决定了传统警务模式无法为公众提供完善的社会公共安全服务。安全的“公共空间”中的安全规定日益私人化，私人公共安全需求的多样化和传统公共安全

① [英]Alison Wakefield. 社会发展与警务变革——公共领域的社会化警务. 郭太生，等译. 中国人民公安大学出版社，2009：3.

供给的资源受限使社会化警务成为警务研究和现实政策中的焦点。在世界范围内，英国的公私警务合作发展较为迅速，取得了较为显著的成效。

1994年，英国学者理查德·埃里克森（Richard V. Ericson）形象地用“安全被”比喻警务机构的“拼凑”在后现代社会的运作。埃里克森指出，在当代，领土或地域安全只是社会为全体人员安全供给的方式之一。此外，还包括三种安全供给，即超越自然边界的环境安全、抵御各类安全风险的个体或组织发展生涯保障和在文化层面使个体免遭歧视对待的身份安全。公共警务力量在努力应对犯罪，提供地域安全的同时，也同样需要不懈努力提供这些方面的安全供给。① 可见，安全领域的复杂性使单独依靠公共警务力量无法实现有效安全供给。在后现代社会背景下，警察或公共警务力量角色发生了重大变化，其不再仅仅是使社会成员免遭犯罪威胁，保护其人身与财产安全的直接责任者，更需要通过与其他公共机构与社会组织的沟通与合作，承担起安全知识经纪人、安全专业顾问和安全管理者的职责与使命。

“警务机构成为众多安全供给机构中的一员的事实既不意味着其他安全供给机构可以复制警察的职责，也不能说明可以减少其他机构在危机管理与安全供给中承担的共同职责。相反，正因为安全供给各机构掌握风险的独特知识与提供特殊的安全服务，共同构成整体‘安全被’全面的安全供给，其在各自领域内日益重要，蓬勃发展。”② 此外，在“安全被”布局的技巧上，社会公共安全“不仅关系到哪些部门（如中央政府或私人机构）掌控（或承包服务）哪些警务机构的问题，也关系到各种不同的公共和私人机构控制城市空间的方式问题”③。在英国，社会公共安全供给机构包括内政部警察、交通警察、公园警察、国防部警察、邻里看护队、城市闭路监控系统操作员、

① Ericson，Richard（1994），The division of expert knowledge in policing and security，British Journal of Sociology，Vol.45，No.2，p.150.

② Ericson，Richard（1994），The division of expert knowledge in policing and security，British Journal of Sociology，Vol.45，No.2，p.153.

③［英］Alison Wakefield. 社会发展与警务变革——公共领域的社会化警务 . 郭太生，等译 . 中国人民公安大学出版社，2009：33.

专有制保安、合同制保安、街道守望巡逻、邻里守望、居民巡逻团体、维护治安组织、反恐打击队等十多种，其所属部门类型涉及中央政府机构、地方政府机构、半私营机构、私营机构和志愿团体五类，而其属地的空间类型又可划分为开放的公共空间、受限制的公共空间、开放的私人空间和受限制的私人空间等。这些共同构成社会公共安全供给网络。以私人保安业为代表的私人警务，在犯罪预防中起到越来越重要的作用，其原因在于，“犯罪预防更主要涉及安全问题，而不是执法问题”[①]。从这个意义上说，私人警务介入犯罪预防是社会安全供给的重要内容，公私警务合作是实现犯罪预防的必要途径。因此，作为公共警务机构应以主动的姿态，投入时间与精力培育与私人组织等其他类型机构的关系，以实现优势互补，共同促进社会公共安全协同供给。

基于对公私警务的上述分析，许多学者开始转向多元化警务的研究，认为大量的警务活动内容涉及公共的、私人的及混合性的机构。这些新兴政府外的社会公共安全供给力量，如私人化保安组织构成政府之外的商业化供给力量、超国家安全供给力量、被授权执行安全供给的非政府力量和民间自发安全供给力量等。以英国为代表，欧洲越来越多的人用控制中心—节点来描述警务组织形式。与美国的“去中心化”的、政府与其他组织角色平等的网络节点不同，控制中心—节点论认为，政府与其他社会公共安全供给组织中的地位并不相同，公共警务机构仍是核心机构，私人组织、混合机构与其他社会团体或公民个人都起协作与支持作用，配合公共警务机构对社会公共安全供给的宏观规划，接受其在安全业务上的指导。

二、基于问题导向的美国社会公共安全供给 SARA 方法

美国学者赫尔曼·戈尔茨坦（Herman Goldstein）于 1979 年在他的文章《改善警务：问题导向途径》中首次提出问题导向警务（Problem-Oriented

① ［英］Alison Wakefield. 社会发展与警务变革——公共领域的社会化警务 . 郭太生，等译 . 中国人民公安大学出版社，2009：48.

Policing，POP）的概念。其后，他又于1990年出版《问题导向警务》一书，全面阐释了问题导向警务的理念。他指出："问题的解决方案成了警务工作真实而实质的内容，这样的思维传导警察应识别并探究那些反复引起服务要求的问题的根源。问题导向警务管理模式需要警员从被动反应式的、事件驱动式的工作态度转换到积极探求那些不断消耗公共资源的问题的态度上来。"① 在这种观念引领下，警察成为主动的思考者与探究者，警务工作突破了固有的犯罪控制和秩序维护的范畴。由于问题的识别与解决方案的寻求是从全社会环境出发的努力探求社会公共安全的过程，这也促使警务工作成为面向社会公共安全供给的开放性领域。而社会公共安全供给的过程是社会公共安全问题的发现、研究和寻找解决路径的过程。

在问题导向警务理念下，较为典型的方法是美国社会公共安全供给的SARA问题解决程序。SARA问题解决程序由约翰·埃克（John E. Eck）和威廉·斯佩尔曼（William Spelman）在弗吉尼亚州纽波特纽市以问题为导向的警务试行中提出的，包括审视（Scanning）、分析（Analysis）、反应（Response）、评估（Assessment）四个步骤。

审视，即仔细辨别并确认问题。在社会公共安全领域，这里的问题常常是以反复发生的或持续的，对社会公共安全产生危害的事件的形式表现。而不同事件存在地点、人物、时间、行动、环境等的相似性或关联性。现代信息技术的发展使这种审视以资料整理和数据统计为支撑，更为便捷，更具科学性。这为下一步的逻辑分析奠定了良好基础。

分析，即对问题进行界定，明确其危害，并努力寻找原因的过程。一般来说，人们的思维倾向于归纳，即将众多相似的问题归为一类，形成较为笼统的大问题，进而分析其危害和产生的原因。其实这只是分析的第一步。笼统的问题归纳并不能帮助安全供给者找到引起问题产生的根本原因。从安全供给的角度出发，必须将问题细化和分解。导致问题的事件可能是很偶然的因素，或原因是很曲折的过程，抑或是因小问题的积聚而产生的由量变引发

① Goldstein，Herman（1979），Improving Policing：A Problem-Oriented Approach，Crime and Delinquency，Vol.25，No.2，pp.241-243.

的质变。分析者要遵循差异性原则将问题分解，尽可能找到更小问题产生的原因，寻找到更为多样化的解决路径，为下一步的反应做好充分准备。

反应，即为问题找到有效的解决方法。在认真细致分析后，警务机构在努力通过多样化的方法解决问题的同时，也应寻求多元力量合作解决问题，以提升反应的效能。可选择的路径，如联系其他政府组织或私人组织、调解与谈判、动员当事人的社会关系的力量、改变问题重复发生的物理环境、有区别地使用刑事司法环境、完善法规法令等。[①] 其实质是社会公共安全供给的责任分担，使全社会不同主体努力发挥自身优势，共同承担起减少和控制社会公共安全问题的使命。也唯有如此，才能从根本意义上实现社会公共安全供给。

评估，即对"反应"的效果进行评价。传统的对问题解决的评估方法和指标，如用破案率、反应时间、工作指标的完成情况等不能从根本上反映社会公共安全供给中"反应"的效果。在社会公共安全供给视角下，评估要从两个方面深入考虑：一是评估要将时间要素扩展。从反应后相当长时期内，对类似问题或相同事件的再发生状况或数量变化趋势进行评估，如果有明显减少甚至消失，则说明反应有显著成效。二是将评估向与问题有利害关系的居民、问题发生地周边邻近居民及整个相关区域居民的主观判断扩展，包括居民对事件反应的满意度、反应后对类似事件的恐惧感、对本区域的社会公共安全感、邻里间和谐度等。

以校园犯罪为例，传统的对校园犯罪的模糊的报告式的分析研究并不能使校园犯罪问题有明显改观。运用 SARA 工作法，首先审视和分析问题，将校园犯罪问题界定为警察、学校、教师、家长和学生等群体共同涉及的，核心是由学生层面的沟通不畅所引起的问题。按照詹姆斯·威尔森（James Q. Wilson）和乔治·凯林（George L. Kelling）的"破窗理论"，如果一栋房子的一扇窗户被打破没有被修复的话，其他窗户也很快会被打破。通过这一规律可进一步推论：如果对社会风气或秩序的轻微损害不加在意，会产生更为

① Goldstein，Herman（1990），Problem-oriented Policing，McGraw-Hill，pp.140-141.

严重的后果。可见校园犯罪问题常常源于不起眼的校园中师生或学生间的误会或矛盾。如果不及时干预，极有可能引发犯罪。因此，应做出的反应和评价包括：警察与家长、学校教育工作者定期召开会议，通过信息沟通了解学生中可能存在的矛盾及可能出现问题的学生；在学生中开设与校园违法犯罪状况及其防范知识相关的课程；让学生建立自己的问题解决小组，发现问题并积极寻找相关问题的解决之策；让学生对多方共同参与制定的相关措施进行最后的评价。这种方法使学生成为问题解决的参与者与合作者，更有利于从源头上治理校园矛盾，防范校园犯罪和校园危机，实现校园公共安全的有效供给。

三、基于犯罪预防和控制的第三方警务探索

与公众个人及社会团体建立起广泛而密切的合作伙伴关系是当代警务工作的重要内容之一。澳大利亚学者洛林·梅热罗尔（Lorraine Mazerolle）与珍妮特·兰斯莉（Janet Ransley）在其专著《第三方警务》中对第三方警务的理论与实践进行了全面综合论述。第三方警务代表了当代犯罪预防与控制实践的重大转向。在英国、美国、澳大利亚等多国社会公共安全供给实践中，都有第三方警务的做法，体现了社会公共安全责任共担的战略意图。

第三方警务，是指“警方通过说服、强迫、操控以及利用法律和民事救济措施，引起或者激发第三方的兴趣，积极承担起犯罪预防或犯罪控制的责任”[①]。第三方警务中的第三方，是指非犯罪方，如卫生检查员、私营工商业主、业主、家长、学校等。第三方警务的目标是，通过特定方法改变第三方的日常行为方式，使其向着有利于犯罪预防与控制的方向发展。由于按照第三方的本意，是不会为了防控犯罪主动改变日常行为方式的。在第三方警务实践中，需要警方通过规划运用适当的政策工具实现目标。由此，在对不同类型犯罪进行预防与控制的过程中，针对不同的第三方群体，所采取的政

① ［澳］洛林·梅热罗尔，珍妮特·兰斯莉．第三方警务．但彦铮，等译．中国人民公安大学出版社，2012：67.

策工具也多种多样，这里以对毒品犯罪、暴力犯罪、青少年犯罪和财产犯罪的控制为例，对第三方警务的实践进行分类分析。

首先，控制毒品犯罪的第三方警务。在这类犯罪中，第三方主要包括业主、工商企业主和公住房管理机构，主要做法有：对业主（房东）的策略如采用多机构响应的专门小组进行实地走访，这些小组成员包括住房、消防、市政工程等部门，向业主宣传相关法律、法规，向其施压，使其主动驱逐不良房客；对工商企业主采取的主要策略是，要求其对可用于毒品加工的合法化学品销售进行报告，与此同时，对酒吧、旅馆或商店等商业点定点采取执法措施；对于公住房管理机构，警方则要求其规定，只要租赁人有违反公住房政策或管理规定的行为，即签发“停止租赁通知”，以驱赶租赁人或收回房屋。

其次，控制暴力犯罪中的第三方警务。这里的暴力犯罪主要包括：人身伤害、抢劫、家庭暴力和枪支犯罪。与之相对应，第三方主要包括商业主、被害人、公职人员（如学校行政人员、当地市政官员）、专业服务人员（医务人员、律师、会计师）及非营利性服务人员（如被害人支持者、社工）。[①]主要做法有：要求商业主清理店面，加强照明、安装监控，进行员工安全培训等；警方与家庭暴力犯罪中的被害人交谈，建议其提出申请禁令；警方与公职人员合作，要求其出台某项法规或规定以利于控制和减少犯罪；警方向专业人士（如医生、心理学家等）汇报涉嫌暴力的情况；非营利性服务人员，如被害人支持者关注被害人的需求并在出庭时提供帮助等。

再次，控制青少年犯罪中的第三方警务。这类犯罪的第三方警务的目的是改变目标青少年的不良行为。第三方涉及面较广，主要包括商业主、家长、学校、社区组织等。主要做法有：通过干预措施改变商业地点的环境，如增加照明设施，在青少年常去的电子游戏游乐场等地选用更为透明的玻璃等；要求青少年的父母对子女加强教育，配合青少年地区宵禁法和防止逃学计划的实施；要求社区巡逻队成员帮助青少年远离不安全的区域或处境等。

① ［澳］洛林·梅热罗尔，珍妮特·兰斯莉．第三方警务．但彦铮，等译．中国人民公安大学出版社，2012：126.

最后，控制财产犯罪的第三方警务。这类犯罪的第三方主要涉及商业主、制造商、车主、保险公司等。例如，英国在1992年实施“安全停车场奖励计划”，通过奖励停车场老板提高停车场的安全性，从而减少犯罪及人们对犯罪的恐惧感。“警方采用了若干与犯罪减少相联系的标准对这个计划进行评估，包括监视系统、停车场的设计、入口、照明、安保人员与管理措施等。获得较高评价的停车场会受到持续一年的奖励，可对外宣传其高度的安全性，从而吸引更多的顾客。”① 此外，要求汽车制造商改进防盗技术、鼓励车主安装防盗设备、要求保险公司对所有注销车辆进行全面登记等，都是第三方警务的有效措施。

以上这些“第三方警务”实践做法都取得了较好的效果。然而第三方警务也存在一些负面效应，如表面应急化可能会导致对犯罪的深层次社会问题的忽视，对区域性犯罪控制的追求可能带来犯罪的转移，由于法律体系的不健全可能引发责任困境等。可见，围绕第三方警务的全局设计和法律框架还有待完善。但就总体而言，第三方警务的成功之处在于，创造了警方与其他各社会主体的更细致的协商和合作途径，有利于调动广大公众在社会公共安全领域参与的积极性，从而壮大社会公共安全供给力量，实现更高水平的社会公共安全协商与合作。

第三节

比较研究与借鉴

西方社会公共安全供给模式的发展与演变是社会发展的产物，与西方社会公共管理模式嬗变息息相关。近年来，随着全球化的发展和反恐局势的升

① ［澳］洛林·梅热罗尔，珍妮特·兰斯莉．第三方警务．但彦铮，等译．中国人民公安大学出版社，2012：153-154.

级，社会公共安全问题既面临前所未有的挑战，也受到全社会的广泛关注。在对西方社会公共安全供给进行全面分析的基础上，我们既要积极借鉴西方的社会公共安全供给的先进经验，又要充分认识到由于历史文化传统、经济与政治体制、公共管理环境的不同所产生的中西方社会公共安全供给环境的差异，努力寻找适合中国现阶段社会背景的社会公共安全供给模式。

一、当代社会公共安全供给的共性解析

在全球化、社会转型与风险治理共同构成的社会公共安全供给背景下，当代世界范围内社会公共安全供给有着相似的目标取向与发展趋势。通过对当代社会公共安全供给共性的解析发现：当代社会公共安全供给要打破传统的对安全理念的认识，在全球治理的视角下，应顺应社会公共安全供给的基本规律，在积极主动的协商与合作中构筑新的安全网络体系。

当前国家的社会公共安全供给面临全球化的挑战。这种全球化进程与社会转型同步，社会公共安全供给也紧紧围绕风险治理展开。“跨国问题，如非法毒品交易、恐怖主义、疾病、走私和有组织犯罪，随着全球化的扩展和加强，形成不断增长的威胁。”[①] 仅以恐怖主义为例，全球化带来的结构矛盾易使社会秩序之外的力量——恐怖主义滋生并迅猛发展。与此同时，许多全球化带来的现代问题，如环保、伦理、技术进步等问题被极端分子放大产生消极情绪都可能引发恐怖主义犯罪。

在当代风险主导和支配的社会结构中，全球化发展与社会转型在一定程度上削弱了国家权力的范围、强度、观念与制度基础，从而对国家治理的效能产生影响。这就要求淡化国家的“管制”色彩，更多地通过提供社会公共服务的形式来行使权力。就社会公共安全领域而言，警务开始由单一化的警察维护社会秩序与安全的模式转向由多方共同治理社会治安，进行社会公共安全供给的模式。这里的多方，包括国际组织、私人组织、志愿者组织及社

① ［美］约瑟夫·S. 奈，约翰·D. 唐纳胡．全球化世界的治理．王勇，等译．世界知识出版社，2003：75.

会自治组织等。例如，加强对综合区域安全的重视，通过由主权国家、国际组织共同参与的跨国安全合作，形成区域安全共同体；允许私人组织或社会公益组织在一定领域内提供面向全社会的公共安全服务，以弥补公共组织在社会公共安全供给中的力量不足与缺失等。

在上述背景下，社会公共安全面临以下两方面的威胁：

一方面，违法犯罪行为呈现明显的跨界蔓延之势。全球化在带来资金、技术、人力资源等在全世界范围内自由流动的同时，也大大降低毒品生产、信息犯罪、恐怖主义等违法犯罪行为跨界蔓延的成本和壁垒。现代通信与网络技术的发展使跨越时空的即时沟通成为可能，一旦其被用于非法目的，将加剧产生社会公共安全失序的频率和程度。此外，跨国性质的难题，如环境污染的蔓延、高传染性疾病的传播加剧、资源短缺的冲突等，也对社会公共安全造成巨大威胁。

另一方面，仇恨犯罪愈演愈烈。“所谓仇恨犯罪，即犯罪分子全部或部分出于对某一个或某一群体的种族、宗教、民族/国家、性别、年龄、残疾或性倾向的偏见，针对人身、财产或社会而实施的刑事犯罪。”[①] 在社会转型期风险加剧，社会转型带来的巨大心理落差使社会仇恨犯罪不仅仅局限于种族、国家、年龄等客观状况，带有主观意味的个体或群体特质，包括财富、身份、阶层、经历等，都可能引起有犯罪倾向的个体或群体的偏见，从而实施各类违法犯罪行为，这里将这类行为也归入仇恨犯罪的范畴。由于这类犯罪多与心理不平衡甚至扭曲有关，故这类社会公共安全风险预警与犯罪预防显得尤为困难，必须从家庭、朋友、邻里、社区着手，全员动员，才可能实现安全供给。

面对严峻的社会公共安全形势，当前社会公共安全供给呈现以下三方面的共同趋势：

① ［美］Kenneth J. Peak，Ronald W. Glensor. 社区警务战略与实践 . 刘宏斌，等译 . 中国人民公安大学出版社，2011：250.

（一）由安全管理转向安全治理：基于社会控制与冲突协调的多元合作

在统治—管理—治理的公共管理模式嬗变的进程中，当前社会公共安全领域作为传统意义上的统治或管理模式的坚实堡垒，也面临着需要从安全管理向安全治理转变的紧迫局面。

一方面，全球化进程中，社会、经济和技术的“异化”导致传统政治、军事安全之外的非传统跨国安全凸显。当前较为突出的非传统安全包括：经济安全、恐怖主义、环境污染、毒品走私、跨国犯罪等，这些问题靠一国之力已无法从根本上解决，必须加强国际范围的安全合作。

另一方面，在一国范围之内，罗伯特·雷纳（Robert Reiner）指出，“警察作为象征国家统一和秩序的组织，这一地位因通常被标榜为‘后现代性’的那些社会变化——最重要的是日益增加的断裂和多元化——的出现而受到了威胁”[①]。大卫·贝利（David Bayley）和克利福德·希林（Clifford Shearing）在对警务的未来进行探讨时也指出，以下两个方面的发展标志着我们所处的这个时代警务模式的变革：一方面，警务的多元化与公共警务的角色转变。[②]社会公共安全领域不再被公共警务机构所垄断，履行其他职能的公共组织、以商业为基础的私人部门及以志愿精神为基础的自治组织等都成为社会公共安全供给的重要主体。另一方面，当代民主国家中的警务机构，要从目标、战略、组织、管理等方面全面反思与检视自身的社会控制与冲突协调行动，寻找通过多元合作实现更好的社会公共安全供给的途径。

（二）由危机应对转向风险治理：用系统化现代技术应对社会风险

现代风险社会所遭遇的种种危机不仅改变着人们的行为方式，也推动着政府及公共管理机构实践的变迁。现代信息技术的发展使人们对自然界的风险有了更强的预测、分析能力，进而在防灾减灾方面有了丰富的经验和较高

① ［英］罗伯特·雷纳．警察与政治．易继苍，朱俊瑞译．知识产权出版社，2008：249.

② Bayley，David & Shearing，Clifford（1996），The Future of Policing，Law and Society Review，Vol.30，No.3，p.585.

的能力。在社会公共安全领域，这种风险管理与分析技术也是预防和应对社会公共安全失序的核心技术与重要途径。这里的风险管理与分析技术，不仅局限于传统意义上的对犯罪率、破案率等社会面公共安全的基本数据录入与统计分析，还主要包括三方面：一是所收集信息数据的面更广，不仅是与违法犯罪行为、社会治安有关的数据，在风险管理与分析中，与政府治理相关的一切重要的信息，都应是风险分析的重要信息来源，因为“政府治理本身就成为安全配置机制的一部分”①。从这个意义上说，以政府为主体的公共服务质量相关的一切信息都与社会风险相关。二是尝试用统计学方法尝试对道德、社会心理、伦理等以往认为不可统计的因素进行程度分析，以更为精确地实现对社会风险的分级化预测和预防。三是通过对风险技术分析结果向社会面的公开，提升公众个人或相关群体对风险的自我防范与治理能力，在沟通互动中相互强化对风险的抵御意识，特别是增强其利用周边资源共同对抗风险的能力，从而全面提升整个社会的风险识别与应对水平。

（三）由高度集中治理转向网络化治理：构建社会公共安全治理网络

将经济与社会结构转型问题引入政治学与公共政策领域，主要集中在对治理结构变化与政策网络的研究中。政策网络（policy network）是将社会学、经济学网络理论引入公共政策领域，分析政府过程中政府主体间关系的解释框架。政策网络最初局限于微观政策制定的分析，如国会、政府和利益团体之间的互利互惠关系的铁三角分析；20 世纪 70 年代侧重于中观层面的府际关系研究，如英国学者罗茨基于“权力依赖”的政策网络而对中央与地方政府间、地方政府间、政府与社团间关系及政府内部部门间关系的研究等；20 世纪 90 年代后，政策网络研究转向宏观层面基于治理理论的“治理网络”研究，即“在政府治理的过程中，特定的群体围绕着特定的政策议题而形成一种持久、稳定的联合体，它们有各自的边界、相对稳定的内部结构”②。

① Ericson，Richard V. Haggerty，Kevin D.（1997），Policing in the Risk Society，University of Toronto Press，p.85.

② 黄健荣 . 公共管理学 . 社会科学文献出版社，2008：42.

从治理的视角分析，基于奥斯特洛姆为代表的多中心治理，自组织网络成为解决集体行动困境的新途径，而政策网络成为一种特殊的公共治理。“如果说治理理论强调国家和市民对社会公共事务的共同‘治理’而非国家的单方面‘统治’，那‘警事’治理则是变警察对公共安全的单方面管理为警察和社区及公众的共同管理。”[①] 近年来，网络化治理逐渐向社会公共安全领域发展。无论是控制—节点式的网络化模式还是各主体相对平等的网络节点式的模式，构建社会公共安全治理网络都成为社会公共安全供给的重要趋势。

二、影响社会公共安全供给的社会背景要素检视

社会公共安全供给环境的差异会对社会公共安全供给模式的选择和供给效能产生至关重要的影响。在借鉴社会公共安全供给先进经验的过程中，要充分认识不同国家与地区的社会背景的差异，在此基础上有选择地在本国实践，否则，会因“水土不服”而给社会造成巨大损失。在实践中，也不乏这样的失败例子。例如，社区警务理念已经在全世界传播，1994 年，赞比亚政府推行警务改革，努力推行社区警务，改善公共关系。然而这一改革在赞比亚实施的效果不佳。在英国顾问帮助下，虽然也制定了措施：如成立社区服务组织，建立与人权相关的培训课程，动员社会参与犯罪预防等。但由于一党执政的政治体制下，警察队伍素质偏低、管理松懈、纪律性差，警民关系紧张，安全投入严重不足，居民社会公共安全感极低等问题根深蒂固。这些都导致了社区警务在赞比亚无法顺利推行和取得实效。诚然，影响社会公共安全供给的环境差异包括政治、经济、文化等多方面，这里只列举影响较大的、直接的要素进行分析。

（一）政治制度与政府体制

社会公共安全供给的背景首先与一国或地区的政治制度与政府体制紧密相关。民主制度中的警务模式可分为三种：“分散警务模式”以美国和加

① 王智军 . 警察的政治属性 . 社会科学文献出版社，2009：12.

拿大为代表，对警察权力进行限定，警力下沉到地方，但这种警务工作在联系、协作等方面易产生问题，会因顾及地方管理而降低了效率；“集中警务模式”以法国为代表，受国家政府控制，认为社会权利比个人权利更重要，这种模式效率高，但地方利益易被忽视；“适度分散模式”介于两者之间，以英国、澳大利亚等国为代表，国家和地方共同管理，强调地方管理要使市民满意，国家标准则使警务更专业化。[①]这三种警务模式受不同的政治制度及环境的影响。例如，英国属于典型的地方自治型单一制国家，安全管理与服务是地方政府自治事务的主要方面之一，中央政府一般不直接向社会提供服务，而是主要对地方政府的管理与服务进行规范和监督。美国则是典型的联邦制国家，在联邦制政府中，有诸多警察机关分别执行特定职责，如在联邦司法部设立联邦调查局、缉毒团与移民归化局；财政部有安全勤务局、烟酒火器管理局；邮政管理总局下设邮检局等。与联邦制相对应，这些机构相互间无隶属关系，是典型的完全分权的警察体制。各州则专有保留警察权力，联邦政府不得干预各州警察管理及警务活动。此外，西方警察大多与公务员一样，力图摆脱直接的政治控制和党派影响，秉持政治中立原则，由此保持了警务实践的连贯性与公正性。

与英美等国的警务模式不同，中国单一制的政治体制决定了中国的“集中警务模式”，从中央到地方强调自上而下的统一管理与政令一致，警察队伍要在中国共产党的领导下为人民服务，这种模式不会在根本上发生改变。此外，“将一个理性化的、大众民主的社会以自治原则组织起来的想法，其在领土广大的国家内注定无法成功的理由是，任何形态的形式理性化将会日渐地强化群众的非专业化，使他们至少在直接有效的细节管制上面被剥夺了机会”[②]。所以，完全分散化的、自治式的社会公共安全供给在中国社会和政治背景下不可行。中国社会公共安全供给需要在政府主导下，进行科学的战略规划，并通过广泛的社会动员来实施。

---

① 亨特·R. 三种警务模式 . 警察研究，1990（13）.

② ［德］施德路特 . 理性化与官僚化——对韦伯之研究与诠释 . 顾忠华译 . 广西师范大学出版社，2004：109-110.

（二）政治认知与社会心理

政治认知是一国政治文化的重要组成部分。在任何国家或政治体系里，警察都是执政政府的代表，直面公众的最前沿。政府与民众的关系直接影响警察及其他社会公共安全供给主体的执法活动。而政府与民众的关系又是建立在彼此对“权力”与“权利”关系的认知基础之上的。“在中国传统政治文化中，作为子民的社会成员不仅不能作为权利主体，而且没有自己的独立人格和主体意识。”[①] 这种传统与西方政治文化中公民与法治相联系的权利—义务观有很大差别，且对中国社会产生根深蒂固的影响。在公众的传统政治认知中，习惯于认为政府是高高在上的权威代表，而自身是被管理的对象，由此产生等级式的束缚感或距离感，缺乏平等契约式的思维习惯和个性化的主体精神。

在西方政治认知中，对权利与义务对等关系的强调使公民在社会交往中更易产生平等契约精神和互助合作意识。将政府作为“必要的恶”来看待的观念，使公民个体有较强的独立主体意识，公众对政府的监督体系更为完善。中国传统政治认知对社会心理产生的影响，表现为：有以传统臣民意识主导自身行为的倾向，重权利轻义务，这种传统可能导致社会成员间产生相对割裂的社会心理。因此当前我国警务协同实践中，必须以法治观念建设为主线，更应尽可能避免两种极端社会心理的产生：一是将公共安全责任完全交给国家与政府，希望其完全主导社会公共安全供给，个人或其他组织在公共安全领域不愿有任何的投入和付出；二是只顾自身利益与眼前安全，在涉及自身当前利益时有所反应或行动，认为与己无关时则持冷漠态度，不愿通过改变自身的行为为公共安全贡献一份力量。

（三）社会资本与志愿精神

社会资本对社会组织的合作产生非常重要的影响。例如，社区中居民是否有主人翁意识和参与的积极性，相互间是否有较高信任度，是否有互助与

---

① 佟德志．比较政治文化导论——民主多样性的理论思考．高等教育出版社，2011：63.

合作的精神等，直接影响到社会公共安全供给。“社会资本的存量，如信任、规范和网络，往往具有自我增加性和可累积性。良性循环会产生社会均衡，形成高水准的合作、信任、互惠、公民参与和集体福利。”[①] 而志愿精神则直接影响一国或地区在安全领域的各种资源的社会储备与社会公众的整体责任感。

首先，社会信任是社会资本的重要组成部分，也是志愿精神产生的前提。在社会资本存量高的国家或地区，政府与公众、警察与市民之间会有比较高的信任度，志愿活动才能有比较大的拓展空间和社会影响力，其产生的结果是：公众对以政府为主体的社会公共安全供给主体充分信任，则更愿意参与和配合相关安全行动；政府与公众的信任度提升，也会使政府愿意运用更灵活多样的政策工具，赋予社会主体更为自主的安全选择权和行动空间；公众间及社会组织间更加互信，有利于一些自治式犯罪预防与安全活动的组织和开展。

其次，社会规范是社会资本的重要基础，是社会凝聚力的源泉。社会资本存量高，其社会更为规范有序，才能为社会组织的自然形成和健康发展提供土壤。一国的社会公益组织和安全志愿组织的生存与发展状况与其社会资本存量关系密切。

最后，社会资本与社会网络的形成直接相关。社会资本存量高，意味着社会网络更加健全，更为发达，社会个体间与群体间的沟通交流更为顺畅，在人与人之间隔阂被打破的基础上，志愿精神得以传播，才可能形成更为广阔的社会公共安全供给网络。

三、西方社会公共安全供给实践的主要启示

国外公共安全供给的多种模式与方法是在复杂的犯罪形势与社会背景下，经过长期实践探索而出现的产物，取得了较为显著的成效。这些经验对

① ［美］罗伯特·D. 帕特南．使民主运转起来．王列，赖海榕译．江西人民出版社，2002：208.

中国社会公共安全供给有重要启示，主要包括以下四方面：

（一）以犯罪预防与风险管理为核心实现社会公共安全供给

国外社会公共安全供给经历了由被动反应式的警务向主动预防式的警务发展的过程。相对于传统的犯罪控制，犯罪预防在公共政策中占据越来越重要的位置，且犯罪预防的种类和范围也不断扩大。从情境犯罪预防、多机构犯罪预防共同体到社区犯罪预防等,都充分体现了犯罪预防的网络化发展，其主体、途径、措施等都日益多元化，为社会公共安全供给效能的提升提供了重要保障。此外，近年来国外政府及相关机构重视民众的社会公共安全感，在社会公共安全供给中加强了对风险的识别、分类、排序、应对的一系列管理。同时，对恐怖主义的预防升级，加强对危险群体的规制，努力通过政府自身的治道变革完善风险预防、监测与应对体系。

（二）信息化和科技发展是现代社会公共安全供给的灵魂

在世界范围内，随着违法犯罪手段的升级，以及高科技信息化的社会公共安全隐患日益增多，传统的犯罪预防与控制方法及社会公共安全供给途径已经难以应对日益复杂的社会不安全因素。在这一背景下，安全供给信息化，特别是通过分析模型对与安全有关的数据、信息和知识进行统计评估显得尤为重要。西方国家已经实现对安全情报进行分层次、分领域的多部门协作，并开设专门课程培训职业化的安全信息分析员，以实现最大限度地深掘信息、及时通报信息、科学统计分析数据信息。此外，以计算机技术为依托的高科技警务装备、各类档案管理系统、地理模拟制图系统、资源调度系统、全球定位系统、反恐预防分析系统等也都是社会公共安全供给的新途径。

（三）公共部门多机构通力合作是实现社会公共安全供给的基本保障

社会公共安全不再是由警方占据的有清晰边界的职能领域。在当代社会背景下，西方社会的司法、消防、卫生、防疫、市政设施等几乎所有公共部门在特定情况下、特定领域中都可能成为社会公共安全供给的主体，需要参与到社会公共安全供给中来。这些部门在信息提供、辅助决策、资源互助、协作执行等方面以其特殊的优势为社会公共安全的实现不懈努力。“安全议程的拓宽在许多地方是一个现实。犯罪预防和安全保卫不再是警方独占的事权；他们与一系列的国家和非国家团体共享这一拥堵的舞台，此外，日益明智警觉的公众也参与进来。”① 多机构的通力合作共同构筑了社会公共安全供给共同体。在信息化条件下，这种合作的战略规划更为完善，合作途径更为便捷、有效，合作过程更具较强的执行力。

（四）以社会沟通和公众参与为基础，促进社会公共安全力量的合作，实现社会公共安全供给

传统警务信奉等级原则，以随机巡逻、快速反应、侦查破案为主要内容，是一种自上而下的警务模式。现代西方社会在完善警务传统模式的基础上，普遍扩展了警务的范畴，以社区警务为代表，社会沟通与公众参与成为实现社会公共安全供给的基础。社会公共安全供给需要全社会力量的合作才能实现，这已成为西方社会公共安全供给的共识。例如，加强对违法人员的社会矫正机制建设，使这一类型安全供给主要依托社区工作人员和社会力量展开；私人警务的兴起使社会公共安全供给中出现多种不同性质的安全供给机构，且能满足不同地域、不同层级的更为多元化的安全需求；第三方警务策略通过对公民、其他公共机构、社会团体、私人组织等的激励，以实现安全供给等。这些都产生了社会公共安全领域的社会内聚力，其实质是通过良好的社会关系的建立实现警务协同治理和社会公共安全良性供给。

① ［英］杰瑞·莱特克里菲．情报主导警务．崔嵩译．中国人民公安大学出版社，2010：194.

第八章

中国社会公共安全协同供给的使命、路径与对策

第一节　社会公共安全供给的协同设计

第二节　中国社会公共安全协同供给的支撑条件

第三节　中国社会公共安全协同效应的实现

在中国社会公共安全供给的舞台上，以警察为核心的警务力量始终居于最前沿的位置。作为社会公共安全供给的主力军，中国警务工作者直面各种危险，承担着艰巨的使命与责任，一直处于高强度的工作状态。而作为社会公共安全供给的领导者、指挥者与策划者，执政党和政府直接决策、组织、指挥、协调和控制着社会公共安全供给，传统的管制式社会公共安全供给模式已不能适应当前的社会公共安全形势。变革传统的社会公共安全供给模式，转向社会公共安全协同供给这种现代综合式社会公共安全供给模式势在必行。中国社会公共安全协同供给的实质，是依托协同学原理，通过战略规划促进协同机制的生成与运行，让全社会力量主动积极参与社会公共安全供给，共同促进良性序参量的形成，并通过自组织体系的完善最终实现政府与社会多元主体的安全共赢。

第一节

社会公共安全供给的协同设计

虽然协同效应本身是系统自组织进行的自然规律，但社会领域协同的产生却需要外力引导与过程控制才能得以实现。与自然界的众多协同现象与效应不同，社会公共安全协同供给既非自然形成，也非偶然获得，而是需要精心策划的系统工程和策略选择。

一、社会公共安全协同供给的目标与使命

"如果在由混沌产生有序，或一种有序性逐渐转变为另一种新的有序性场合中，这样的普遍规律起作用的话，那么，在这类过程中必然有着某种内

在的自动机制。”[①] 社会公共安全协同供给的目标，是找到顺应协同学规律的安全供给路径，通过序参量的安排促进自组织体系的形成，使社会公共安全领域由无序结构演化为有序结构、由简单有序结构演化为复杂有序结构。具体而言，社会公共安全协同供给有以下三方面使命：

其一，遵循序参量与支配原理，通过组织变革、制度安排、政策供给和外部环境建设，使所有协同主体明确协同供给的战略意图和各自在其中的职责与任务，自觉参与社会公共安全供给。在社会公共安全协同供给中，要在协同愿景方向性指导下，明确某方面协同供给的核心任务，围绕这一任务，打破传统等级制组织的束缚，进行大胆的组织变革，制定一系列制度和政策，并形成有利于合作的组织文化与环境条件，以支持协同主体自愿性行动的产生。

其二，遵循涨落原理，在社会公共安全供给的涨落出口处通过两条供给路径实现协同供给，以更好地应对社会公共安全失序，维护社会稳定。前文已探讨，在社会公共安全供给的涨落出口：一方面，社会公共安全失序产生前，如果除导致危机的要素外，其他要素没有响应，则会产生衰减，系统重回秩序与稳定。对于其他要素的控制，往往不是由政府或警方完成，与要素相近的社会其他主体或因素作用更加直接、有效。另一方面，一旦其他要素已经响应并使不稳定加剧，则需要危机处置，在处置过程中，仍然需要通过战略性规划促进社会资源的投入和社会主体的参与，需要以政府为核心的公共部门统筹安排，适当引导和激励。

其三，遵循协同互动与功能倍增原理，实现社会公共安全主体间的互动与要素间的整合，实现系统的耦合及功能的放大。无论是社会公共安全信息在不涉密情况下的公开还是网络或面对面的交流与沟通的平台，都是社会公共安全主体间互动的前提。只有在互动中才能实现社会公共安全供给要素与资源整合，但仅有要素与资源整合并不意味着协同的实现。促进符合协同规律的系统耦合，实现整体功能的放大才是社会公共安全协同供给的最终目标。

① ［德］赫尔曼·哈肯．协同学——大自然的奥秘．凌复华译．上海译文出版社，2005：8.

二、社会公共安全协同供给战略的启动

与一般意义上的协作不同，协同供给战略的启动并不意味着以政府为核心的公共部门要直接干预安全供给的所有过程。但这并不意味着在社会科学范畴内的协同可以在完全自然的状态下产生，自组织的形成及协同的产生也不可能是完全没有统筹策划的自然而然的过程。在哈肯对协同的自组织的界定中有一个经典定义："如果系统在获得空间的、时间的或功能的结构过程中，没有外界的特定干预，我们便说系统是自组织的。这里的'特定'一词是指那种结构和功能并非外界强加给系统的，而且外界是以非特定的方式作用于系统的。"① 在社会公共安全协同供给中，这种特定方式是社会公共安全协同供给战略的启动。社会公共安全协同供给以提供高质量的社会公共安全产品为目标，需要将与社会公共安全相关的各类资源集结和整合，选择适当的协同主体，适时启动协同供给战略。

哈肯曾形象地举过游泳池游泳的例子说明协同的产生。游泳池中的游泳者在池中向任意方向随意游是一种无序状态，这样会相互妨碍，影响游泳的乐趣。在这种情况下，游泳救生员可能会通过指令引导游泳者进行环游，即游泳者进行环形有序运动，这是依靠指令实现系统由无序向有序的转变。还有一种可能状况，即在游泳池管理者提供的某种激励或条件下，游泳者自己想到环游这个主意，一开始可能只有几个人，之后人们发现这种游法非常便利，越来越多的人参与进来，最终便形成了有序的集体行动。

社会公共安全协同供给战略的启动需要大量的前期工作。首先，这种协同供给战略应立足于项目式管理。要明确某一特定人群、地域、领域或某一特定社会公共安全失序状态，确定项目涉及的主要问题、参与主体和所寻求的完善路径，以项目形式选择性地进行试点，积极总结经验教训并逐步扩大范围。其次，要明确相关主体，建立主体间协同机制，主要包括资金分担机制、信息互通机制、资源共享机制、协同行动机制等。再次，要借助专家的智慧或技术援助，明确对整个协同过程进行实时信息收集与反馈、及时调整

① ［德］H. 哈肯 . 信息与自组织 . 郭治安译 . 四川教育出版社，1988：18.

策略的预案或计划。最后，要在与相关机构、供给对象充分沟通的基础上，以法规、政策、措施等规范性文件的形式，达成对社会公共安全协同供给战略的共识，完善相关配套政策。

协同机会识别是社会公共安全协同供给战略启动的关键。协同机会识别的关键是寻求安全“临界点”。需要协同供给战略启动的协同机会主要有以下两种状况：一是社会公共安全失序状态已经或即将产生。二是社会公共安全信息平台显示，社会公共安全在某一地域、某一领域或某一类群体中的供给相对不足时，协同供给战略启动的主体应为相应级别的政府机构而非单纯的警务机构。前一种状况应根据社会公共安全失序状态的性质及严重程度对应相应级别的政府组织启动战略，后一种状况下启动战略的政府组织则应视地域涉及范围、领域影响程度、群体所在行政区域等而定。

三、社会公共安全协同供给的实施

社会公共安全协同供给是一种典型的集体行动，其过程符合集体行动的基本逻辑，由于协同行为的特殊性，其又具有不同于简单集体行动的特殊性。这对协同战略的设计者提出了更高的要求，需要在协同过程中通过统筹规划、集成设计与适时适当激励实现供给目标。

（一）作为集体行动的社会公共安全协同供给

早在古希腊时期，亚里士多德就曾做出这样的论断：“凡是属于最多数人的公共事务常常是最少受人照顾的事务，人们关怀着自己的所有，而忽视公共的事务；对于公共的一切，他至多只留心到其中对他个人多少有些相关的事务。”[①] 由此揭示了集体行动可能出现的困境。奥尔森在其著作《集体行动的逻辑》中，通过对大小集团的比较，阐述了小集团比大集团更有凝聚力，更能提供有效的公共产品。集体行动的非排他性特征使集体行动中个体常常丧失其责任感。个体在集体行动中有“搭便车”的倾向，由此“在群体

① ［古希腊］亚里士多德．政治学．吴寿彭译．商务印书馆，1965：48.

性活动情境，群体并不具备独立的人格，无法对行动后果承担责任，导致常规约束机制的失灵，个体将放纵曾经被抑制的欲望，采取不负责任的行为。群体规模直接影响个体的心理动机和行为取向”[①]。

对于集体行动困境的治理，学者从经济学、社会学、政治学等多领域进行研究，提出了第三方强制力、市场交易、社会资本及自主治理等路径。其中自主治理的路径尤为引人注目，美国学者埃莉诺·奥斯特罗姆（Elinor Ostrom）通过对公共池塘模型的研究阐述了自主组织和治理公共事务的制度安排。但她也强调，这种自主治理也只有在小范围的公共池塘资源治理中效果明显，且这种自治要受到群体规模等的制约。在《公共服务的制度建构》一书中，奥斯特罗姆也指出，公民在直接警察服务方面的协作生产在小规模的集体消费单位里很可能比较多，因为在那里公民认为在包围其邻里地区的和平和安全方面有利益，并认为警察在这些方面提供了有价值的服务[②]。社会公共安全协同供给的启动从小区域、小领域开始，以项目的形式先涉及小范围群体，再逐步扩展，遵循了自主治理作用发挥的规律，在一定程度上缓解了集体行动的困境带来的负面影响。

有学者指出，未来中国集体行动的路径有四种可能的图景，分别为公民社会、监控社会、人道主义道德国家和技术治理社会，并认为，技术治理社会是“治理知识 + 制度化渠道 + 人道主义意识形态”的综合体，是更为现实的平衡。而监控社会则是一种倒退，即“政府采用极端的社会控制手段，使得集体行动的出场被遏止在摇篮里。它的弊端显而易见：合法暴力的过度使用，将造成社会福利的普遍衰减和社会效用的极大降低”[③]。作为集体行动的社会公共安全协同供给，是技术治理社会的典型代表，同时也是防止安

① 高春芽．集体行动的多元逻辑：情绪、理性、身份与承认．上海行政学院学报，2011（4）．

② ［美］埃莉诺·奥斯特罗姆，帕克斯，惠特克．公共服务的制度建构——都市警察服务的制度结构．毛寿龙译．三联书店，2000：18.

③ 刘能．当代中国转型社会中的集体行动：对过去三十年间三次集体行动浪潮的一个回顾．学海，2009（4）．

全领域监控社会出现的重要途径。“公共管理危机的克服有赖于行动个体的行为自主性，但更多地仰赖于制度的安排。因为制度是长期迭演博弈所选择的均衡结果，它是行动个体由不合作走向合作的路径依赖。”[①]可见，社会公共安全协同供给作用的发挥有赖于是否遵循科学的路径，通过适当的制度化方式实施，其中制度化的集成设计与集体行动的激励显得尤其重要。

（二）社会公共安全协同供给的集成引导

社会公共安全协同供给集成引导的核心是通过有效的制度安排引导社会组织及公众参与社会公共安全供给。社会公共安全协同供给的集成引导符合建构主义的哲学基础。建构主义是一种区别于规范主义与实证主义的范式，从建构主义出发看社会公共安全协同供给，主要强调主体间的关系和互动导致了集体行动的形成及发展趋势，而非预先设计好的客观存在，所以社会公共安全协同供给并不能事先设计，而需要在交互过程中通过集成引导保证其发展方向。“如果说，与社会治理结构历史性变迁相适配，集体行动的类型经历了‘命令—服从型’到‘纪律—协作型’的形态，那么，后工业社会的社会治理结构所适配的集体行动类型，应该是‘商议—合作型’。”[②]这种对社会组织与公众参与的制度安排并非是在实施之初就完全设计好的，而是在实践中通过商议与合作逐步完善和实现的。

1.建立信任关系。相互间信任关系的建立是任何合作产生的基础性条件。虽然信任关系可以基于不同的原因，如习俗、契约或互利共赢等，在社会公共安全协同供给中，这一领域的信任关系，主要强调的却是基于内心共通的安全愿景。随着风险社会的来临，单纯的环境控制与监视已不足以实现安全供给，在社会公共安全供给中，安全的利益相关方及社会第三方对政府及相关安全组织是否信任，是否能形成基于安全的共同愿景，直接关系到其对协同战略的响应程度并最终影响协同效果。

---

① 陈潭．集体行动困境的产生与化解．中国软科学，2003（9）．

② 孔繁斌．民主治理中的集体行动——一个组织行为学议题及其解释．江苏行政学院学报，2008（6）．

2. 建立沟通渠道。现代社会人与人、组织与组织之间的沟通渠道日益多样化。以现代化的信息技术为核心的网络沟通渠道的建立是社会公共安全协同供给的基础。协同供给的实现主要依托的是自主沟通，没有刻意沟通，是相互之间的影响力，故沟通应尽可能不采用强制性的命令、指令性的方式实现。以信任关系的建立为基础，自主沟通实现的概率将大大增强。

3. 形成集成网络。这一步政府作为集成的主体，需要考虑的是，哪些机构或组织需要被集成进协同供给的网络中，如何进行协商和谈判等互动交流，具体探讨制定规范、信息共享、协作途径等。尤其要强调的是，在社会公共安全集成网络中应该有政府、社会公共安全相关各方以外的第三方参与机制。在形成集成网络的整个过程中，政府的主要职责不是主导集成网络，而是监督和控制各方的积极参与和功能发挥。

4. 协同从小范围起实施并逐渐扩展。协同实施应在小范围内先开始。这里借助新经济社会学所述“嵌入”问题考察协同的实施，即一方面要考虑安全领域单个行为主体在与其他行为主体间的互动所形成的关系网络，另一方面要考虑小范围的关系网络在整个社会结构中的嵌入。前者是协同自组织的形成问题，后者则是协同产生的社会背景分析。依照费孝通的《乡土中国》中对中国“熟人社会”的描述，当前中国协同自组织的形成主要仍依靠私人关系所联系起来的关系网络，其背景是较为传统的“关系型”信任网络。协同的实施要立足于这一社会背景，引导社会组织与公众的参与。

（三）社会公共安全协同供给的行动激励

按照集体行动的逻辑，在曼瑟尔·奥尔森对集团的分类中，与特权集团及中间集团不同，大集团或“潜在”集团不会为获得集体物品而采取行动，因为“不管集体物品对集团整体来说是多么珍贵，它不能给个体成员任何激励，使他们承担实现潜在集团利益所需的组织成本，或以任何其他方式承担必要的集体行动的成本。”[①] 对社会公共安全供给来说，虽然社会公共安全与每个社会成员的利益密切相关，但如果没有独立的和“选择性”的激励，

① ［美］曼瑟尔·奥尔森．集体行动的逻辑．陈郁，等译．上海人民出版社，2011：41.

理性的个体也难以采取有利于社会的行动。这种“选择性”激励可以以积极形式实施，如通过奖励诱导更多的人为社会公共安全贡献力量，也可以以消极形式实施，如通过要求没有参与的人共同承担行动成本等。

如同物理学容器中液体形成规律性的宏观有序运动需要底部的加热，一些化学反应中需要催化剂牵线搭桥一样，在社会公共安全协同供给中，公众自觉参与也需要一定的激励才能实现。协同供给中激励的前提是，通过激励措施的出台引导而非强制性地要求更多的公众参与到社会公共安全协同供给中，激励的本质是创造这样一种结果：从“理性经济人”的角度出发，相关组织或公众发现参与本身会给自己带来更多益处，而其客观结果则是社会公共安全供给效能的提升。

现代社会公众参与公共管理的形式日益多样化，较为典型的有：关键公众接触，公民大会，咨询委员会，公民调查，由公民发起的接触、协商和斡旋等。[①]社会公共安全协同供给中，主要的形式包括其中的关键公众接触、由公民发起的接触及协商和斡旋等。一般而言，无论是由公民发起的接触还是和关键公众的接触，公众与政府或相关组织接触的目的都是与自身安全或发展相关的愿望或目标有关。政府应主要采用正向激励，即向公众表明：如果公众按照正确的方向对自己的行为进行约束或按照相关要求行动，则会在自身安全、经济收益或社会福利等方面有所收获；相反，如果公众处于旁观态度或不做任何改变，则可能共担相关的成本或因社会公共安全失序而利益受损。采用这种激励而非强制性的方式，对于公众来说，其有选择是否参与、约束自身或采取行动的权利，就可以在不断协商和斡旋中实现社会公共安全危机状况的转变或社会公共安全状况的改善。这种激励方式的要义在于，通过个体或组织的“自省”式的考量或权衡改变情绪、改善行为，既而实现整体的协同学上的“相变”，产生协同效应。

① ［美］约翰·克莱顿·托马斯．公共决策中的公民参与．孙柏瑛译．中国人民大学出版社，2005：11−12.

第二节

中国社会公共安全协同供给的支撑条件

在自然科学中，在复杂的条件中实现的协同可谓大自然鬼斧神工的杰作，而协同效应的实现往往需要近乎苛刻的条件。与物理学中液体规律性运动需要底部加热、激光的出现需要能量供给，经济学中股市暴跌时抛售大量股票的集体行动会进一步导致股票暴跌类似，中国社会公共安全协同供给要实现自组织式的相变必将是艰难的进程，需要多方面的支撑条件，而这些支撑条件本身则是影响社会公共安全协同供给的序参量的重要因素。

一、基于安全与稳定的政府思维方式转变：变机械维稳为柔性安全建设

政府对社会公共安全与社会稳定的观念及对社会公共安全供给的思维方式直接影响社会公共安全协同的启动。在影响社会公共安全协同供给序参量的诸多因素中，政府对社会公共安全、社会稳定的认识是基石，直接影响社会公共安全供给的方向选择。

（一）政府合法性的持续与再造：通过完善社会公共安全供给走出机械维稳困境

社会公共安全失序状态或社会不稳定因素会对政府合法性产生影响，严重的甚至引发合法性危机。政府合法性探讨的是政府的正当性来源问题。黄健荣认为，政府合法性有形式合法性与实质合法性之分。“政府实质合法性体现为社会公众对政府所主导的政治理念与价值，所制定与实施的政治制度、经济政策和社会政策，及其施政行为与施政效果的认同和支持。”[①] 可见，

① 黄健荣．论现代政府合法性递减：成因、影响与对策．浙江大学学报（人文社会科学版），2011（1）．

现代政府实质合法性是政府与公众交互作用的结果。"政府实质合法性递减指政府执政后所获得的实质合法性随着时间的流逝而递减。"① 由于受多种因素影响，现代政府实质合法性本身常常处于递减状态，当社会公共安全失序状态或社会不稳定因素出现，这种递减会呈现加剧态势。有学者指出，中国目前的维稳主要处于压力维稳机制。这种机制的特点是：第一，压力维稳重视事后处理胜过源头预防；第二，压力维稳重视基层，注重"实战"；第三，压力维稳使政绩考核功能异化；第四，压力维稳成本高，投入大。② 总体而言，主要依靠政府单方面的机械维稳只会形成刚性稳定，这种刚性稳定是以国家暴力、政治权力和社会管制为基础的，缺乏应有的韧性和弹性，不可能对政府实质合法性产生根本影响，反而易走入政府与社会公众关系呈现紧张状态的维稳困境。

要解决上述维稳困境，实现政府合法性的持续与再造，必须通过政府与社会公众的交流互动，与社会的多方合作。当前中国政府合法性的持续与再造需要整体性战略与规划，这主要表现为：一是以源头预防为主，二是注重中央或较高层级政府的战略部署与总体规划。具体而言，应对社会公共安全失序状态或社会不稳定因素的核心，是促进政府社会公共安全良性供给机制的实现。"'维稳'工作往往容易忽视对于政治参与诉求的制度化吸纳，形成'泛政治化'的倾向和副作用，使得政治领域无限制地广泛扩张，挤压非政治领域生长的空间，最后反过来对政治过程和政权本身造成一定负面影响。"③ 可见，维稳工作只是社会公共安全供给中的一个方面，不能过度强调维稳而忽视社会公共安全供给问题，给社会公共安全供给穿上政治色彩的外衣，甚至犯用维稳代替社会公共安全供给的错误。站在社会公共安全供给的战略意义上考察社会稳定问题，才能通过社会公共安全良性供给机制的建

---

① 黄健荣．论现代政府合法性递减：成因、影响与对策．浙江大学学报（人文社会科学版），2011（1）．

② 于建嵘．当前压力维稳的困境与出路——再论中国社会的刚性稳定．探索与争鸣，2012（9）．

③ 容志，陈奇星．稳定政治：中国维稳困境的政治学思考．政治学研究，2011（5）．

立维护社会稳定。

（二）柔性安全观：风险社会背景下的政府安全观念的转变

以刚性稳定为目标，与机械维稳相对应，政府的安全观念主要以刚性安全观为主。刚性安全观，是指对于威胁公众生命、人身、财产安全或不利于社会稳定的因素，依靠政府强有力的手段坚决打击或制止，以实现社会安定。从社会公共安全供给的视角分析，用事先预防代替事后打击、用群体内化解代替外部压力击破的方式，有时能起到事半功倍的效果。特别是在当前风险社会背景下,这种单一化的安全观不能从根本上改变社会公共安全失序状态，在不安全因素产生或发展初期，注重运用社会群体或社会公众中自身的力量有效预防和化解社会矛盾，运用相对温和的机制或手段鼓励和引导社会公众个体或群体通过自身的安全行动促进社会公共安全的整体实现。这种柔性安全观应该在政府和相关警务组织等社会公共安全供给机构中予以确立。

以警务机构为例，这种柔性安全观的确立会在以下三方面改变警务工作的困境，为提升警务效能和社会公共安全良性供给的实现提供基础。一是认同多元主体，减轻警务工作繁重的负担，有效缓解警力不足的问题。柔性安全观的实质，是将全社会的力量视为社会公共安全供给的主体，改变了由公安机关供给的单一局面，使社会公共安全供给力量增强。在特定社会公共情境下，与之利益相关的主体和不相关的第三方主体都能通过相关机制进入社会公共安全体系中，参与社会公共安全供给行动。二是认可多种政策工具，致力于与警察公共关系的改善。传统社会公共安全供给使用的主要政策工具为管制，即通过强制性的行政命令约束相关组织和人员的行动。在柔性安全观下，为了实现社会公共安全目标，包括社区与志愿者组织等自愿性工具，税收与使用者付费、产权交易、奖励等混合性工具都可作为社会公共安全供给的方法与手段，这些强制力弱化的手段的运用在实现目标的同时，也使警民之间相互尊重与理解，警民关系更为融洽。三是允许更为灵活的社会公共安全供给途径，有利于在危中寻“机”。在危中寻“机”，是指在社会公共安全危机中寻找合适的战机、恰当的时机及改变局面的机遇。在社会公共安全失序状态中，缓解或化解失序状态的路径常常隐匿于细节之中。对公共部门或警务机构而言，往往从宏观上把握全局，而寻找化解危机的突破口常常需要社会各方面的共同努力。当以警务机构为代表的公共部门允许更为灵活的社会公共安全供给途径，其结果是寻找到“机”的概率增加，速度加快。

（三）柔性社会公共安全建设：构建社会公共安全协同供给的平台

在柔性安全观下，政府要倡导柔性社会公共安全建设，为社会公共安全协同供给提供良好的平台。柔性社会公共安全建设，并非指放弃强制力手段或国家暴力机器实现社会公共安全，而是指在法定的框架内运行为实现社会公共安全目标需要依靠的强制力，同时通过引导、疏通、分解等方式化解社会公共安全失序，通过导向性强的政策主张或安全机制，以适当的方式激励相关主体以维护其自身利益为出发点的安全行动，从而实现全社会动员的社会公共安全建设。

以网络舆情为例，从传播学角度上说，网络舆情问题，如“人肉搜索”、恐慌舆情传播等的产生，都在复杂适应系统中经历了非线性发展，而作为具有适应能力的主动性个体网民，通过随机因素影响了整个事态的发展演变。网络舆情问题符合自组织现象的两大前提：一是其系统自组织形成的过程缺少外部直接影响和信息输入；二是系统在经历了一段时间的积累后发生突变，从无序混沌状态转变为有序有组织状态。[①] 在这个典型的自组织体系中，当自组织发展到临界状态，“最后一根稻草”会改变整个系统的性状，引发社会公共安全失序状态。较有代表性的是网络舆情引发群体性协同行为，当本处于混沌状态的网络舆论在序参量作用下达成共识，并引发网络下的群体性行动，则会导致社会公共安全失序状态的产生。面对这种社会公共安全失序状态，传统的刚性安全观下，运用压力维稳的方式难以从根本上改变自网络舆情产生的负面情绪与意见，甚至可能激化矛盾而引起更大范围的危机。从柔性社会公共安全建设角度出发，对于网络舆情引发的社会公共安全失序状态，首先，在不违反相关保密原则的前提下，政府要以开诚布公的态度公开相关信息，适时引导、控制网络舆论力量的理性发展，防止舆论引

① 高红玲．网络舆情与社会稳定．新华出版社，2011：48.

发公众情绪突变甚至走向非理性行动；其次，从社会公众个体层面分析引发危机的群体心理，防止和遏制极端情绪和行为的助长因素，才能从根本意义上防止负面协同效应的产生和发展。只有在柔性社会公共安全建设的平台上，才能进一步考虑如何实现社会公共安全协同供给。

二、社会公共安全信息平台建设与技术革新：跨界协同的数字化革命

社会公共安全跨界协同的意义在于，防止社会公共安全失序状态或社会不稳定因素因时空转换等带来的治理失效，即若对某一不安全因素目标加固可能导致不安全因素“转换”到其他时间、空间或领域，甚至在这一过程中促使危机升级，则导致原来的社会公共安全供给没有发挥应有的作用。以犯罪预防为例，犯罪学家对转换作了四种分类：时间转换，即侵害行为会在其他时间发生；空间转换，即具有某一共同目标的犯罪类型会在其他地方发生；战术转换，即应用不同的方法和手段实施某一犯罪；功能转换，即实施和最初预谋的犯罪不同类型的犯罪。① 对于这些犯罪转换问题，建立“大情报”的概念，在建立警务信息平台的基础上，加强信息整合、综合研判，在此基础上建设跨区域、跨机构、跨类别的社会公共安全信息平台是实现社会公共安全协同供给的技术基础。

（一）中国警务信息平台建设的发展及国际借鉴

自 1967 年美国联邦调查局（FBI）建成“国家犯罪信息中心”（NCIC）起，世界各国相继建立起情报信息中心，同时注重加强情报信息系统建设，如英国的情报分析系统（ICAS），美国计算机统计信息比对系统（COMPSTAT）、加拿大的自动化犯罪情报信息系统（ACIIS）、澳大利亚的执法情报网络（ALEIN）等都是较为完备的情报信息系统。特别是美国“9・11”恐怖袭击

---

① Pease，Ken（1997），Crime Prevention，in Maguire，Mike and Morgan，Rod and Reiner，Robert（eds.），Oxford Handbook of Criminology，2nd，Oxford：Clarendon Press，p.977.

事件发生后，世界范围内的警务机构意识到情报信息共享对于反恐的重要性。2002 年，国际警察首长协会召开的刑事情报共享峰会上制定的《全国刑事情报共享规划》的关键主题就是，要跨越长久以来妨碍情报共享的坚固壁垒。其中甚至隐含有这样的假设：如果在“9·11”恐怖袭击事件前实现有效的信息共享，就可能避免这一灾难性事件。[①] 在英国，海量信息共享是通过全国警务计算机系统、全国 DNA 数据库和重特大犯罪分析系统等实现的。

情报信息主导警务是建立现代警务机构的前提和基础。中国香港早在 1977 年就建立了专门的情报机构，运用计算机与网络技术，专门进行刑事犯罪情报分析工作，情报人员约占总警力的 4%。公安部于 1994 年建成“全国犯罪信息中心”（CCIC），后分别于 1998 年和 2008 年先后启动了公安信息化“金盾工程”一期和二期建设。江苏省公安厅在全国率先提出“情报信息主导警务”的战略，构建公安“大情报”系统，开发公安综合管理服务工作的信息警务大平台，其工作机制主要包括情报信息收集整合、报送、分析研判、预警通报、应用及奖惩机制等。从社会公共安全协同供给的视角来看，警务信息平台对协同的主要作用表现在信息收集整合、分析研判及预警通报三方面。

首先，情报信息收集整合跨越了部门、警种、区域等的界限，也使警务信息与社会其他机构信息交换互融互通。在信息平台上，跨区域、跨警种和跨部门的信息可以在平台上共享，信息整合有利于发现警务线索或推进警务工作。在社会公共安全协同供给中，警务信息与社会其他机构，如司法、交通、金融、税务、民政等机构情报信息的共享有助于建立“大安全”的概念，实现对社会安全局势的全面了解和把握。当然，由于警务情报信息的特殊性，这种共享并非无条件地全面公开，其前提是对信息的有效管理，以英美为代表的西方国家情报主导警务战略中特别强调信息的分类体系，对分类体系有严格筛查制度，如英国对信息来源的可靠性、内容的确定性和公开范围等有分级管理策略，这些经验对中国情报信息收集、整合与共享具有借鉴意义。

① ［英］杰瑞·莱特克里菲．情报主导警务．崔嵩译．中国人民公安大学出版社，2010：27.

其次，情报信息的功能提升需要依靠完善的分析研判机制。在中国公安信息平台建设中，“基础平台采取‘要素建库’的方式，以人员、案（事）件、组织机构、物品和地址五要素为核心，实现最大限度的关联共享。源头信息录入后系统后台即自动进行关联和比对，一旦比中在逃人员等情况，平台自动报警。”[①] 在现实警务实践中，信息比对研判在侦查破案、社会风险预警、反恐排查、犯罪预防等方面日益发挥重要作用。从系统论视角分析，情报信息分析研判的实质是安全领域的有效信息相互碰撞，通过情报人员的逻辑分析和大胆预测，实现信息整体功能大于部分之和的效果。在当前“大数据”发展背景下，多机构数据共通共用，发展智能执法办案系统，使情报信息分析研判走向人工智能的新时代。

最后，情报信息的预警通报制度的建立健全是社会公共安全协同供给中沟通实现的制度保障。预警通报制度包括警务机构内部的预警情报信息通报和向社会面通报的警情、社会治安动态、安全防范提示等信息。与一般意义上的警情通报不同，在情报主导警务背景下，情报信息的预警通报制度建立在对整个社会治安局势的解读、分析、预测基础之上，主要包括打造警务机构内部分层级的情报信息共享平台和实时动态对社会面的常态化信息通报机制。这同样也与社会公共安全协同供给的两种类型相对应，分别促进公共部门的同质要素协同和公共部门与社会其他组织或个人的不同质要素整体安全协同效应的实现。

（二）社会公共安全信息平台：建立基于社会公共安全及社会稳定评估机制的技术前提

建立基于社会公共安全及社会稳定评估机制是社会公共安全协同的中心环节，其前提是建立综合性的社会公共安全信息平台。无论是犯罪预防还是公共危机预警，防范都是实现安全治理长期效果的关键。然而，防范又常常面临投入巨大，效果不轰动、不显著，收益需要经过长时间才能显现等问题。政策制定者往往在预防方面缺乏热情，其原因可归结为政务官

① 孙文德.关于公安综合管理服务工作平台建设的实践与思考.公安研究,2010(10).

员偏好的工作是立竿见影的；注重可统计的成效；追求轰动效应和重视眼下的问题。[①] 作为预防社会公共安全失序的主要技术手段，社会公共安全信息平台建立和完善所面临的主要困境即在于此。首先，社会公共安全信息平台的预防功效较难计量，投入较大，而收效无法从经济上进行评估；其次，社会公共安全信息平台建立在警务信息平台基础之上，需要多部门信息共享通力协作，建立相关信息查询通道，这就涉及多部门间的权限划分、职能定位等管理问题；最后，社会公共安全信息平台的信息供给是由多部门共同完成的，其绩效又往往归属于单一平台管理机构，其绩效考核与奖惩制度的公平性也面临考验。

对于上述困境，社会公共安全信息平台的设计与管理可参考当前中国警务信息平台的管理机制与模式。信息平台的设计要立足预防和预警，积极运用大数据与人工智能技术，建立跨部门大数据平台，实现线上与线下联动机制，主要包括国家安全与社会政治稳定、刑事犯罪情报信息、网络舆情信息等若干模块。目前警务信息系统已经将人员、车辆、网络、通信和监控图像等资源进行关联整合，此外还采用了积分预警系统。以当前公安机关已尝试采用积分预警系统为例，“建立积分预警模型，将重点人员基础信息、动态信息和侦控信息等在情报平台上进行汇聚整合，以人建库对相关信息进行积累分析、自动积分，对人员行为的异常危害程度和现实斗争需要动态设定分值标准，确定红橙蓝等不同预警处置等级，有针对性地采取动态管控和防范打击措施，精确引领管控工作开展。”[②] 社会公共安全可在此基础上以人员、地域、时间等不同模块进行积分预警，以实现更加科学合理的社会公共安全力量和资源配置。

（三）安全议程拓展：跨界协同的必然趋势

进入 21 世纪以来，当前世界范围内社会公共安全所面临三大趋势影响

① Lab，Steven P.（2004），Crime prevention，politics，and the art of going nowhere fast，Justice Quarterly，Vol.21，No.4，pp.681-692.

② 孙文德 . 论五大警务 . 群众出版社，2011：148.

社会公共安全供给，一是有组织犯罪的蔓延，特别是国际恐怖主义与本土极端主义的激增；二是犯罪日益专业化，其预防需要更为精确的情报信息作为支撑；三是媒体介入的社会风险加剧，社会公众走上社会公共安全的前台。在此基础上，安全议程的拓宽必将成为社会公共安全供给的现实选择。

从主体层面看，社会公共安全供给不应被视为专属于警方的工作。在当代治理理念下，政府与公民社会的合作共治成为世界范围内的发展趋势。“全球化推动公民社会和全球结社革命的兴起，导致政府权力部分上移和下移——向上是向国际组织转移，向下则是向社区组织或第三部门转移。”[①] 从超国家层面上说，跨国组织特别是跨国警务合作组织在反恐、预防和打击有组织犯罪等领域日益发挥重要的作用。在一国范围内，有志于安全事业的社会组织和明智警觉的公民成为社会公共安全供给的重要力量，并参与到安全议程中来。

从过程层面看，更为网络化而不是等级化的供给机制在社会公共安全供给中的作用日益突出。传统警察组织结构下主要建立在自上而下的命令—服从关系基础之上，在社会公共安全领域中的打击犯罪和维护社会秩序与稳定方面的作用十分明显。但在社会公共安全供给中的危机预防方面，在全社会范围内的网络化组织和机制变革势在必行。安全议程在全社会范围内的拓展是对现有等级链条式的警务在社会公共安全供给中作用的有益补充和深化，有利于对社会公共安全资源的应用与整合及安全供给的民主化发展。

三、公共信任关系的改善：知识共享与组织成本降低

众多社会学家在其著作中论述过共同的价值观和信仰对于社会运行的巨大作用。爱米尔·涂尔干（Emile Durkheim）在《社会分工论》中指出，单靠市场契约是无法维持现代社会正常运行的，还有对契约关系有决定作用的非契约因素，即人们共同的价值观和认同感。“在契约里并不是所有一切都是契约的……凡是契约存在的地方，都必须服从一种支配力量，这种力量

① 黄健荣．公共管理学．社会科学文献出版社，2008：10.

只属于社会，绝不属于个人：它越来越变得强大而繁杂。”[①]马克斯·韦伯认为，“习俗或利害关系，如同结合了纯粹情绪的动机或纯粹价值合乎理性的动机一样，不可能构成一个统治的可靠的基础。除了这些因素外，一般还要加上另一个因素：对合法性的信仰”[②]。民众对公力救助存疑，信崇自身的自力救助是当前中国群体性事件的新动向之一。[③]农民工张某某“开胸验肺”，孙某某“断指证清白”的自残式事件，即是民众对公共部门不信任的真实写照。中国当前转型时期复杂多变的外界环境和多元化利益格局使政府面临更为繁杂的公共事务和日益强烈的个性化社会利益诉求。转型时期政府信任状况的变化对社会公共安全供给造成影响，主要表现在以下三方面：

首先，转型时期社会信任类型的改变使社会公共安全形势变得更为复杂。社会转型时期，随着人与环境互动加剧带来的价值观的挑战及人们交往场域时空限制的突破和扩大，中国传统社会源于家庭熟人关系的“习俗型”信任格局被打破，而与现代社会相适应的“契约型”信任关系及“合作型”信任关系的建立与完善需要一个漫长的过程，因此在这一时期易出现新旧信任关系接续的断裂而产生的社会信任危机。“契约型”信任关系的建立是工业社会与成熟市场经济发展到一定阶段的产物，公众与政府的“契约型”信任关系则有赖于建立在公众与政府间的“委托—代理”关系基础上的社会契约精神与法治化发展完善。“合作型”信任关系的建立则需要致力于公共事业与公益精神的多元社会力量的成长，能承担相应的社会责任并努力构建公共事务的多元参与网络。由此，在社会转型时期公众个体间与群体间的猜忌、冷漠、不合作、不信任等状况会较为突出，社会公共安全的潜在隐患增多，复杂性增强，政府社会公共安全供给压力空前增大。

其次，转型时期政府信任度的变化使社会公共安全供给的难度加大。有

---

① ［法］爱米尔·涂尔干．社会分工论．渠东译．三联书店，2000：169.

② ［德］马克斯·韦伯．经济与社会（上）．林荣远译．商务印书馆，1997：239.

③ 单光鼐．尽快开启越来越逼近的制度出口，肖唐镖．社会稳定研究：城乡之间．学林出版社，2011：105.

学者提出“政府信任度=对政府的认知/公众期望”[①]，社会转型时期社会原有利益格局被打破，多元化利益、主体利益需求多样化，利益矛盾与冲突加剧，面向政府的利益诉求急剧增加，其结果是公众对政府认知的增长速度远不及公众对政府的期望，这就造成了对政府信任度下降的趋势。在世界范围内，随着一国社会转型时期社会矛盾和风险的加剧，这在一定程度上会使政府信任度有所降低。以美国为例，1958年，被调查的73%的美国人认为，他们“大多数时候”或“差不多总是”相信联邦政府是尽职的，到1994年这个数字降到15%（根据民意测验的结果）。[②]转型时期政府信任度的变化使政府要拉近与公众之间的距离，获得公众的信任与支持的难度加大。

最后，转型时期政府信任影响因素的变化使社会公共安全供给的重心发生转变。转型时期工业化的发展及交通、通信等方式的日益发达使公众对政府的认知不仅限于面对面的交流，媒体力量（特别是网络传媒）、社会公益组织与自治组织的发展，政府对危机的处置应对能力，政府社会管理服务水平等都成为影响政府信任的重要因素。社会公共安全供给要充分关注政府信任影响因素的变化，立足于新影响因素转变社会公共安全供给的重心：一方面要关注社会管理的方方面面，加强与媒体、非政府组织、企业等社会主体的交流与互动，重视公众的群体文化需求，通过多种形式培育互信的社会文化。另一方面工作重心必须下移，落到基层，扎根社区，增强与公众的直接交流，通过推进社区工作网络化管理，完善基层自治组织体系建设。

政府与社会之间的信任度直接影响社会公共安全体系的建立，作为社会公共安全协同供给的社会基础，公共信任关系的改善从三个方面有利于社会公共安全协同供给。

一是公众间信任关系的改善可以促发安全领域的集体行动并提升其效能。“囚徒困境”等大量博弈论的经典案例表明，个人的理性选择可能造成集体的非理性，其根本原因在于相互之间信息沟通的障碍，其深层次原因则

① 李砚忠．论政府信任的产生与效果及其模型构建．学术探索，2007（1）．

② ［英］弗朗西斯·福山．大分裂：人类本性与社会秩序的重建．刘榜离，等译．中国社会科学出版社，2002：56.

在于相互间信任的缺失。曼瑟尔·奥尔森在其著作《集体行动的逻辑》中也指出，随着集团规模的扩大，集体行动显得越发困难。“在一个大型潜在集团中，即使意见完全一致，集团也不会通过成员自发的理性行动组织起来实现集团目标。”[①]在社会公共安全领域，如果社会集团中的个体间信任度提高，个体对参与集体行动这一选择将产生的预期效果会相应增加，从而相应提升集团中个体为实现社会公共安全目标参与集体行动的可能性及参与程度。社会选择理论对此亦有所论述，“如果一个备选社会状态在每个人的排序中的位置有所提高或保持不变，而其他社会状态的位置都不改变，那么我们希望在社会排序中该备选对象的位置至少不会下降。”[②]这样，社会公共安全目标在每个人的排序中被提升到更为重要的位置上，相关集体行动的参与者数量增加，参与热情提升，参与力度加大，集体行动的效能也会随之提升。

二是公共组织间信任关系的改善有利于安全信息与知识共享。随着现代社会信息技术的发展，公共组织间的协作关系呈现网络化格局。“网络内部的责任性不能完全由一系列合同条款组成，因为网络的成功至少会部分地依赖于信任关系。离开信任，网络成员就不愿意共享知识，这样就会影响他们之间的协调。”[③]

三是社会信任关系的改善会降低安全领域的组织成本。这里的组织成本主要从三方面探讨：第一，在科层制组织中，公共信任关系的改善会增加非正式沟通模式，这种沟通模式又反过来有助于不同组织的个人之间建立信任关系，从而增强组织与组织之间的信任关系。当这种信任关系增强，会减少科层制组织中因正式沟通所需要的大量组织成本。第二，在网络化组织间，协同建立在合同基础上，而信任关系也会影响管理成本，因为组织间的不信

---

① ［美］曼瑟尔·奥尔森．集体行动的逻辑．陈郁，郭宇峰，李崇新译．上海人民出版社，2011：70.

② ［美］肯尼思·约瑟夫·阿罗．社会选择：个性与多准则．钱晓敏，孟岳良译．首都经济贸易大学出版社，2000：40.

③ ［美］斯蒂芬·戈德史密斯，威廉·D. 埃格斯．网络化治理：公共部门的新形态．孙迎春译．北京大学出版社，2008：110.

任会导致监督成本的不断提升，这种信任关系如表 8-1 所示。相对于其他领域的协同，安全协同中，由于社会公共安全这一公共产品独特的隐蔽性、敏感性，常常导致合同式的约束力被弱化，而信任关系的作用则大大增强。第三，当政府与公众之间的信任度提升，政府在动员和组织社会主体，调动社会资源参与公共事务时所需的成本也会相应减少，且“公众对警方信心的提高将有助于提高刑事情报和公开发布的情报的质量”[①]。就社会公共安全领域而言，以社会犯罪预防为例，现代社会犯罪预防日益向社区回归，社区在社会犯罪预防体系中日益发挥关键性作用。社区犯罪预防的关键要素——社区的组织性与凝聚力，直接受社区范围内居民的互信程度、社区居民对社区组织的信任度等影响。在居民互信度不高，对社区组织不信任的情况下，社区在犯罪预防活动的组织、宣传、实施过程中会花费更高昂的成本和代价。反之，社区居民则更易形成自我组织、互帮互助的氛围，主动响应和密切配合社区的犯罪预防策略的贯彻执行，执行成本自然大大降低。

表 8－1　高度信任关系的价值[②]

	高度信任	低度信任
合同监督	灵活的	紧绷的
	以成果为主的监督	以过程为主的监督
	可不断协商修改以实现共赢价值	频繁介入检查
		修改方面的严格性
价值等式	成本低，价值高	成本高，价值低

① Maguire，Mike & John，Tim（2006），Intelligence led policing，managerialism and Community engagement：Competing priorities and the role of the National Intelligence Model in the UK，Policing and Society，Vol.16，No.1，p.79.

②［美］斯蒂芬·戈德史密斯，威廉·D.埃格斯.网络化治理：公共部门的新形态.孙迎春译.北京大学出版社，2008：111.

第三节

中国社会公共安全协同效应的实现

在当前中国加强和创新社会治理进程中，以努力建设更高水平平安中国，进一步增强人民群众安全感为目标，在中国特色社会主义社会治理体系语境下，要聚集于全民共建共享，从宏观上考量社会公共安全协同供给的目标、自组织体系、机制保障等亟待厘清的问题。对这些问题的关注和由此引发的制度革新与行动变革，有助于社会公共安全协同效应的最终实现和中国特色社会主义社会治理体系的不断完善。

一、目标解析：社会公共安全供给“民主化”治理的实现

通过跨界合作，防止政府组织与公共服务“碎片化”所导致的治理困境，实现整体政府的理念，扩大公共服务的公平性与有效性，已经成为公共行政理论界的共识。与此同时，在全球范围内整体性治理的改革实践业已全面展开，以英美为代表，针对新公共管理运动过程中部门专业化分工所带来的碎片化及一系列棘手问题，采取了整合政府、市场与社会力量以提升政府公共服务效能的举措。

（一）社会公共安全的整体性治理：基于安全协作的考量

在社会公共安全领域中，既包括“紧急状态下的协同”，又包括“常态管理中的协同”。虽然社会公共安全协同供给的视角探讨的主要是常态管理中的协同，就整体性治理而言，两种类型的协同都是安全协作的重要组成部分。即便是美国这样的联邦制国家，面对应急管理中的不同应急参与者的横向碎片化与不同层级政府间的纵向碎片化问题，也采取了一系列应急协调整合措施，具体包括：重视应急沟通、联合进行应急规划、签订理解备忘录或

灾害互助协议、逐渐改进应急管理系统、不断完善国家应急方案等。[①] 由于安全事务的细致性和危险性，社会公共安全领域的治理往往是“牵一发而动全身”，更需要整体性治理。中国公共安全危机治理或维稳方面的碎片化往往表现为：仅以所管辖的小范围内的安全或稳定作为危机治理或维稳目标，没有全局意识和观念；仅从本部门职能范围考虑治理之策，忽视与其他相关部门的沟通与磋商；仅从管理者角度出发试图压制和平息社会问题，而不是从源头疏导和缓解社会矛盾；仅从当前时间节点维护社会公共安全，忽视政策措施的未来效力和长久效能。

中国社会公共安全的整体性治理，要更加注重联动融合，实现网络化治理，具体应从以下几个层面展开：

首先，从主体层面构建组织间的安全协作网络。社会公共安全供给不仅是政府及警务机构的职责，更是全社会的共同使命。在开放共治理念下，相关机构要在信息、人力、物力、政策等方面提供支持。从现代公共服务供给的角度上说亦是如此，“在公共服务提供的网络结构中，既包含各相关利益者的专有资源和比较优势，又呈现出行动者之间的协作关系。政府作为重要行动者之一，通过变革自身角色，驱动网络运行。”[②] 政府是通过组织变革实现网络化服务的设计者和推动者，在构建组织间安全协作网络中起核心作用，而其他供给主体也要有社会公共安全的责任感与使命感，促进网络协同效应的实现。

其次，从政策层面促进安全政策协同的实现。周志忍将政策协同划分为三个层面：宏观层面关注是政府的总体战略，政策协同的目标是确保具体政策与国家宏观战略一致；中观层面关注的焦点包括跨界特性突出的政策领域和跨越现有政策领域的政策议题；微观层面关注的焦点是同一部门内不同业务单位之间的政策协同，这种组织内协同的目标是确保具体政策之间的内在

① 王宏伟.美国的应急协调：联邦体制、碎片化与整合.国家行政学院学报，2010(3).
② 唐任伍，赵国钦.公共服务跨界合作：碎片化服务的整合.中国行政管理，2012(18).

一致性。[①] 在社会公共安全领域，政策协同主要集中在中观层面和微观层面。在中观层面要形成社会公共安全领域的决策体制和机制以及与社会公共安全相关的议题上的具体政策方案；在微观层面则要实现与社会公共安全相关的组织机构，如警务机构、政法系统、社区组织等之间的制度化的协商机制、联络机制、信息交流和共享机制等。

再次，从行动层面加强安全事务沟通与配合。社会公共安全领域，在政策协同实现后，需要在相关政策的统一框架下协调安全领域的行动。整体性治理在行动层面是扩大授权，以结果导向的，需求与资源高度整合的过程，其核心是以信息技术为支撑，通过科技创新与流程再造使安全事务的沟通更加迅捷，行动更加迅速。这种流程再造打破了原有行政组织及层级间因官僚体制的限制所造成的各自为政、多头指挥或相互掣肘等格局，在网络化条件下，实现多部门工作流程的虚拟整合和网络化协同，形成数字化服务链，实现“无缝隙”沟通，提升社会公共安全供给效能。

最后，从时间层面关注持续性安全供给。无论是对犯罪形势的预测、分析与防范，还是网络舆情的监测与导控，涉及社会公共安全领域的危机治理与维稳主张都应注重长远性和前瞻性。任何通过单纯压力控制方式所获得的短期内“安全”或“稳定”可能产生挤压效应，最终造成更深层次的社会矛盾的激化，或更为严重的社会公共安全危机。只有通过长期持续性的安全供给才能实现整体安全。

（二）社会公共安全的碎片化趋势：民主治理的难题

社会公共安全领域的公共事务与公共服务日益呈现复杂性及碎片化趋势，成为中国民主治理和社会公共安全良性供给过程中的一大难题。对碎片化的社会背景、发生机制和特征的分析有助于探索社会公共安全协同供给的实现路径。

1. 网络环境下的传媒与舆情碎片化。随着当前社会多元化与媒介小众

---

① 周志忍. 整体政府下的政策协同：理论与发达国家的当代实践. 国家行政学院学报，2010（6）.

化，媒介中互动性的加剧，特别是微博的兴起，自媒体时代的到来，使具有个性化的微内容逐渐超越传统意义上认为的具有普遍性的宏内容在媒体中被广泛关注。微内容在自我展现的基础上，实现与社会环境认知体系的建构。由此可知，网络传播中的舆情日益呈现碎片化倾向。碎片化是一把“双刃剑”，一方面，它带来信息来源的全面性、观点多元化以及整个社会对多元化的更高宽容度，另一方面，这种碎片化导致了信息的过剩和良莠不齐。“由于‘微内容’中包括一些有价值或没有价值的部分，因此并不是所有的碎片都能够连接成一个理性的认知整体。”[①] 这样也易导致非理性情绪的蔓延，甚至引发群体行为，使社会公共安全协同供给的难度加大。网络环境下的社会治理法治化是当前社会公共安全治理面临的重要课题。

2. 底层社会公共安全利益表达的碎片化。自 20 世纪 90 年代以来，中国社会逐渐形成了较为清晰的阶层结构，总的来说，当前中国存在规模较为庞大的底层阶层，这部分阶层资源匮乏、内部缺乏组织结构，且相对封闭，较少与外界交流与互动。底层阶层由于各方面资源的限制对社会公共安全的需求相对于其他阶层更为迫切，而其社会公共安全领域利益表达的制度性渠道常常不通畅，在遭遇社会公共安全失序时表达和捍卫自身权利的声音较弱、途径较单一，效果十分有限。由于其社会公共安全利益表达的分散性和草根性特征，再加上中国民间组织及第三部门的力量有限，难以将其利益表达进行梳理和整合，这些直接导致了其利益表达的碎片化。与其他领域利益表达不同，社会公共安全利益表达的碎片化可能引发极端情绪或行为，甚至导致过激行为、社会公共安全危机等灾难性后果。如何在社会治理社会化发展基础上进行利益表达有效聚合，是社会公共安全系统性治理的必然要求。

3. 安全治理中决策与执行的碎片化。从社会公共安全协同供给的视角分析，“有序”状态并不意味着整齐划一，但民主治理中决策与执行碎片化会阻碍社会公共安全领域的治理进程，进而难以实现社会公共安全有效供给。

---

① 邓若伊．微内容与自媒体碎片化环境的建构．西南民族大学学报，2012（9）：166.

在社会公共安全领域，决策与执行的碎片化往往表现为：在安全领域决策中只考虑部门利益或地域利益，进而选择隐瞒或封锁安全信息；在安全决策和执行中缺乏整体性视野，只顾眼前利益，争抢并过度使用人、财、物等安全资源，为实现长久的社会公共安全埋下隐患；在安全决策和执行中对其他公共机构及各类社会主体缺乏开放与合作态度，用科层制式的思维严密控制治理进程，并拒绝引入民主参与、咨询与监督程序，狭隘地认为自身对安全领域的绝对控制力是安全的有效保障等。虽然社会公共安全涉及面广，不同地域和不同领域的协同不可能单纯以同一形式展开，社会公共安全协同供给也应以不同领域的模块和不同地域的项目方式推进。但这并不意味着要任由社会公共安全供给向差异化与碎片化发展，安全协同应在遏制上述碎片化倾向的基础上，通过战略、政策及行动协同层面达到整体性治理，即在社会公共安全供给战略的统一部署下，有效防止与社会公共安全相关的不同领域或不同地域间的政策相互冲突，尽可能形成多领域、从机构间的有效合作和有序行动。全面提升社会公共安全治理的智能化与专业化水平，能够有效改善安全治理决策与执行中的碎片化局面。

（三）协同治理：变“碎片化”为“民主化”治理

社会公共安全协同治理，是由“碎片化”安全治理向“民主化”安全治理的转变。

协同治理清晰地表达了改变社会公共安全供给“碎片化”的局面，实现社会公共安全供给共同体的目标与愿景。这里的共同体表明社会公共安全协同供给的系统性特征。这种共同体并非通过科层制中的自上而下的命令和干预实现。“协同系统的许多例子证明，上级部门对下级部门办事方式的积极干预，可能导致混沌状态，也就是使它实际功能与原来期望的功能不符。”①协同共同体是在遵循社会体系发展规律的基础上，在基层层面允许更多的因地制宜和创造性的安全策略，促进涉及更多跨领域或跨地域的社会公共安全

① ［德］赫尔曼·哈肯．协同学——大自然的奥秘．凌复华译．上海译文出版社，2005：142.

自组织系统的生成和发展，通过制度与政策的正确引导，在序参量系统的作用下，支配集体行动，进而实现社会公共安全供给。

中国长期以来的集体主义文化常常被认为有利于协调一致，集中资源应对社会公共安全失序状态，这种共同体式的安全治理要避免走向命令——控制式的极端。然而从协同学视角分析，东方哲学中的对自我观念的不清晰恰恰导致个体在建构其自己认同的愿景中积极性的缺失，这反而成为安全协同中最大的障碍。“在变革组织过程中，将个体与变革过程联系起来是不可避免的，因为个体成员必须学习变革的意义，并成为变革的参与者，虽然这种学习过程未必需要借助个体职能的集权化和集中化来满足组织的需要，但是必须通过自愿和参与的方式才能实现。”①社会公共安全协同供给，与一般意义上安全组织间协作的最大不同在于，将社会公共安全供给模式的变革放到民主治理的大背景之下和整个社会变革的大环境之中，在一定程度上承认“民主化”背后透射合理的个性化主张和多元化诉求，这与现代社会结构的网络化发展趋势相一致。“随着公民社会能力、网络化和沟通结构的扩展，科层统治的观念已经逐渐转变成为公共领域内多方面的互动，这种多方面互动过程以话语体系为导向，具有非等级性、水平性、合作性的特征。”②协同治理在尊重社会组织和个人合理需求和安全主张的前提下，强调社会成员要通过自愿参与的方式实现安全互动，从小范围开始逐渐形成自组织集体行动，进而共同实现社会公共安全协同供给。因此，社会公共安全协同供给的实质，是社会公共安全领域的“民主化”治理。

二、能量聚集与相变：基于公众安全感提升的安全序参量与自组织系统

通常意义上，我们将公众安全感作为检验社会公共安全供给效能的重要

① [美]全钟燮.公共行政和社会建构：解释与批判.孙柏瑛，等译.北京大学出版社，2008：129.

② [美]全钟燮.公共行政和社会建构：解释与批判.孙柏瑛，等译.北京大学出版社，2008：165.

评价指标之一。然而按照协同学理论进行分析，公众安全感本身对安全协同过程产生影响，因此在社会公共安全协同供给中也起到举足轻重的作用。要促进社会公共安全供给协同效应的实现，应从两个维度进行：一是用协同学原理分析和解释社会公共安全失序状态的生成过程，进而研究如何从导致危机的自组织生成及其临界状态视角缓解或消除安全危机；二是分析常态化社会公共安全供给中如何促发安全领域的有益协同行为的产生，进而实现协同效应。

（一）提升公众安全感是社会公共安全协同供给的核心要素

建立在系统论、信息论、突变论、结构耗散论等理论基础之上的协同学中，较为核心的概念是序参量。序参量作为系统有序程度的表征，一方面因为反映了系统内各要素间的相互配合状况，另一方面又由于子系统对其“侍服”促使各要素相对独立的无规则运动变为相干作用，进而使系统从最初的一种序状态经过这一过程产生另一种有序状态。在社会公共安全协同供给系统中，安全序参量系统主要围绕公众安全感展开，而自组织体系的形成也与公众安全感有着千丝万缕的联系。

安全感的实质是一种心理体验，学术界对公众安全感的解释大致有以下三种视角：一是对公众安全感的狭义理解，即围绕对犯罪所持态度的安全感解释，如将公众安全感解释为“犯罪恐惧感”①；二是从个体角度出发的公众安全感解释，即社会公众安全感是个体对危险或潜在危险的预感，自我及团体归属感等，其解释多从心理学角度展开，如认为安全感是“对可能出现的对身体或心理的危险或风险的预感，以及个体在应对处置时的有力/无力感”②；三是从社会治安角度出发，认为公众安全感是对社会治安的主观感受、信心和评价等。本研究主要从第三种视角对公众安全感进行分析，认为公众安全感是社会公众对当前以社会治安为核心的社会公共安全状况的主观评价，以及对未来社会公共安全发展状况所具有的与信心、确定性和可控制

① 王大为，张潘仕．关于安全感问题研究的综述与构想．青少年犯罪研究，1997（5）.

② 丛中，安莉娟．安全感量表的初步编制及信度、效度检验．中国心理卫生杂志，2004（2）.

性相关的综合感受。中国自20世纪80年代开始采用“公众安全感”作为对社会治安状况衡量的重要指标。自1988年起，公安部公共安全研究所在北京、天津、上海、广东、河北等地对上万名城镇居民进行公众安全感问卷调查。国家统计局自1991年起做全国公众安全感满意度调查。北京、湖南、上海、吉林等地学者也曾在全国或本地范围内进行过公众安全感调查。调查结果表明，社会安全感受许多复杂因素的影响，但最主要的影响因素是社会治安状况，刑事犯罪发案率直接影响社会安全感，特别是那些杀人、伤害、强奸、抢劫等恶性案件成为造成社会不安全感的主要原因。[①] 社会公众安全感的提升可考虑从以下三个维度入手：

1. 提升公众安全感之信任感：更充分的个体安全意识、社会信任与社会凝聚力。吉登斯认为，基本的信任是内在的安全感，即本体性安全感建立的基础。不同于前现代社会以亲缘、地缘、宗教和传统四类信任所产生的安全[②]，现代社会这些信任类型日益淡化，故现代社会的不安全水平远高于前现代社会。提升公众安全感的首要任务是使公众内心更加有信心，具体而言，是让公众个体有更强的安全意识和安全技能，培育社会组织与公众个体间的社会信任和社会凝聚力。当代中国已经进入了高风险发展阶段，公众安全感体现了公众对社会发展的信心水平。公众信心的不足主要来源于社会阶层固有化导致边缘群体或弱势群体的向上流动有很大障碍，由此导致一系列社会利益分配不均衡、社会公平缺失等问题。由于以社会公益组织为代表的第三部门在社会信任方面的独特优势，以社会公平为前提，促进社会各类组织，特别是非政府组织在社会公共安全供给中的作用，有助于增强社会信任与社会凝聚力，进而提升公众安全感。

2. 提升公众安全感之确定感：不涉密情况下的安全信息公开与安全沟通。不确定感也是公众安全感缺失的重要表现之一。这种不确定感常常与政府能力与行动有关。当公众对于安全方面的信息没有畅通的获取渠道或途径，或政府对公共安全危机的预测、监测能力弱导致社会公共安全失序状态频发，

① 王大为，张潘仕，王俊秀．中国居民社会安全感调查．统计研究，2002（9）．

② ［英］安东尼·吉登斯．社会的构成．李康，李猛译．三联书店，1998：121.

都会使公众的不确定感增强，导到公众安全感降低。在社会公共安全领域常态状况下，以政府为核心的公共部门始终是信息的全面掌握者，而社会公众则对相关信息知之甚少，由此产生较为严重的信息不对称，同时也使公众在信息不完全的情况下安全防范能力减弱，阻碍了社会力量参与社会公共安全供给。在不涉密情况下，在不影响危机处置的前提下，政府要扩大社会公共安全领域信息公开与信息沟通的途径，努力维护公众的安全知情权，使社会公众的确定感增强，并通过理性的行为实现社会公共安全供给，以防止安全领域恐慌情绪的产生和蔓延。

3. 提升公众安全感之可控制感：更完善的公共危机预警系统与社会参与行动体系。中国长期以来的集体主义文化造就了公众在社会公共安全领域对政府的依赖心理，习惯于期待政府整齐划一的行动指令，并在缺乏指令时显得无所适从。可控制感是公众安全感的重要维度之一。由于上述文化特征，中国公众安全感的可控制感很难从自身或所在组织中获得，主要取决于政府在社会公共安全领域的全社会范围内的战略规划和行动策略。在社会公共安全供给中，以加强公众安全感的可控制感为核心，政府要加强宏观规划和引导，主要包括：加强对社会公共安全领域风险的预测、预警、预防，制订更加完善细致的危机处置预案，强化对社会公共安全危机的全社会范围内的演习和演练，对社会公共安全危机的社会力量参与路径、步骤、方法等进行系统设计，制订较为详细的社会行动预案和计划。由此，使社会公众的“心理预警”得到强化，对安全领域的可控制感增强，以全面提升社会公众安全感。

（二）有序到无序：导致社会公共安全失序状态生成的协同学原理及其治理

虽然人们一直试图努力实现更加确定的、有控制的世界，但即使是信息化飞速发展的今天，在社会这个复杂系统中，人们虽然已经可以对一些风险进行预测、控制和规避，却始终存在一些模糊的领域和难以规避的潜在风险。“在复杂系统内，事务的发展具有不平衡性。有些事物会急剧膨胀，而有些事务则会迅速萎缩。同一事物，某些阶段呈加速发展的状态，而某些阶段则呈减速发展的状态。一个重要原则是：在这不同发展阶段，存在关键界限。"[1]在协同学中，由于序参量的作用，小小的涨落最终将决定事件的主要发展方向。社会公共安全失序状态生成过程中，运用协同学理论进行分析，有利于探索危机的治理路径。

在社会公共安全失序状态下，往往伴随着个体或群体的情绪变化导致观念或行为的不理性。这种不理性打破了社会某一区域或领域原先的有序状态。以社会恐慌传播为例，这种不理性通过社会交往或网络等途径在社会一定范围内搅动更多的人产生相同或相似类型的不理性。而受更多人认可的不理性又进一步强化了人们对自身不理性的肯定，协同效应随之产生。在外部参量的作用下，社会恐慌产生了自组织，这种自组织不断强化社会系统远离原来有序的平衡态，逐渐接近自组织"临界状态"。在这一状态下，就如同越堆越陡的沙堆，这时再加上一粒沙都可能使沙堆崩塌，即使是一个微小的事件，都可能撼动社会系统的序列，使社会局部进入无序和混乱状态，产生严重的社会公共安全危机。

从协同学视角分析，要防止上述危机的出现，关键是对上述协同过程的两个点进行治理。一是防止非理性的"共同情绪者"或"共同行为者"的集聚及相互强化效应的产生。通过公开信息公布与官方行动打破非理性情绪对真相和社会的操控；二是在自组织"临界状态"出现前改变影响序参量的相关要素，从而防止难以控制的"临界状态"后的相变出现。这里影响序参量的相关要素主要包括自媒体的介入、新闻与信息发布机制、社区和谐度、公众安全感等，对这些要素的常态化管理的有效程度直接影响序参量的变化和社会公共安全失序状态的治理。

（三）无序到有序：常态化社会公共安全供给中序参量控制与协同效应的实现

社会公共安全协同供给要实现主体间的自组织式的联系，并通过以政府

① Ginneken, Jaap V.（2003），Collective Behavior and public opinion，New Jersey: Lawrence Erlbaum Associates，p.173.

为核心的公共部门以权威机构的身份从规则、程序、技术等方面不断赋予自组织能量，形成相关主体共同参与的安全供给网络。在社会科学领域，自组织是不以公共管理者的主观意向为转移的社会自觉的存在方式。在常态化管理中，社会公共安全供给是全社会范围内的系统工程。要实现社会公共安全协同供给，不可能直接全面铺开，应从特定地域或特定领域的选择及规划设计开始，这里的特定地域如从社区安全、校园安全等开始，特定领域如从犯罪预防、刑事案件侦查、流动人口管理等开始，在社会范围内逐渐形成多个安全协同网络节点，由多元及多维协同共同筑就社会公共安全网络。

这里以社区公共安全协同供给为例，基于协同供给模式审视社区安全供给，传统社区公共安全供给的相关主体间关系使以政府为核心的公共组织在安全供给中处于绝对主导地位，承担着全面监管的责任，致使其他多数各类组织与个人常常对社区公共安全供给采取被动参与、旁观或忽视的态度。然而从根本意义上说，由于安全产品的特征性，社区公共供给会影响社区范围内的每个组织及个人。如果能在社区范围内，建立起由相关主体主动参与的社区安全自组织协同模式，将能实现社区公共安全协同供给。基于协同供给模式的城市社区安全供给如图 8–1 所示。

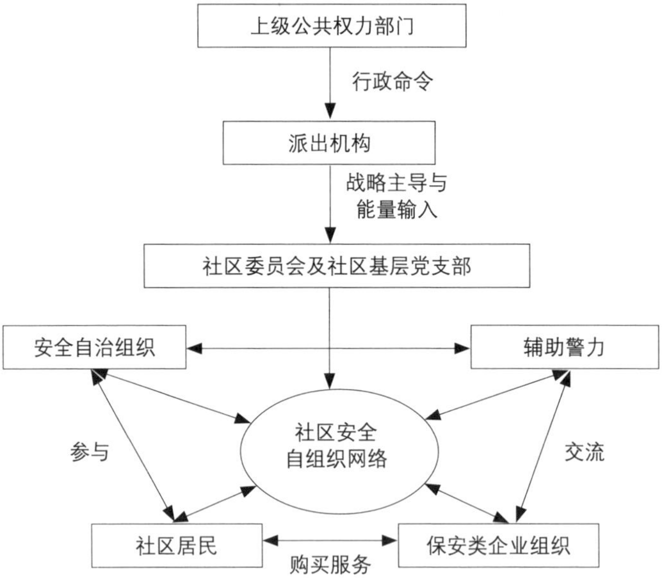

图 8 － 1　社区公共安全供给中的主体间协同治理

综上所述，当前社区公共安全供给中存在以下三个方面的问题与差距。

（一）自组织式主体间结构难以形成

在社区层面，基层政府是社区安全供给的绝对核心，安全领域的企业、社区自治组织、公民个人等其他主体处于从属地位。而安全执法权主要集中于公安机关及其人民警察。由于社区层面拥有执法权的警力十分有限，而所面对的安全任务又十分繁重。在作为社区公共服务供给主体的政府与公安机关派出机构中，通过聘用制的方式雇佣辅助人员，从而实现更完善的社区服务供给。此外，还有安全企业、安全自治组织与公民个人。而公安机关—辅助警力—松散社会主体之间是自上而下的命令服从关系，双向交流与沟通不足。辅助警力基本从属于公安机关，在实践中，民警“带领”的范围界定不清晰，参与执法的方式、限定条件、程序模糊，当由于辅助警力素质不高在辅助执法过程中造成不良后果时，其责任问题就很难认定。而作为重要主体的社区居民个体及自发形成的组织，在犯罪预防与安全预警等方面很难形成持续的自发集体行动。

（二）政府的绝对管控角色导致执政党社区党支部与社区委员会的权责困境

在当前社区安全供给中，政府所扮演的是以行政命令为主要方式的绝对管控角色，而不是在战略主导者与能量输入者的权威角色。这直接导致执政党社区党支部与社区委员会的角色困境。社区安全供给公权力主体中包括政府及公安机关、司法机构、安全监管部门等多方面的协同行动者，由于其主要以派出机构为主体实施社区安全供给，即在执政党社区党支部与社区委员会之上，有多个机构从多个角度对其进行安全领域的资源供给和业务指导，而这些行动者间却不是简单的二元链条关系。执政党社区党支部与社区委员会既要服从上述主体的多重任务安排，并将任务的完成情况作为相关考核的主要依据，同时又要为本社区向上述主体争取更多的资源，特别是在“安全问题一票否决”的政策导向下，决定了执政党社区党支部与社区委员会的安全领域的工作主要是对上负责，并作为公权力代表按照其指令与社区内其他相关主体进行安全协作。执政党社区党支部与社区委员会本应成为社区安全供给的核心，却在安全供给中陷入“等待授权才能工作”的状态。执政党社区党支部与社区委员会在承担了大量的社区公共安全供给的事务性工作的同时，却没有独立的权责能力，使其与保安类安全企业、群众性安全自治组织等其他社区安全供给主体交互过程中，既不能完全作为公权力的代表，也不是完全的自治性组织，这种角色不清与地位尴尬易出现责任难题。

（三）对社会主体的赋能授权不足影响协同网络建设

以安全管控为由限制社会组织的建立和发展，控制社会组织参与社会公共安全供给的渠道，易造成社会公共安全领域的社会协同困难。目前社区安全的参与困境主要表现在两个方面：一是社区居民的参与意愿不足与参与网络不发达。在风险社会背景下，当前我国社会信任度降低，难以形成有效的集体行动。与此同时，我国公民参与网络不发达。我国公民参与网络则以“垂直”为主，故难以形成有影响力的基于密切横向互动的公民参与网络。我国改革开放以来社区建设中有着浓重的政治化色彩使社区层面的参与尤其困难，“居民委员会的行政化直接导致了居民参与意识的缺失……我国城市社区普遍存在的一个事实是：居民的主要社会活动几乎都不在社区之中，社区的职责仅在于处理那些单位之外的剩余事情。”二是当前我国的第三部门发展面临因过度依赖政府等公共组织而导致独立性缺乏、社会权威性与公信力不足等较为突出的困难，对于社会公共安全领域的社会组织尤其如此。与其他领域相比，这一领域的社会组织成立大多由政府组织或主导，其资源分配也基本上在党政主导下进行，其主要做法是将社区组织、安全志愿者组织、社会相对弱势群体或安全行业发展协会纳入政府社会管理综合治理的框架内，社会主体在安全供给中只起协助与辅助作用，没有给予社会主体相应的赋权，组织运行的自主性也受到限制，无法独立承担安全供给责任。

然而从根本意义上说，由于安全产品的特征性，社区公共供给会影响社区范围内的每个组织及个人。只有在社区范围内，通过对序参量影响因素的规划和控制，建立起社区安全第三方协同模式，形成公共安全的自组织体系，才能实现社区公共安全协同供给。社区公共安全协同供给的主要策略包括以下步骤：首先，由基层政府及警务机构进行战略规划与能量输入，由社区委员会组织实施，鼓励各社区依据本社区安全实践建立由相关主体参与的协商合作式的社区安全自组织体系，通过法规或政策确定相关主体的权利义务关系和基本合作形式，如建立常态化社区安全联席会议制度，社区安全重大事务听证制度，社区安全网络平台等。其次，在安全管理仍由政府主导的前提下，将社区安全自组织网络作为授权对象，赋予其一定的安全监管权和安全项目决策权，在对社区内与安全相关的各类信息平台建设基础上进行科学的风险预测与评估，根据安全问题的实际充分发掘可参与安全协同的潜在第三方，通过缜密的规划与设计，运用说服和激励等多种方式授权或委托第三方参与社区安全治理。最后，政府要设计由社区居民、社区安全自治组织、辅助警力、保安类企业组织共同参与的社区安全自组织沟通平台，使社区委员会逐渐成为自组织安全供给网络的开发者、维护者与管理者；赋予辅助警力在特定情境下部分参与执法的权力，参与社区安全自组织网络；赋予安全自治组织更多的安全项目策划与实施自主权，政府通过项目评估并给予相应资源，提升其行动能力，由此通过协同效应实现社区的稳定与发展。

三、机制保障：常态化项目协同中的政策网络与安全评价体系建设

作为一种新的安全供给战略，社会公共安全协同供给在实施过程中，应以项目的方式推进。不同的项目与特定地域或特定领域的社会公共安全相匹配，共同构成社会公共安全协同供给网络。这种项目协同不同于临时性或突发性安全工程，应由点到面、由小到大地形成常态化协同供给模式。对于政府部门，常态化项目协同中，最基础性的工作是形成相关政策网络并建立科学的安全评价体系。一方面，政策网络建设应从基层和局部领域做起，政府要充分授权，鼓励和倡导基层组织或职能部门围绕本地区、本领域的社会公共安全问题，根据本地实际寻找协同治理之策，在其职权范围内尝试制定不同部门间及政府与社会间协作性政策规定，而上级机构主要的职责是给予组织支持，在保证政策符合现有相关法律精神前提下，尽量避免政策间发生冲突。由此，逐渐建立起社会公共安全供给的政策网络。另一方面，以当前中国已较为完善的警务信息平台为基础，扩展信息平台与其他职能机构间的信

息交流与互动，从基层开始，由下而上尝试建立社会公共安全信息平台，主要涉及工商、税务、民政、卫生等领域。这里的社会公共安全信息平台又不同于警务信息平台，不是以“大而全”的模式建立，而是以问题导向建立。由各地根据本地区社会公共安全现状进行设计，如特定区域内某一类较为严重的犯罪预防、流动人口管理、重点人口管理等，在小范围内做精做强信息系统，逐渐形成相关领域社会公共安全与稳定系数监测和积分预警系统。由于协同有别于一般协作，其特殊性决定了要实现中国社会公共安全供给的上述规划设计，需要以下常态化机制作为保障。这些常态化机制建设是以政府为核心的公共部门在安全供给中义不容辞的使命，其目的是培育整个社会范围内的社会公共安全协同文化，以实现社会公共安全协同供给。

（一）协商机制

尽管自然科学领域的协同现象是大自然默契的神奇之作，在社会科学领域,许多协同的实现也看似是未经商量的行为间相互影响所引起的扩大效应。然而，社会协同的最初动力大多都来自于理性经济人经过权衡和商议后选择的结果。在社会公共安全协同供给中，各子系统间要建立经常交流与沟通的机制，公共部门各机构间、公共部门与社会组织及个人间的协商必不可少。与自上而下的科层制命令不同，协商机制的前提是主体间平等。这在中国社会公共安全供给中显得较为困难。故就目前而言，项目式安全协同比全面推广的安全协同供给更有助于最大限度地降低协商的体制与制度障碍。由于项目的共同愿景比较明确，涉及的组织与机构相对简单，主体间的平等协商更易实现。

具体来说，协商机制主要包括以下三个方面：首先，建立常态化的安全沟通与对话平台。由于安全供给的复杂性，各类安全问题的解决往往需要通过不断协商的方式，在沟通与对话中“剥茧抽丝”式地推动逐步找到协同的最佳路径。而平台的形式多种多样，可以是针对某一具体社会公共安全领域的小范围内的面对面磋商，也可以是为解决某一具体安全难题的对话，也可以是基于公众关心的某类安全问题的网络互动。其核心是建立起社会公共安全领域公共部门与公众间的恳谈、信息互动和长期合作。其次，深入思考和分析安全协商过程中的动力机制问题的解决之策。尽管集体行动中的“搭便车”行为常常难以避免，规范性框架设计可以在一定程度上解决社会公共安全协商过程中的动力机制问题。对于协商过程要有规范的程序设计，程序设计应以公平与正义为基础，特别是为社会弱势群体提供特别参与途径，减少和打消其参与顾虑。由于安全产品的特殊性，在涉及安全的集体行动中，公共部门不同机构间要合理分担支出预算，在协同供给之初勇于承担绝大多数安全成本，其目的是产生协同效应后吸引更多的社会主体主动参与到协同供给中来，促进良性循环。最后，努力减少乃至消除协商中可能产生的摩擦。这里需要注意的是，各组织机构或人员分别拥有多大的自由裁量权，不同组织与个人间的优势资源有哪些，如何给其预留充分的自主空间以更好的实现协同目标；在政策设计中，如何有效维护各类组织与个人应享有的权利，保障其合法权益；在协同实践中，为了保障社会协同效应的产生和实现，如何防止公共机构利用其职权随意干预和控制行为等。

（二）互助机制

社会公共安全协同供给体系是一个互助系统，互助机制的形成是实现协同的必要条件。中国当前社会公共安全供给中的互助机制建设要经历三个发展阶段：相互信任、自愿参与和共同生产。

相互信任是社会公共安全协同供给互助机制的第一个发展阶段。这里的“相互”较为复杂，需要从三个层面分析：一是社会个体间、组织间的相互信任，这主要包含社会信任的大范畴，这一层面信任的缺失会因为缺乏合作基础而使协同无法产生；二是政府与公众间的相互信任，这里既包括公众对政府诚信、能力与行动的信任，也包括政府对公众及其自治组织行为的信任，这一层面信任的缺失会使协同成为“无源之水”，缺乏持续性动力；三是基于安全供给的信任，即具体项目协同中，一方主体对参与协同的其他主体或伙伴的信任，这一层面信任的缺失会导致协同因沟通困难和社会资本缺失而受阻。前两个层面的信任在前文已经论述，这里主要谈第三个层面的信任。这一层面的信任其实是有别于人际关系的制度层面的信任。“能够维持信任，存在于制度内或制度间的结构关系是最难建立的。这不仅是因为在互动过程中涉及的不同行动者和制度的角色模糊，而且因为即便不肤浅，行动者和机构之间的互动也倾向局限于政治性的、工具理性的和限制性交换。”[①]这一层面信任的持续，常常需要超越现有协作制度体系之外的角色认同，即围绕忠诚、自豪感、利益共享、共识、共同愿景等对协同主体间团结程度有影响的其他要素所产生的项目成员间团结或项目组织的凝聚力。以此为基础，才能进入互助机制的下一个阶段。

互助机制的第二个阶段是自愿参与。与其他大多数公共产品不同，社会公共安全协同供给情况会直接或间接对每个社会成员的生活环境和质量产生影响。从理论上说，自愿参与围绕社会公共安全的集体行动应该是每个社会成员的理性选择。然而，在现实社会公共安全供给中，一方面由于官僚主义影响下的政府权威意识、烦琐的程序化规定、行政中的形式主义等自上而下科层管理的弊端，使自愿参与的制度通道受阻；另一方面由于社会信任与社会资本的缺失，使自愿参与的意愿降低。社会成员的自愿参与往往只限于与自身安全利益直接相关的部分安全行动中，而对其他社会公共安全供给漠不关心。改变这一局面的路径也应从两方面展开：一是公共组织及其领导者要转变观念，认可公众对社会公共安全领域的自愿参与，并积极鼓励社会公众在法律法规认可范围内，发挥自身智慧和感召力，在周边的社会公共安全供给中展开创造性行动。“如果没有行政官员个人认可公民参与发挥的作用，公民参与的各种创新行动就没有办法产生效果。”[②]二是给予公众充分的安全领域知情权，建立健全公众对与其直接或间接相关的社会公共安全领域信息进行查询通道，如建立在社区范围内的安全信息公布制度，使公众建立起所在区域的主人翁意识和合作意识，形成“邻里守望”式的自我管理的社区合作氛围。

互助机制的第三个阶段是共同生产。共同生产与申诉专员与行动中心、

① ［美］全钟燮．公共行政和社会建构：解释与批判．孙柏瑛，等译．北京大学出版社，2008：188.

② Berry, Jeffrey M.，Portney, Kent E. & Thomson, Kent（1993），The rebirth of urban democracy，Washington,DC:The Brookings Institution，pp.43-44.

志愿主义、决策中制度化的公民角色和保护公共利益结构并立，是当代公民参与的五种高级形式，表现了公共服务提供中先进的公民角色。[①]作为互助合作的最高阶段，这种机制将社会公共安全完全视为一种公共产品或服务，涉及多种形式：包括个体层面的有助于实现社会公共安全供给的习惯性个体行为；团体层面的如在某一安全供给项目中，相关公众主动向相关安全机构提出承担某一领域犯罪预防项目运作的部分职能，协助提供巡逻服务、参与第三方监管、组织化寻找安全领域可疑人物信息等。共同生产作为互助机制的最理想化形式，具有成本低、效率高、服务效果显著等优势，但同时也存在普通公众难以进入较为专业化的社会公共安全领域这一困境，需要政府的长期积极培育和成本投入,以及社会志愿精神与社会资本长期积累作为基础。这种政府与公众间强有力的合作关系在目前中国社会背景下较难实现。

（三）激励机制

在协同学中，自组织运动产生“支配”作用，如在激光原理中某一类型的分子通过它的存在和协作使产生更多的同类型分子成为可能。[②]社会公共安全协同供给中的这种现象即是激励机制的作用。与协作中的激励不同，这种激励机制的神奇之处在于，一旦这种激励机制显示出效果，在自组织的作用下，即使不继续同样强度的激励，协同效应仍然能够维持甚至扩大。在社会公共安全项目式协同供给中，这种激励机制主要通过打造安全团队的方式实现。在打造项目式社会公共安全协同团队的过程中，需要政府的精心规划与安排，具体包括：寻找多元化政策工具，并确定适合特定地域、特定领域安全协同的主导性政策工具，吸引更多主体参与或关注安全项目，提升协同的网络化程度；分析不同参与主体在权力、技术、知识、资源等方面的比较优势，初步设计参与的不同社会力量；提供和维护团队沟通的信息平台，形

---

① ［美］约翰·克莱顿·托马斯．公共决策中的公民参与．孙柏瑛译．中国人民大学出版社，2005：130.

② ［美］赫尔曼·哈肯．协同学——大自然的奥秘．凌复华译．上海译文出版社，2005：55.

成虚拟协作网络；明确协同系统启动过程中各方主体在动员、组织、决策、信息沟通等方面的权责关系，使协同过程在规范化框架内运作；维护协同项目的基本运转，在时间、空间、资金、项目联络人员等方面提供基础性服务与保障等。

项目式安全团队产生的协同激励作用，主要源于以下三种效应：一是安全团队针对安全领域的特定问题组建，并通过自愿参与的方式形成全社会范围内各类主体参与的相对固定的组织或个体成员，其所从事的创造性工作在现在安全涨落中产生新的序参量制服、联系和支配现有的无序安全局面。二是安全团队成员逐渐成为相互信任的群体，通过相互影响形成内部协同，引起扩大效应。由于这类激励主要以精神激励为主，团队中的核心人物或主导人物的言行常常成为一种“心理暗示”，对其他成员产生潜移默化的影响，形成心怀热情的小型网络，其在安全领域的成果也可能吸引更多的人有积极加入团队，主动受其支配。三是安全团队方式更易于摒弃官僚制痼疾。“官僚主义敬奉等级、稳定、服从和程序，合作精神注重平等、适应性、自由裁量和最终结果。”[①] 虽然项目式安全团队由公共部门的规划产生，受相关政策约束，但团队的组织形式更接近“委员会制”，是平等的松散组织结构，具有鲜明的自组织特征，在协同过程中常常以非正式共识代替烦琐的规则体系，项目的特征决定了其结果为导向和鼓励创新的特质，并被赋予因地制宜和创造性地进行安全供给的权限，这种包容性有利于其成员产生内心的认同和行动的一致。

---

① [美] 尤金·巴达赫．跨部门合作：管理巧匠的理论与实践．周志忍，张弦译．北京大学出版社，2011：178.

结论与展望

从公共管理视角审视，社会公共安全管理不再是政府独控的领域，对社会公共安全诉求的回应是全社会共同的职责与使命。具体而言，社会公共安全作为一种特殊的公共物品，应由某个或某些社会组织以系统化方式合作生产和（或）提供，并依靠全社会力量实现可持续的稳定供应和良性增长态势。社会公共安全协同供给则是将协同学理论与思想应用于社会公共安全供给。本书用协同学视角审视社会公共安全供给问题，尝试得出以下结论：

结论一：用协同学理论分析社会公共安全供给，既具有重大的理论价值，也具有现实可行性。理论上，由于公共安全诉求本身的复杂性，其自身存在诸多固有的冲突和悖论，对作为公共物品的社会公共安全供给进行研究十分困难。协同学从系统论的视角出发，分析社会公共安全协同供给的支配、涨落与协同效应，通过互动实现功能倍增的原理，分析由社会信任与安全感缺失引发的社会公共安全失序的深层次社会机理，进而构建社会公共安全协同供给模型，寻找社会公共安全协同供给的路径。这些是协同学在新的社会公共安全管理领域中的突破性研究思路。现实中，基于社会公共安全系统的开放性、系统中存在非线性关系、系统的非平衡状态与协同学研究的系统特征相契合，社会公共安全协同供给提出看待社会公共安全危机、群体性事件应对、犯罪预防等问题的全新视角，有利于纠正现存的安全观与维稳观，使政府为核心的公共部门正确定位其在社会公共安全供给中的角色，从风险管理出发努力构建社会公共安全自组织体系，以期构建全社会安全网络治理共同体。

结论二：社会公共安全协同供给的影响要素包括协同供给主体及其权责体系、协同的序参量与控制参量和协同的外环境三方面。社会公共安全协同供给主体包括公权力主导型、市场主导型、社会主导型和综合型四种类型，协同供给实现的前提是形成基于赋能授权的危机处置式、合同式和委托式等不同类型的社会公共安全供给网络，并努力克服在这种更为灵活的供给网络中形成的权责不一致、责任不到位与责任追究困难等责任困境。由于社会公共安全的复杂性，社会公共安全协同中无法确定恒定的序参量，序参量涉及的主要方面包括公共服务质量与公民社会融入状况两个领域，而可能成为序参量的因素包括协同的信息化基础、组织构架与政策体系等。社会公共安全协同供给的外环境则要考察等级制、民主观、社会凝聚力和协同中可能出现的文化冲突等方面。

结论三：社会公共安全协同供给中有三种重要机制，分别是协同机会识别、启动与要素整合机制、子系统动力机制与自组织运行机制。首先，在社会公共安全协同供给中，政府的角色定位是：通过适当的约束、引导与控制，使社会产生自组织社会公共安全供给功能，并通过政府的有效管理使这种功能不断延续和发展。在此角色定位基础上，进行社会公共安全差距评估，识别协同时机并强化协同效应，引导第三方作用的发挥以启动社会公共安全协同，并整合协同要素选择适当的供给方式。其次，将系统动力学应用于社会公共安全协同供给，基于对社会公共安全人力、信息、结构与安全子系统要素间的增强型正反馈回路的分析，政府应重点关注构成这些回路的要素，主要涉及社会公共安全社会参与度、政府、市场与社会的和谐度、政府间交流与府际关系、社会信任与凝聚力等。最后，社会公共安全协同供给的自组织运行机制包括政策导向机制、利益驱动机制与志愿精神驱动机制三种。这三种类型的自组织运行机制各自有其优势和约束条件，在实践中需要综合运用多种机制实现社会公共安全供给。

结论四：社会公共安全协同供给要结合特定国家或地区的社会背景展开，以组织与政策变迁为路径，通过战略规划促进协同机制的生成与运行，引导全社会共同参与，促进序参量的形成与自组织作用的发挥。中国社会公共安全协同供给的实现，要完善以下基础性条件：转变政府思维方式，加强柔性安全建设；通过社会公共安全信息平台建设实现跨界协同的数字化革命；改善公共信任关系以实现知识共享和组织成本的降低。以实现社会公共安全供给的“民主化”治理为目标，以公众安全感的提升为基点，在战略性规划与集成设计的基础上，从基层开始，选择特定地域或领域，先形成安全协同网络节点，逐渐形成多元与多维协同的社会公共安全网络，实现社会公共安全协同供给。

本书从宏观上对社会公共安全协同供给的概念、原理与模型框架进行阐释，对社会公共安全协同供给具体领域的研究主要包括：社区公共安全协同供给、区域社会治安协同供给等。由于社会公共安全问题的复杂性，本书未能涉及更为广泛全面的地域和领域的社会公共安全协同供给措施。对社会公共安全协同供给的研究还有进一步研究的空间，主要包括：首先，在社会公共安全涉及的诸多方面，如反恐战略与对策、不同类型犯罪预防与控制、社会稳定与社会公共安全协同供给等，都是社会公共安全协同供给可进一步深入发展的领域；其次，社会公共安全协同供给视角下的社会公共安全风险预测、监控与评估机制，特别是情报信息研判体系的构建，是当前社会公共安全协同供给的信息化基础，值得进一步探析；最后，对社会公共安全协同供给的国际比较，还可扩展至更广泛的国家与地区，通过对更多国家与地区社会公共安全供给实践探索的分析，总结更为清晰的社会公共安全协同供给经验。

社会公共安全协同供给从协同学规律出发，吁求以政府为核心的公共部门用更为开放的姿态将社会公共安全供给视为全社会共同的责任与使命，深掘社会之不竭智慧、潜能与力量，通过引导与激励形成自组织式的社会公共安全网络，培育社会资本，完善协同机制，进而实现政府与社会关系的重塑，从深层次发掘社会秩序的源泉，最终实现社会稳定与和谐发展。

参考文献

一、译著

1. ［美］德博拉·斯通.政策悖论：政治决策中的艺术.顾建光译.中国人民大学出版社，2006.
2. ［英］巴瑞·布赞，等.新安全论.朱宁译.浙江人民出版社，2003.
3. ［美］乔纳森·H.特纳.现代西方社会学理论.范伟达译.天津人民出版社，1988.
4. ［美］弗朗西斯·福山.大分裂：人类本性与社会秩序的重建.刘榜离，等译.中国社会科学出版社，2002.
5. ［英］罗伯特·雷纳.警察与政治.易继苍，朱俊瑞译.知识产权出版社，2008.
6. ［美］马丁·因尼斯.解读社会控制：越轨行为、犯罪与社会秩序.陈天本译.中国人民公安大学出版社，2009.
7. ［美］埃莉诺·奥斯特罗姆，帕克斯，惠特克.公共服务的制度建构——都市警察服务的制度结构.毛寿龙译.三联书店，2000.
8. ［澳］洛林·梅热罗尔，珍妮特·兰斯莉.第三方警务.但彦铮，等译.中国人民公安大学出版社，2012.
9. ［德］赫尔曼·哈肯.协同学：大自然构成的奥秘.凌复华译.上海世纪出版集团，2005.
10. ［德］赫尔曼·哈肯.高等协同学.郭治安译.科学出版社，1989.
11. ［美］H.Igor Ansoff.新公司战略.曹德骏，范映红，袁松阳译.西南财经大学出版社，2009.
12. ［英］安德鲁·坎贝尔.战略协同.任通海，等译.机械工业出版社，2003.
13. ［美］斯蒂芬·戈德史密斯，威廉·D.埃格斯.网络化治理：公共部门的新形态.孙迎春译.北京大学出版社，2008.
14. ［美］尤金·巴达赫.跨部门合作：管理“巧匠”的理论与实践.周志忍，张弦译.北京大学出版社，2011.
15. ［美］Kenneth J. Peak，Ronald W. Glensor.社区警务战略与实践.刘宏斌，等译.中国人民公安大学出版社，2011.

16. ［美］保罗·萨缪尔森，威廉·诺德豪斯．经济学．萧琛，等译．华夏出版社，1999.
17. ［美］曼瑟尔·奥尔森．集体行动的逻辑．陈郁，等译．上海人民出版社，1995.
18. ［美］詹姆斯·布坎南．民主财政论：财政制度和个人选择．穆怀明译．商务印书馆，1993.
19. ［英］安东尼·吉登斯．现代性的后果．田禾译．译林出版社，2000.
20. ［德］乌尔希里·贝克．自由与资本主义．路国林译．浙江人民出版社，2001.
21. ［英］戈登·休斯．解读犯罪预防：社会控制、风险与后现代．刘晓梅，刘志松译．中国人民公安大学出版社，2009.
22. ［英］Alison Wakefield. 社会发展与警务变革——公共领域的社会化警务．郭太生，等译．中国人民公安大学出版社，2009.
23. ［美］罗伯特·D. 帕特南．使民主运转起来．王列，赖海榕译．江西人民出版社，2001.
24. ［美］道格拉斯·诺斯．制度、制度变迁和经济绩效．刘守英译．三联书店，1990.
25. ［美］丹尼尔·雷恩．管理思想的演变．李柱流，等译．中国社会科学出版社，1997.
26. ［美］罗伯特·S. 卡普兰，戴维·P. 诺顿．组织协同．博意门咨询公司译．商务印书馆，2010.
27. ［美］全钟燮．公共行政的社会构建：解释与批判．孙柏瑛译．北京大学出版社，2008.
28. ［英］杰瑞·莱特克里菲．情报主导警务．崔嵩译．中国人民公安大学出版社，2010.
29. ［美］安东尼·唐斯．官僚制内幕．郭小聪，等译．中国人民大学出版社，2006.
30. ［美］迈克尔·豪利特，M. 拉米什．公共政策研究：政策循环与政策子系统．庞诗，等译．三联书店，2006.

31. ［美］迈克尔·A. 豪格，［英］多米尼克·阿布拉姆斯 . 社会认同过程 . 方文译 . 中国人民大学出版社，2011.
32. ［美］戴维·奥斯本，特德·盖布勒 . 改革政府：企业精神如何改革着公营部门 . 周敦仁，等译 . 上海译文出版社，1996.
33. ［美］文森特·奥斯特罗姆 . 美国公共行政的思想危机 . 毛寿龙译 . 三联书店，1999.
34. ［德］H. 哈肯 . 信息与自组织 . 郭志安，等译 . 四川教育出版社，2010.
35. ［美］曼瑟尔·奥尔森 . 集体行动的逻辑 . 陈郁，郭宇峰，李崇新译 . 上海人民出版社，2011.
36. ［美］E.S. 萨瓦斯 . 民营化与公司部门的伙伴关系 . 周志忍，等译 . 中国人民大学出版社，2003.
37. ［美］Kenneth J. Peak，Ronald W. Glensor. 社区警务战略与实践 . 刘宏斌，等译 . 中国人民公安大学出版社，2011.
38. ［美］道格拉斯·C. 诺斯 . 制度、制度变迁和经济绩效 . 杭行译 . 三联书店，1990.
39. ［美］迈克尔·沃尔泽 . 正义诸领域：为多元主义与平等一辩 . 褚松燕译 . 译林出版社，2002.
40. ［美］Philip P. Purpura. 警察与社区——概念和实例 . 杨新华译 . 中国人民公安大学出版社，2009.
41. ［美］约瑟夫·S. 奈，约翰·D. 唐纳胡 . 全球化世界的治理 . 王勇，等译 . 世界知识出版社，2003.
42. ［德］施德路特 . 理性化与官僚化——对韦伯之研究与诠释 . 顾忠华译 . 广西师范大学出版社，2004.
43. ［法］爱米尔·涂尔干 . 社会分工论 . 渠东译 . 三联书店，2000.
44. ［德］马克斯·韦伯 . 经济与社会（上）. 林荣远译 . 商务印书馆，1997.
45. ［美］肯尼思·约瑟夫·阿罗 . 社会选择：个性与多准则 . 钱晓敏，孟岳良译 . 首都经济贸易大学出版社，2000.
46. ［希］亚里士多德 . 政治学 . 吴寿彭译 . 商务印书馆，1965.
47. ［美］约翰·克莱顿·托马斯 . 公共决策中的公民参与 . 孙柏瑛译 . 中国

人民大学出版社，2005.
48. ［英］安东尼·吉登斯 . 社会的构成 . 李康，李猛译 . 三联书店，1998.
49. ［美］约翰·克莱顿·托马斯 . 公共决策中的公民参与 . 孙柏瑛译 . 中国人民大学出版社，2005.
50. ［美］理查德·C. 博克斯 . 公民治理：引领 21 世纪的美国社区 . 孙柏瑛，等译 . 中国人民大学出版社，2005.
51. ［美］查尔斯·R. 史旺生，列尔纳德·特里托，罗伯特·W. 泰勒 . 警察行政管理：结构、过程与行为 . 匡萃治，等译 . 中国人民公安大学出版社，2013.
52. ［英］唐纳德·凯尔特 . 权力共享：公共治理与私人市场 . 孙迎春译 . 北京大学出版社，2009.
53. ［美］B. 盖伊·彼得斯 . 官僚政治 . 聂露，李姿姿译 . 中国人民大学出版社，2009.
54. ［美］弗朗西斯·福山 . 信任：社会美德与创造经济繁荣 . 彭志华译 . 海南出版社，2001.
55. ［美］凯斯·R. 孙斯坦 . 风险与理性——安全、法律及环境 . 师帅译 . 中国政法大学出版社，2005.
56. ［美］罗伯特·阿格拉诺夫，迈克尔·麦圭尔 . 协作性公共管理：地方政府新战略 . 李玲玲，等译 . 北京大学出版社，2007.

二、中文著作

1. 佘潇枫，潘一禾，王江丽 . 非传统安全概论 . 浙江人民出版社，2006.
2. 战俊红，张晓辉 . 中国公共安全管理概论 . 当代中国出版社，2007.
3. 郭济 . 政府应急管理实务 . 中共中央党校出版社，2003.
4. 詹火生，杨莹，张菁芬 . 中国大陆社会安全制度 . 五南图书出版公司，1993.
5. 周定平 . 社会安全事件应对研究 . 中国人民公安大学出版社，2008.
6. 胡皓，楼慧心 . 自组织理论与社会发展研究 . 上海科技教育出版社，

2002.
7. 孙志海．自组织的社会进化理论方法和模型．中国社会科学出版社，2004.
8. 高红玲．网络舆情与社会稳定．新华出版社，2011.
9. 朱贻庭．伦理学大辞典．上海辞书出版社，2008.
10. 黄健荣．公共管理学．社会科学文献出版社，2008.
11. 汪翔，钱南．公共选择理论导论．上海人民出版社，1993.
12. 公安部治安管理局．中外社区警务．中国社会出版社，2004.
13. 潘开灵，白烈湖．管理协同理论及其应用．经济管理出版社，2006.
14. 俞可平．治理与善治．社会科学文献出版社，2000.
15. 丁煌．西方行政学说史．武汉大学出版社，2004.
16. 王大伟．英美警察科学．中国人民公安大学出版社，1995.
17. 曾忠恕．美国警务热点研究．中国人民公安大学出版社，2005.
18. 彭和平，等．国外公共行政理论精选．中共中央党校出版社，1997.
19. 李旭．社会系统动力学．复旦大学出版社，2011.
20. 郭治安，沈小峰．协同论．山西经济出版社，1991.
21. 钟永光，贾晓菁，李旭．系统动力学．科学出版社，2009.
22. 李林．2010 中国法治发展报告．社会科学文献出版社，2010.
23. 李林．2011 中国法治发展报告．社会科学文献出版社，2011.
24. 唐皇凤．社会转型与组织化调控——中国社会治安综合治理组织网络研究．武汉大学出版社，2008.
25. 钟水映．人口流动与社会经济发展．武汉大学出版社，2000.
26. 王智军．警察的政治属性．社会科学文献出版社，2009.
27. 佟德志．比较政治文化导论——民主多样性的理论思考．高等教育出版社，2011.
28. 高红玲．网络舆情与社会稳定．新华出版社，2011.
29. 孙文德．论五大警务．群众出版社，2011.
30. 肖唐镖．社会稳定研究：城乡之间．学林出版社，2011.
31. 周义程．公共产品民主型供给模式的理论建构．中国社会科学出版社，2009.
32. 张家栋．恐怖主义与反恐怖：历史、理论与实践．上海人民出版社，2012.

33. 魏永忠．跨区域警务合作论．中国人民公安大学出版社，2009.
34. 张浩．企业战略协同机制的优化．经济科学出版社，2010.
35. 徐大佑，黎开莉，等．管理协同与精细化．科学出版社，2008.
36. 夏保成．西方公共安全管理．化学工业出版社，2006.
37. 邹辉霞．供应链协同管理：理论与方法．北京大学出版社，2007.
38. 刘传江，徐建玲，等．中国农民工市民化进程研究．人民出版社，2008.
39. 黄琨．中国农民工市民化制度分析．中国人民大学出版社，2011.
40. 陆忠伟．非传统安全论．时事出版社，2003.
41. 杨雪冬，等．风险社会与秩序重建．社会科学文献出版社，2006.
42. 周定平．社会安全事件应对研究．中国人民公安大学出版社，2008.

三、中文论文

1. 吴爱民．公共安全：公共管理不可忽视的社会问题．行政论坛，2004（11）.
2. 吴量福．美国地方政府管理中的应急系统及其运作．政治学研究，2004（1）.
3. 刘潜．安全科学学科理论创建的历史回顾．安全与健康，2002（9）.
4. 贾内江．社会安全：意义与结构．求实，2004（11）.
5. 廖志恒．论治安秩序本质．武汉公安干部学院学报，2005（1）.
6. 刘文成，赵毅，章杰．社会治安防控体系与社会公共安全．理论与现代化，2008（1）.
7. 金磊．社区建设与安全减灾——北京社区安康建设的研究与建议．红旗文稿，2003（19）.
8. 于建嵘．从刚性稳定到韧性稳定——关于中国社会秩序的一个分析框架．学习与探索，2009（5）.
9. 于建嵘．当前压力维稳的困境与出路——再论中国社会的刚性稳定．探索与争鸣，2012（9）.
10. 李昌庚．维稳与改革的博弈与平衡——我国转型时期群体性事件定性之困惑及解决路径．江苏社会科学，2012（2）.
11. 常健，许尧，张春颜．社会稳定风险评估机制中的问题及完善建议．中国行政管理，2013（4）.
12. 姚成林，刘尚华.中国社会稳定评估体系的构建论纲.法学论坛，2011（4）.
13. 中国行政管理学会课题组.我国转型期群体性突发事件主要特点、原因及政府对策研究.中国行政管理，2002（5）.
14. 杨瑞清，人辜静波.关于弱势群体引发群体性事件的原因透析.求实，2005（12）.
15. 薛澜，张杨.构建和谐社会机制治理群体性事件.江苏社会科学，2006（4）.
16. 刘晓梅.建设和谐社会进程中群体性事件的法社会学思考.中国人民公安大学学报，2005（3）.
17. 肖唐镖，孔卫拿.当代中国群体性事件的后果——国内研究的考察与评论.经济社会体制比较，2011（2）.
18. 朱正威，胡永涛，郭雪松.基于尖点突变模型的社会安全事件发生机理分析.西安交通大学学报，2011（3）.
19. 徐志胜，冯凯，白国强，王薇.城市公共安全可持续发展理论的初步研究.中国安全科学学报，2004（1）.
20. 徐志胜，冯凯，徐亮，冯春莹.基于GIS的城市公共安全应急决策支持系统的研究.安全与环境学报，2004（12）.
21. 李瑞昌.社区安全建设中府民合作与角色定位.北京行政学院学报，2009（5）.
22. 伍先江.城市社区安全评估模型的构建——以北京市为例.中国人民公安大学学报，2009（6）.
23. 李程伟.社区安全治理机制的建设——台北市内湖社区安全促（协）进组织案例研究.北京航空航天大学学报，2011（5）.
24. 史培军，刘婧，徐亚骏.区域综合公共管理模式及中国综合公共安全管理对策.自然灾害学报，2006（6）.
25. 朱正威，蔡李，段栋栋.基于“脆弱性——能力”综合视角的公共安全评价框架：形成与范式.中国行政管理，2011（8）.
26. 解亚红.协同政府：新公共管理改革的新阶段.中国行政管理，2004（5）.
27. 周志忍，蒋敏娟.整体政府下的政策协同：理论与发达国家的当代实践.国家行政学院学报，2010（6）.
28. 周志忍 . 整体政府下的政策协同：理论与发达国家的当代实践 . 国家行政学院学报，2010（6）.
29. 叶俊，王俊华 . 协同理论视角下我国食品安全监管机制研究 . 中国卫生事业管理，2012（7）.
30. 杨安华，李民，张伟 . 连片特困地区公共安全协同治理研究——以武陵山片区为例 . 甘肃社会科学，2012（6）.
31. 吴佩芬，王国明 . 近几年学术界关于群体性事件的研究综述 . 云南行政学院学报，2009（5）.
32. 曹堂哲 . 公共行政执行协同机制研究的协同学途径——理论合理性和多学科基础 . 中共浙江省委党校学报，2009（1）.
33. 吴好，梅伟伟 . 协同学视阈下的乡村治理模式研究——基于乡镇政府与农民组织关系的探析 . 天府新论，2010（2）.
34. 李响，严广乐 . 城市公共管理系统协同发展研究——基于上海市 2000—2009 年的数据分析 . 经济体制改革，2012（1）.
35. 钱洁 . 我国社区公共安全供给模式的转变 . 探索与争鸣，2011（10）.
36. 张立荣，冷向明 . 协同学语境下的公共危机管理模式创新探讨 . 中国行政管理，2007（10）.
37. 范维澄 . 国家突发公共事件应急管理中科学问题的思考和建议 . 中国科学基金，2007（2）.
38. 曾维和 . 后新公共管理时代的跨部门协同——评希克斯的整体政府理论 . 社会科学，2012（5）.
39. 钱洁 . 我国社会公共安全协同供给：基于协同学的一种框架分析 . 湖北社会科学，2012（9）.
40. 董丙君，赵文阁，刘志涛，刘鹏，陈辉 . 胎生蜥蜴断尾及再生的研究 . 四川动物，2007（2）.
41. 董丙君 . 蜥蜴断尾及再生研究 . 生物学通报，2009（1）.
42. 钱洁 . 信任建构：转型时期公安机关群众工作的基石 . 江苏警官学院学报，2012（5）.

43. 祝灵君．政治授权：理论与实践．政治学研究，2005（2）．
44. 王宗胜，李腊生．注意力配置的经济学分析．中国工业经济，2007（9）．
45. 陈宝胜．公共管理嬗变模式中的价值理性与工具理性．江淮论坛，2009(4)．
46. 钱洁．公共管理模式嬗变的反思．理论与改革，2010（3）．
47. 钱洁．创新社会管理中构建中国特色辅警队伍的探索．公安学刊，2012(2)．
48. 陈长江．社会凝聚力与可持续发展问题研究述评．经济学动态，2010(1)．
49. 彭远春．我国转型期的社会风险及其防范．理论月刊，2009（8）．
50. 浦树柔．社会风险考验转型期的社会体制．瞭望新闻周刊，2004（9）．
51. 夏菲．论美国社区警务的理论与实践．河北法学，2005（12）．
52. 黄健荣．论现代政府合法性递减：成因、影响与对策．浙江大学学报，2011（1）．
53. 容志，陈奇星．稳定政治：中国维稳困境的政治学思考．政治学研究，2011（5）．
54. 孙文德．关于公安综合管理服务工作平台建设的实践与思考．公安研究，2010（10）．
55. 李砚忠．论政府信任的产生与效果及其模型构建．学术探索，2007（1）．
56. 高春芽．集体行动的多元逻辑：情绪、理性、身份与承认．上海行政学院学报，2011（4）．
57. 刘能．当代中国转型社会中的集体行动：对过去三十年间三次集体行动浪潮的一个回顾．学海，2009（4）．
58. 陈潭．集体行动困境的产生与化解．中国软科学，2003（9）．
59. 孔繁斌．民主治理中的集体行动——一个组织行为学议题及其解释．江苏行政学院学报，2008（6）．
60. 王宏伟．美国的应急协调：联邦体制、碎片化与整合．国家行政学院学报，2010（3）．
61. 唐任伍，赵国钦．公共服务跨界合作：碎片化服务的整合．中国行政管理，2012（8）．
62. 钱洁．政策移植的网络困境．湖北社会科学，2010（1）．
63. 邓若伊．微内容与自媒体碎片化环境的建构．西南民族大学学报，2012(9)．

64. 王大为，张潘仕．关于安全感问题研究的综述与构想．青少年犯罪研究，1997（5）．
65. 丛中，安莉娟．安全感量表的初步编制及信度、效度检验．中国心理卫生杂志，2004（2）．
66. 钱洁，张勤．低碳经济转型与我国低碳政策的系统分析．中国软科学，2011（4）．
67. 王大为，张潘仕，王俊秀．中国居民社会安全感调查．统计研究，2002（9）．
68. 夏临．我国网络群体性事件及其舆情研究现状综述．东南传播，2010（7）．
69. 柏骏．群体性事件的行为模式与解释框架——基于江苏的实证研究．江苏社会科学，2011（3）．
70. 钱洁．我国危机警务管理参与主体的多元化问题研究．公安学刊，2010（3）．

四、外文著作

1. Terriff，Terry（1999），Security Studies Today，Polity Press.
2. Bellany，Ian（1991），Towards a Theory of International Security，in Barry Buzan（1991），People，States and Fear，An Agenda for International Securi-ty Studies in the Post-Cold War Era，Harvester Wheatsheaf.
3. Bailey，John & Damment，Lucia（ed.）（2006），Public Security and Police Reform in theAmericas，University of Pittsburgh Press.
4. Dennis，N.（ed.）（1997），Editor'sintroduction，in Dennis，N.（1997），Zero ToleranCe：Policing a Free Society，IEA.
5. Marshall，Thomas H.（1963），Sociology at the Cross roads and other Essays，Heinemann Press.
6. Douglas，Mary（1992），Risk and Blame：Essays in Cultural Theory，Routledge.
7. Jacobs，Jane（1962），The Life and Death of Great American Cities，Vintage Books.
8. Valadez，JorgeM.（2001），Deliberative Democracy，Political Legitima-

cy, and Self Democracy in Multicultural Societies, USA Westview Press.

9. Perri 6 (1997), Holistic Government, Demos.

10. Audi, Robert (ed.) (1999), The Cambridge Dictionary of Philosophy, Cambridge University Press.

11. Foucault, Michel (1997), Disciline and Publish, Penguin.

12. Jenson, Jane (1998), Mapping social cohesion: The state of Canadian research, Canadian Policy Research Networks StudyNo.F-03.Canadian Policy Research Network Inc.

13. Pavarini, Massimo (1997), Contrplling Social Panic: Questions and Answers About Security in Italy at the End of the Milennium, in Bergalli, Roberto and Sumner, Colin (eds.), Social Control and Political Order, Sage.

14. Newman, Kenneth (1985), The principles of Policing and Guidance for Professional Behavior, The Metropolitan Police.

15. Goldstein, Herman (1990), Problem-Oriented Policing, McGraw-Hill.

16. Newman, Kenneth (1985), The principles of Policing and Guidance for Professional Behavior, The Metropolitan Police.

17. Ericson, Richard V. & Haggerty, Kevin D. (1997), Policing in the Risk Society, University of Toronto Press.

18. Pease, Ken (1997), Crime Prevention, in Maguire, Mike and Morgan, Rod and. Reiner, Robert (eds.), Oxford Handbook of Criminology, Claren-don Press.

19. Ginneken, Jaap V. (2003), Collective Behavior and Public Opinion, Lawrence Erlbaum Assocates.

20. Berry, JeffreyM., Portney, Kent E. & Thomson, Kent. (1993), The Rebirth of Urban Democracy, The Brookings Institution.

21. Hancock, Barry W. & Sharp, Paul M. (2000), Public Policy, Crime, and Criminal Justice, Prentice-Hall.

22. Johnston, Les & Shearing, Clifford (2003), Governing Security: Explorations in Policing and Justice, Routledge.

五、外文论文

1. Stever, James A. (2005) , Adapting Intergovernmental Management to the New Age of Terrorism, Administration & Society, Vol.37, No.4.
2. Loader, Ian (1997) , Plural policing and democratic governance, Socaland Legal Studies, Vol.9, No.3.
3. Howlett, Michael (1991) , Policy Instruments, Policy Styles, and Policy Implementation: National Approaches to Theories of Instrument Choice, Policy Studies Journal, Vol.19, No.1.
4. Kearns, Ade & Forrest, Ray (2001) , Social cohesion, social Capital and the neighbourhood, Urban Studies, Vol.38, No.12.
5. Oliver, Willard (2000) , The Third Generation of Community Policing: Mov–ing Through Innovation, Diffusion, and Institutionalization, Police Quarterly 3, No.4.
6. Skolnick, Jerome H. & Bayley, David H. (1988) , Theme and Varia–tion in Community Policing, Crime and Justice 10.
7. Riecher, Lisa M. & Roberg, Roy R. (1990) , Community Policing: A Critical Review of Underlying Assumptions, Journal of Police Science and Administration, Vol.17, No.2.
8. Ericson, Richard (1994) , The division of expert knowledge in policing and security, British Journal of Sociology, Vol.45, No.2.
9. Goldstein, Herman (1979) , Improving Policing: A Problem–Oriented Approach, Crime and Delinquency, Vol.25, No.2.
10. Bayley, David & Shearing, Clifford (1996) , The Future of Policing, Law and Society Review, Vol.30, No.3.
11. Lab, Steven P. (2004) , Crime prevention, politics, and the art of going nowhere fast, Justice Quarterly, Vol.21, No.4.
12. Maguire, Mike & John, Tim (2006) , Intelligence led policing, managerialism and community engagement: Competing priorities and the role of

the National Intelligence Model in the UK，Policing and Society，Vol.16，No.1.

13. Bislev，Sven（2004），Globalization，State Transformation，and Public Security，International Political Science Review，Vol 25，No.3.

14. Perri 6（2004），Joined-Up Government in the Western World in Comparative Perspective：A Preliminary Literature Review and Exploration，Journal Public Administration Research and Theory，Vol.14，No.1.

15. Gerspacher，Nadia. & Dupont，Beoit（2007），The Nodal Structure of International Police Cooperation：An Exploration of Transnational Security Networks，Global Governance，Vol 13，No.3.

16. Murphy，Kristina & Hinds，Lynette & Fleming，Jenny（2008），Encouraging Public Cooperation and Support for Police，Policing & Society，Vol 18，No.2.

17. McGuire，Michael and Silvia，Chris（2010），The Effect of Problem Severity，Managerial and Organizational Capacity，and Agency Structure On Intergovernmental Collaboration：Evidence from Local Emergency Management，Public Administration Review，Vol 70，No.2.

六、报刊与网络资料

1. 徐绪松，吴强 . 管理科学的前沿——复杂科学管理 . 光明日报，2005-9-20（8）.

2. 中央社会管理综合治理委员会办公室负责人答记者问 . 人民日报，2011-10-8（5）.

3. 对社会治安要实行综合治理 . 人民日报，1983-5-29（2）.

4. 中共中央办公厅，国务院办公厅 . 民政部关于在全国推进城市社区建设的意见 .［2000-11-09］.http：//zqs.mca.gov.cn/article/sqJs/zcwj/200912/20091200044439.shtml.

5. 广东省佛山市顺德区社会工作部 . 广东省佛山市顺德区社会工作部组织机构图 .［2011-11-01］.http：//sdshgz.shunde.gov.cn/page.php？ Sid＝1.

6. 孙春英 . 综治 30 年铺就中国特色平安路 .［2008-08-24］.http：//news.xinhuanet.com/legal/2008-08/24/content-9674613.htm.

七、学位论文及其他

1. 王勇 . 流域政府间横向协调机制研究——以流域水资源配置使用之负外部性治理为例 . 南京大学博士学位论文，2008.
2. 王敦清 . 中国食品安全协同治理研究——以政府、企业和第三部门三元互动为视角 . 武汉理工大学博士学位论文，2010.
3. 刘光荣 . 政府协同治理：机制、实施与效率分析 . 华中师范大学博士学位论文，2008.
4. 谢祥 . 信息系统协同治理理论及其应用研究 . 北京交通大学博士学位论文，2008.
5. Meijers，Evert and Stead，Dominic（2004），Policy integration：what does it mean and how can it be achieved ？ A multi-disCiplinary review，paper presented at the 2004 Berlin Conference on the Human Dimensions of Global Environmental Change： Greening of Policies - Interlinkages and Policy Integration，Berlin，3-4 December 2004.
6. U.S.Department of Justice，Bureau of Justice Statistics（2003），Law Enforcement Management and Administrative Statistics： Local Police Departments 2000，Washington，D.C.

编辑说明

为彰显改革开放以来公安理论创新和学术研究方面的成就，全面展示公安院校广大教师在公安学术研究、公安实践及公安改革方面的新理论、新经验、新成果，提升理论水平，推进成果转化，鼓励学术繁荣，发现优秀人才，我们于2017年面向全国公安院校征集公安学理论研究优秀作品。此举在全国公安院校中产生了很大反响，公安院校教师踊跃投稿。为保证首批推出的作品充分展示学术作品的经典特色，充分体现专业特点，充分关注热点问题，我们邀请了长期从事公安学术研究、在公安系统具有较高声望的专家学者对作品进行审定，遴选出各9部作品入选《公安院校知名教授学术文库》《公安院校青年学者学术文库》第一辑，将于2018年6月正式出版。

《文库》的作品充分体现了"经典、精品、创新"的特点。入选《公安院校知名教授学术文库》的作者均为长期从事公安理论研究、在全国公安院校乃至全国公安系统具有较高声望的知名学者，入选的作品也是这些学者在相关领域多年潜心研究的代表性成果。例如，《英美警察科学》《公安经济学》《警管区制研究》《社会转型与秩序重建》等，都是近年来在公安学领域产生较大影响的原创性学术著作。而入选《公安院校青年学者学术文库》的作者目前均活跃在公安教学科研的第一线，他们才华出众，思想敏锐，观点新颖，入选的作品如《袭警行为的预防与处置》《新型合成毒品滥用监测与控制实证研究》《弱势群体权利保障中的国家反拐行动研究》等，直面当前执法热点，深入剖析，探索新理论、新措施。

服务公安中心工作，服务公安队伍建设，服务公安教学科研，充分展示作品的社会价值和学术价值是我们推出两个《文库》的初衷。相信随着第一辑作品的出版，必将推动在公安院校中形成深入公安学理论研究，活跃公安学术创新的良好氛围。这是我们的追求，也是各位作者的期待。

《文库》的出版是一项长期工程，我们力争通过几年时间，出版 100 部学术专著，使两个《文库》成为新中国公安教育史上具有里程碑意义的首部公安理论名家学术作品大系，使之成为面向全社会展示改革开放以来公安学理论研究成果的最佳平台。

公安院校知名教授学术文库
公安院校青年学者学术文库
编辑委员会
2018 年 6 月

图书在版编目（CIP）数据

中国社会公共安全协同供给 / 钱洁著 . —北京：中国人民公安大学出版社，2018.1
（公安院校青年学者学术文库 / 总主编：樊京玉　闫继忠）
ISBN 978-7-5653-3164-0
Ⅰ . ①中… Ⅱ . ①钱… Ⅲ . ①公共安全—社会管理—研究—中国 Ⅳ . ① D63

中国版本图书馆 CIP 数据核字 (2018) 第 019250 号

中国社会公共安全协同供给
钱洁　著

出版发行：中国人民公安大学出版社
地　　址：北京市西城区木樨地南里
邮政编码：100038
经　　销：新华书店
印　　刷：天津盛辉印刷有限公司

版　　次：2018 年 6 月第 1 版
印　　次：2019 年 7 月第 2 次
印　　张：20.25
开　　本：787 毫米 ×1092 毫米　1/16
字　　数：305 千字

书　　号：ISBN 978-7-5653-3164-0
定　　价：60.00 元

网　　址：www.cppsup.com.cn　www.porclub.com.cn
电子邮箱：zbs@cppsup.com　zbs@cppsu.edu.cn

营销中心电话：010-83903254
读者服务部电话（门市）：010-83903257
警官读者俱乐部电话（网购、邮购）：010-83903253
教材分社电话：010-83903259
